图书馆阅读推广案例研究与启示

谈海蓉 等 编著

·北京·

国家行政管理出版社

图书在版编目（CIP）数据

图书馆阅读推广案例研究与启示 / 谈海蓉等编著．-- 北京：国家行政管理出版社，2020.8
ISBN 978-7-5150-2255-0

Ⅰ．①图… Ⅱ．①谈… Ⅲ．①图书馆－读书活动－案例 Ⅳ．① G252.17

中国版本图书馆 CIP 数据核字 (2019) 第 194592 号

书　　名	图书馆阅读推广案例研究与启示
	TUSHUGUAN YUEDU TUIGUANG ANLI YANJIU YU QISHI
作　　者	谈海蓉 等 编著
责任编辑	陈 科
出版发行	国家行政管理出版社
	（北京海淀区长春桥路 6 号　100089）
综 合 办	(010) 68928903
发 行 部	(010) 68922366　68928870
经　　销	新华书店
印　　刷	北京虎彩文化传播有限公司
版　　次	2020 年 8 月北京第 1 版
印　　次	2020 年 8 月北京第 1 次印刷
开　　本	170 毫米 ×240 毫米　16 开
印　　张	14.5
字　　数	252 千字
定　　价	59.00 元

本书如有印装质量问题，可随时调换。联系电话：(010) 68929022

本书撰写组

（按姓氏笔划排序）：

孔维维 刘琼 范智 姚湘中 谈海蓉

前 言

阅读是人类社会生活的一项重要活动，是人类汲取知识的主要手段和认识世界的重要途径；是人类传递信息最有效的、不可替代的手段。目前，尽管人类已经进入信息社会，但信息仍然需要通过阅读来获取，而且网络上的信息更有赖于人们的阅读和思考。对于社会而言，阅读活动既是实现文献价值的手段，又是文献创新的开始，文献及阅读相互伴随，相互促进。文献及阅读不仅使人类文明得以传承，而且还丰富了人类的相互交流。对一个国家而言，阅读的国民越多，这个国家的国民综合素质就越高。因此，当今社会把国民的阅读能力作为考察国家未来竞争力发展的一项重要指标，并把阅读社会的建设作为国家发展的重要战略决策。

进入信息社会以来，人们越来越清醒地认识到，阅读已经不再仅仅是个人的事情，一个国家的精神高度与每个成员的阅读高度已经紧密联系在一起。也就是说，在一个国家，阅读已经和每个行业、每个层级、每个群体密切相关，已经和国家长期、可持续发展的潜力密切相关。"全民阅读"必须要上升为国家发展战略，让全民阅读润泽到国家每个成员的生活方式和国家决策层面的顶层设计，而阅读推广就是推进全民阅读的主动行为和重要方略。阅读推广不仅有利于具有阅读能力的人都加入到阅读中来，让阅读成为人们日常生活中不可或缺的一部分，同时也有利于培养人们的图书馆意识，从而促进全民综合素质的提高。

阅读推广是推广主体、阅读者、阅读对象以及推广媒介等要素在一定时空范围内组合、组织和配置的结果，通过它们之间的相互作用，让阅读成为人们实现知识分享、提升精神境界、获得有用信息以及愉悦身心的一种渠道。从图书馆的角度来认识，阅读推广就是图书馆及社会相关方面为培养读者阅读习惯，激发读者阅读兴趣，提升读者阅读水平，进而促进全民阅读所从事的一切工作的总称。培养阅读兴趣解决的是阅读的动力问题，是其他阅读活动的前提，一个人只有阅读兴趣培养起来了，才能终生具有阅读饥饿感，才能对阅读充满激情。培养阅读习惯解决的是阅读的惯性、持久性问题，一个人只有养成阅读习惯，才会把阅读作为一种生活方式，将其像空气和水一样对待，须臾不可分离。这种生活方式和工作方式相结合，将会变成一种强大的创新力量和道德力量。提高阅读质量解决的是阅读的内容和品位问题。人生有涯，而知识无涯，以有涯人生面对无涯知识，需择善而读，所以好书需要挑选，读书需要引导。一切关于好书的出版、推荐、导读工作，目的都是为了提高人们的阅读质量。提高阅读能力解决的是阅读的方法和技巧问题，也就是解决阅读的效率问题。不管是一目十行读书法、对角线读书法，还是蚕吃桑叶读书法、不求甚解读书法等，都各有优点，要把各种各样的加快阅读效率的方法教给读者。提高阅读效果解决的是阅读的理解水平问题，即阅读的消化、吸收问题。阅读的最终目的是吸收读物的内容，实现阅读目标。不管是功利阅读还是休闲阅读，都不应该是阅读推广活动歧视或嘲讽的对象，阅读推广活动应该帮助各种怀揣正当阅读目标的读者实现其理想。基于此，我们对国内外的阅读推广案例进行了分析和研究，希望能对今后开展阅读推广服务提供启示。

　　本书是集体研究成果，由姚湘中、谈海蓉、刘琼、孔维维、范智负责撰稿。全书共分为五章，姚湘中撰写了第三章的第二节与第三节，谈海蓉撰写了第四、五章和第二章的第一节，刘琼撰写了第二章的第二节与第三节，孔维维撰写了第一章，范智撰写了第三章的第一节。全书由姚湘中统稿。在本书的撰写过程中，我们参阅了国内外大量文献，有些已经在书中的主要参考文献中列出，限于篇幅，只列出了其中有代表性的文献。由于作者水平有限，加之编写时间仓促，若有不当之处恳请各位同行与广大读者批评指正。

目 录

第一章 阅读与阅读推广 1
    第一节 阅读解析 2
    第二节 阅读推广解析 11

第二章 阅读推广与公共图书馆 44
    第一节 国外公共图书馆与政府机构阅读推广案例 44
    第二节 国内公共图书馆与政府机构阅读推广案例 71
    第三节 国内外的案例分析及启示 88

第三章 阅读推广与高校图书馆 98
    第一节 国外高校图书馆阅读推广案例 98
    第二节 国内高校图书馆阅读推广案例 113
    第三节 案例分析及启示 150

第四章 安徽省高校图书馆阅读推广情况 157
    第一节 安徽省大学生阅读行为调查分析 158
    第二节 安徽省高校图书馆阅读推广案例 175
    第三节 安徽省高校图书馆阅读推广总结 183

结 语 207
参考文献 209
附件 安徽省高校大学生阅读情况调查表 221

第一章　阅读与阅读推广

阅读是人类社会生活的一项重要活动，是人类汲取知识的主要手段和认识世界的重要途径；是人类传递信息最有效的、不可替代的手段。尽管目前人类已经进入信息社会，但由于几乎所有的信息都要通过阅读来获取，因此网络上的信息更有赖于人们的阅读和思考。各种阅读活动既是实现文献价值的手段，又是文献创新的开始和过程，文献及阅读相互伴随，相互促进，不仅使人类文明得以传承，而且丰富了人类的相互交流。对一个国家而言，参与阅读的国民越多，这个国家的国民综合素质就越高。因此，当今社会把国民的阅读能力作为考察国家未来竞争力发展的一项重要指标，并把阅读社会的建设作为国家发展的重要战略决策。[1]

高校图书馆推广阅读实践活动，有益于维护读者的阅读权益，消除人与图书之间的数字鸿沟，体现人文精神。高校图书馆应该创建良好的人文阅读环境，推行人文服务理念，坚持以人为本，倡导人文关怀，提供人性化服务，不断创新高校图书馆的各项业务工作，使高校图书馆事业发展充满生机和活力，提升高校图书馆在读者心中的知名度与影响力。

中国阅读学研究会会长徐雁教授坦言，当下大学生们的阅读现状令人担忧，存在着严重的缺失——缺失人文阅读，缺失纸质文本阅读，缺失结构性阅读和目标性阅读，更缺失"苦读"和"悦读"，"深阅读"和"深思考"。[2]另据杭州网报道，记者对杭州地区高校进行实地调查发现，大学生阅读呈现以下特征：大学生

---

[1] 宋志强.吉林省社会阅读现状调查研究 [D].长春：东北师范大学，2009.
[2] 秋禾话书.2011"华夏阅读论坛"第二场——"校园阅读与学习型图书馆研讨会"在中原工学院图书馆举行 [EB/OL].http://hi.baidu.com/nj_xuyan/blog/item/71b38d54e869b54fd10906ab.html. [2011-07-01].

读书少，课外阅读时间短；网络阅读挑战传统阅读；大学生阅读太过功利；大学生阅读呈现碎片化特征。① 中国图书馆学会副理事长、北京大学信息管理系主任王余光教授在中国图书馆学会阅读推广委员会成立大会及第一次工作会议上阐述了阅读推广在图书馆工作中的重要地位，他说，图书馆是读书人的天堂，正以阅读推广来践行这样的理想。② 以欧美为代表的发达国家和地区自 20 世纪开始，就广泛开展阅读推广活动，并由此掀起了教育领域的阅读促进、阅读推广活动高潮。在国内公共图书馆界以"世界阅读日"和"图书馆宣传周"为契机，大力开展阅读推广活动。③ 针对这种情况，很多高校图书馆开展了诸如举办读书节（读书月）、推荐书目、举办读书讲座、奖励优秀读者等多种形式的活动推动阅读，以提升大学生阅读兴趣和阅读效益。④ 如北京大学的"导读室"引导阅读书目，南京大学的"好书榜"活动，中国科技大学的"移动阅读"，安徽大学图书馆的"微博导读"等都收到了良好效果。但是随着阅读推广活动的深入，我们发现高校图书馆阅读推广现状并不容乐观，很多问题逐渐暴露出来。比如阅读推广活动缺乏系统的整体规划，没有明确的目标；阅读推广活动方式雷同，针对性不强；活动的宣传力度不够，没有充分吸引读者的注意力；图书馆主动性因素较强，与读者的互动交流不够；还有很多高校图书馆并非真正重视阅读推广，只是受"世界阅读日"的影响，走走形式。这些问题在很大程度上阻碍了阅读推广服务的深入发展，也影响了阅读推广的实际效果。因此，阅读推广在高校图书馆领域的研究值得关注。

第一节 阅读解析

阅读，是人类认识世界、获取知识、接受文化的一种途径与行为，它先于语言、文字产生，是人类文明得以传承的主要途径之一，它渗透于人类文化发展的各阶段，是社会的一项重要文化标识。在不同时期，阅读行为有着不同的要素和

---

① 陈焕.全民阅读大调查：大学生阅读时间短方式多 [EB/OL].http://roll.sohu.com/20110601/n309059886.shtml.[2011-06-07].
② 中国图书馆学会阅读推广委员会成立大会隆重召开 [EB/OL].[2010-3-29].http://www.lsc.org.cn/CN/News/2009-09/EnableSite-ReadNews1014238741253980800.Html.
③ 杨梅.广州地区高校图书馆阅读推广调查研究 [J].四川图书馆学报，2011（6）：74-78.
④ 苏海燕.大学图书馆阅读推广模式研究 [J].山东图书馆学刊，2012（2）：52-55.

特征，有着不同的影响和地位，受到的重视程度也随时代变换而异，而在近 30 年中，倡导和推广全民阅读已经逐步成为国家的一项重要文化发展战略。①

一、阅读的定义

对于阅读的定义，从古至今，学者的理解都大同小异。早期的阅读学认为"阅读的目的是把握文本的意义"。②后来，阅读的内涵和外延被不断拓展，阅读被抽象地定义成为："一种从书面语言和符号中获得意义的社会行为、实践活动和心理过程，是读者与文本相互影响的过程。"③徐雁教授认为："阅"的本义是"逐一点看"，意思是用眼睛一字不漏地仔细观看，引申为看、观看；"读"的本义是"照文字念、诵"，通过用嘴出声念诵，达成对字句意义的理解，后来也引申到了"看"的意思上，这就为后世在"看"的意义上，把"阅"和"读"结合到一起提供了机缘，形成"阅读"一词的固定用法。如曾巩《徐禧给事中制》的书信中，就有了"惟精敏不懈，可以周阅读"之说。④黄俊贵在《提升阅读理论，构建阅读社会》一文中认为："大脑对人类感官所反馈的信息进行储存、感知、分析等加工的过程都可以称之为阅读。"⑤王余光则认为："阅读是从文本和符号中领会意义进而指导人们社会行为、实践开展和思想活动的过程，并且在阅读中读者与文本会产生相互的影响。"⑥他在《关于阅读文化研究的几个问题》一文中指出阅读概念，应包含以下几层意思：阅读是人类的一种认知过程。人们通过阅读探知未知，创造自我；阅读是一种普遍的文化现象。它是人们获取知识的重要手段，成为不受时间、地域限制的一种受到人们普遍接受的行为方式；阅读是知识的传承和文化的延续；图书流传为人类文化的继承和创造提供了条件，而阅读则使文化的继承和创造成为可能；阅读是人生的一部分。《中国大百科全书·教育卷》将阅读定义为："阅读是一种从印的或写的语言符号中取得意义的心理过程。阅读也是一种基本的智力技能，这种技能是取得学业成功的先决条件，它是由一系列的过程和行

---

① 许琳瑶.从"振兴中华"读书活动到全民阅读推广工作：1982—2012[D].南京：南京大学，2013.
② 王余光，汪琴.关于阅读文化研究的几个问题[J].图书情报知识，2004（5）：3-7.
③ 王余光，徐雁.中国读书大辞典[M].南京：南京大学出版社，1999：350.
④ 徐雁.信息时代阅读的多元化取向[J].图书与情报，2006（1）：61-65.
⑤ 黄俊贵.提升阅读理论.构建阅读社会[J].图书馆论坛，2005（6）：38.
⑥ 王余光.1995—2004 世纪之交读者阅读习惯的变化[N].中国图书商报，2005-01-21（4）.

为构成的总和。"①

阅读是从视觉材料中获取信息的过程。视觉材料主要是文字和图片，也包括符号、公式、图表等。首先是把视觉材料变成声音，然后达到对视觉材料的理解。阅读是一种主动的过程，是由阅读者根据不同的目的加以调节控制的，陶冶人们的情操，提升自我修养。阅读是一种理解、领悟、吸收、鉴赏、评价和探究文章的思维过程。所谓"阅读"，其实就是人类认知世界、认识社会、认知自身的过程。一个人的知识与见识，离不开阅读的行为。它是人类知识传承和文化延续的基本手段，也是充实、丰富人生的重要方式。阅读包含了从不知到渐知、从泛知到追求深知的过程。它是阅读主体与阅读客体相互作用的过程，是读者感官与精神同步活动的一种方式，重在汲取知识和学识，获得精神上的愉悦和思想上的启迪。②《现代汉语辞典》对阅读的本质有简洁的解释："阅读，看（书报）并领会其内容。"因此，可以给阅读下这样的定义：阅读是读者从书面材料中提取意义并影响其非智力因素的过程。③

开展阅读的方式有很多种，可以简要分成以下四种情况：

第一种是信息式阅读法。这类阅读的目的只是了解情况。我们阅读报纸、广告、说明书等，都属于这种阅读方法。对于这类资料，读者应该使用一目十行的速读法，眼睛像电子扫描一样在文字间快速浏览，及时捕捉自己所需的内容，舍弃无关的部分。任何人想及时了解当前形势或者研究某一段历史，速读法是必不可少的，然而，是否需要中断、精读或停顿下来稍加思考，视所读的材料而定。

第二种是文学作品阅读法。文学作品除了内容之外，还有修辞和韵律上的意义。因此，阅读时应该非常缓慢，使自己能听到其中每一个词的声音，嘴唇没动，是因为偷懒。例如读"压力"这个词时，喉部肌肉应同时运动。阅读诗词更要注意听到声音，即使是一行诗中漏掉了一个音节，照样也能听得出来。阅读散文要注意它的韵律，聆听词句前后的声音，还需要从隐喻或词与词之间的组合中获取自己的感知。文学家的作品，唯有充分运用这种接受语言的能力，才能汲取他们的聪明才智、想象能力和写作技巧。这种依赖耳听——通过眼睛接收文字信号，

---

① 任文香.贫者因书而富，富者因书而贵——《阅读致富》与《思考致富》新读[J].图书馆论坛，2011（7）：105-108.
② 李德成.阅读辞典[M].四川：四川辞书出版社，1988.
③ 沈小丁，郑辉.论阅读[J].湖南图书馆，2007（6）：53-55.

将它们转译成声音，到达喉咙，然后加以理解的阅读方法，最终同我们的联想能力相关。

第三种是经典著作阅读法，这种方法用来阅读哲学、经济、军事和古典著作。阅读这些著作要像读文学作品一样的慢，但读者的眼睛要经常离开书本，对书中的一字一句都细加思索，捕捉作者的真正用意，从而理解其中的深奥哲理。值得注意的是，如果用经典著作阅读法阅读文学作品，往往容易忽略文学作品的特色，使读者自己钻进所谓文学观念史的牛角尖中。

第四种阅读方法是麻醉性的阅读法。这种阅读只是为了消遣。如同服用麻醉品那样使读者忘却了自己的存在。这类读者一般对自己的经历和感受不感兴趣，把自己完全置身于书本之外。如果使用麻醉性的阅读方法阅读名著，读者只能得到一些已经添加了自己幻想的肤浅的情节。如果漫不经心地阅读《安娜·卡列尼娜》，犹如读一本拙劣的三角恋爱小说。麻醉性的阅读在即将进入成年的时候达到顶峰。年轻人的麻醉阅读是造成大量文学作品质量低劣的原因之一。

二、阅读的类型

阅读类型的划分应充分考虑阅读的各个要素。

1. 根据阅读主体进行阅读类型的划分

阅读的主体是具备阅读能力的，即图书馆界所说的读者。[1] 读者内在的阅读需求、阅读目的和阅读动机，以及读者的性别、年龄、职业等都能作为阅读类型划分的标准。如果以读者的阅读目的划分，可分为学习型、情报型、研究型、闲暇型四类；如果以阅读的动机来划分，可分为生存型、消遣型、发展型、研究型。

2. 根据阅读客体进行阅读类型的划分

阅读的客体是文献，也就是记录有知识的载体。文献的学科属性、文献的载体属性、文献的出版类型以及文献的语言种类等都可以作为阅读类型划分的依据，所以才会有专业性阅读与非专业性阅读，纸质阅读与数字阅读，母语阅读与外文阅读等不同的区分。

---

[1] 徐菊. 阅读类型分层理论 [J]. 图书与情报，2011（1）：37-40.

3. 根据阅读手段进行阅读类型的划分

阅读手段是指阅读主体对阅读客体的阅读方式。有借助计算机网络进行阅读的"网络阅读";有借助手机、电子设备等进行阅读的"移动阅读";有咬文嚼字的"深阅读",还有跳跃式、点到即止的"浅阅读"等,都是重要形式。

浅阅读就是阅读不需要思考而采取跳跃式的阅读方法,所谓囫囵吞枣、一目十行、不求甚解,它所追求的是短暂的视觉快感和心理怡悦。浅阅读的弊端:浅显、速成、功利。

随着互联网时代海量信息的膨胀,生活节奏的加快,人们的阅读方式发生了很大变化,存在几方面弊端:其一,阅读变成了标题浏览式、内容跳跃式,呈现出浅显化的特点;其二,一些人无论读什么书都喜欢速战速决,无论读哪类书,都是浅尝辄止,不钻研其内涵、不求甚解;其三,人们对一些所谓有用的功利性书籍趋之若鹜,对文化内涵颇深但实用价值不高的著作置之不理。央视主持人白岩松在接受采访时表示:走进新华书店,全是一些有用的书,考试类的、健康类的,还有工具书等。这个社会都在倡导有用,但什么叫有用呢,跟钱、权、名利有关,就有用吗?这种风气只会导致社会大众视野越来越狭窄,心态越来越浮躁,这是一个非常危险的信号。还有专家指出,浅阅读会使读者陷入快速、快感、快扔的读书模式中,不能汲取真正的营养。读书一定要慢节奏、慢速度,因为只有在缓慢阅读中,读者才能从文字里寻觅和感受到乐趣,才能培养人们深刻思考和探索的习惯。

对阅读类型的划分进行研究,有助于图书馆把握阅读主体的内在阅读需求、阅读目的与动机,有助于定位阅读主体的阅读活动,有助于图书馆充分利用资源,提供更优质的服务,吸引更多的读者,更好地体现图书馆的价值。

三、阅读的特征

胡继武教授在《现代阅读学》中概括了阅读的基本特征,主要包括:阅读的主要目的在于获取知识与信息、开发智力、陶冶情操、培育远见卓识;阅读是以视觉感知作为活动的主要形式,阅读活动的主要对象是书面语言,属于知识性视觉感知,与依靠肌体感受信息的其他活动有所不同;阅读是一种思维活动过程;

阅读相伴着感情活动。① 另外，阅读还具有个性、文化性、社会性与民族性的特征。②

1. 阅读的个性

对读者来说，读什么，怎样读，都可以很有个性。个人可以根据自己阅读的动机、阅读的目的以及阅读的心情等来选择阅读内容与阅读方式。不管是纸质阅读，还是数字阅读；不管是"深阅读"，还是"浅阅读"，满足读者内在的阅读需求永远是最重要的。而每个人的内在阅读需求又不尽相同，所以，每个人都有自己的一部阅读史。

2. 阅读的文化性

阅读文化就是阅读文化性的表现，文化影响阅读，阅读形成文化。阅读的文化性主要体现在阅读主体对读书功能与价值观的确立上，它涵盖了知识文化传承、思想道德与自身修养等。中华文化对阅读有着长久的影响力，如王余光教授就曾在《中国阅读史论》一文中讨论过中国阅读传统，其中重要一点就是"学而优则仕"。

3. 阅读的社会性

阅读的社会性涉及政治意识、群体意识、时尚与阅读等，同时，经济、出版业、教育、社区与家庭、图书馆等社会条件，对阅读的促进或制约都是显而易见的。社会的经济水平与社会的教育程度高低决定着阅读社会化的普及程度与读者阅读能力的大小，对社会的阅读风气有着重要影响。

4. 阅读的民族性

每个国家、每个民族对阅读的传统、阅读的价值取向都有自己的特征，也可以说阅读具有民族性的特征。中国阅读的民族性特征主要体现为：强调"学以修身"，提高自身的道德修养；重在勤学苦读；偏重"社会功利性阅读"③，如"学而优则仕"、读书以致富贵等；读书以识字为先，力求广博通达；尊重文本；尊重阅读的私密性，在买书、藏书、借书、抄书等方面也突出体现了阅读的民族性。关

---

① 胡继武. 现代阅读学 [M]. 广州：中山大学出版社，1991.
② 王余光. 阅读的个性、文化性与社会性 [N]. 高校图书馆工作，2009（1）：1-2.
③ 徐雁. 读者的"阅读情商"和读物的"可读性"问题——以"全民阅读"推广活动中的两份"选读书目"为例 [J]. 新世纪图书馆，2009（3）：7-9.

于阅读的特性，我们赞同程焕文教授的观点：阅读，不论是深读，还是浅读；不论是传统阅读，还是数字阅读，只要是阅读就是可爱的，就是美丽的。阅读不仅是一个民族的希望，也是一个民族文明传承和文化发展的希望，更是图书馆事业赖以生存和发展的命脉。

四、阅读的意义

阅读是人类独有的文化行为，同时受人类活动的影响。伴随着时代进步、环境变迁，特别是文本的变迁，对人类阅读产生了巨大的影响。阅读具有主动思考和激发创新思维的功能，能提高个人综合素质，增强自身竞争能力，进而有利于整个中华民族思想道德水准的提升。[①] 阅读对我们了解自己的历史，了解世界经典文明，提高自身的道德素养，以及形成共同的道德标准与价值观等都有十分重要的意义。国际阅读学会在总结阅读的意义时指出："阅读能力的高低，直接影响到一个国家和民族的未来。因为阅读可以强化文化认同、凝聚国家民心、振奋民族精神，可以提高国民素质、淳化社会风气、建构核心价值。"[②]

古人云："书中自有黄金屋，书中自有颜如玉。"可见，古人对阅读的情有独钟。其实，对任何人而言，阅读最大的好处在于：它让求知的人从中获知，让无知的人变得有知。培根在《论知识》中提出"当你孤独寂寞时，阅读可以消遣"；"读书使人明智，读诗使人聪慧"；"求知可以改进人的天性，知识能塑造人的性格"。[③] 贝克·哈吉斯在《阅读致富》中指出："一个不读书或者不愿意读书的人，会越来越穷，而读书的人则可通过读书而变得富有。"王安石在他的《劝学文》中写道："读书不破费，读书利万倍。窗前读古书，灯下寻书义，贫者因书富，富者因书贵。"教育部社会科学司前司长杨光认为："一个人可以一辈子不写书，但不能不读书。"[④] 中国阅读学研究会会长徐雁教授说："阅读可以改变人生。"[⑤] 王余光教授认为，阅读对人类的认知过程、知识的传承与文化的延续等方面具有重要的意

---

① 王凤荣.发挥图书馆作用创建阅读型社会 [J].沧桑，2008（4）：159-160.
② 朱永新.应该把全民阅读作为国家战略 [N].光明日报，2009-06-27，第 004 版.
③ 徐雁."开编喜自得，一读疗沉疴"——基于全民阅读推广活动的"文学疗愈"理念 [J].图书馆杂志，2010（10）：16-24.
④ 曹巍等.阅读的力量 [J].大学出版，2008（2）：4-18.
⑤ 赵明河.人生唯有读书好——访中国阅读学研究会会长徐雁教授 [J].人民教育，2011（14）：51-54.

义。[①]

很多经济发达国家都把阅读定为一项重要的国家战略，积极倡导全民阅读活动。如美国的"美国阅读挑战"运动与"阅读优先"方案等；新加坡的"Born to Read，Read to Bond"方案与"Thinking Schools，Learning Nation"口号等；日本的"中小学生读书活动计划"等，都在积极倡导全民阅读活动，也从另一个方面反映了阅读在国家层面的重要性。阅读能提高国民素质、国家综合竞争力，提升民族的精神境界。在这一方面，犹太民族就是一个很好的例子，他们每年人均读书64本，是全球人均读书最多的民族，产生了无数杰出的思想家、科学家和艺术家。

1. 阅读如润滑剂

对于坎坷曲折的人生道路而言，阅读便是最佳的润滑剂。面对苦难，我们苦闷、彷徨、悲伤、绝望，甚至我们低下了曾经高贵骄傲的头。然而我们是否想过书籍可以给予我们希望和勇气，将慰藉缓缓注入我们干枯的心田，使黑暗的天空再现光芒？读罗曼罗兰创作、傅雷先生翻译的《名人传》，不仅能让我们从伟人的生涯中汲取生存的力量和战斗的勇气，更让我们明白：唯有真实的苦难，才能驱除罗曼蒂克式幻想的苦难；唯有克服苦难的悲剧，才能帮助我们担当起命运的磨难。读海伦·凯勒一个个真实而感人肺腑的故事，感受遭受不济命运的人所具备的自强不息和从容豁达，从而让我们在并非一帆风顺的人生道路上越挫越勇，做命运真正的主宰者。在书籍的带领下，我们不断磨炼自己的意志，而我们的心灵也将渐渐充实成熟。

2. 阅读使人身心宁静

阅读不仅能够荡涤浮躁的尘埃污秽，过滤出一股沁人心脾的灵新之气，还可以营造出一种超凡脱俗的娴静氛围。读陶渊明的《饮酒》诗，体会"结庐在人境，而无车马喧"那种置身闹市却人静如深潭的境界，感悟作者高深、清高背后所具有的定力和毅力；读世界经典名著《巴黎圣母院》，让我们看到如此丑陋的卡西莫多却能够拥有善良美丽的心灵、淳朴真诚的品质、平静从容的气质和不卑不亢的风度，他的内心在时间的见证下折射出耀人的光彩，使我们在寻觅美的真谛的同时去追求心灵的高尚与纯洁。读王蒙的《宽容的哲学》、林语堂的《生活的艺术》以及古人流传于世的名言警句，这些都能使我们拥有诚实舍弃虚伪，拥有充实舍

[①] 王余光.读书随记[M].南京：东南大学出版社，2002.

弃空虚，拥有踏实舍弃浮躁，平静而坦然地度过每一个晨曦，每一个黄昏。

3. 阅读是一种修炼

在科技高度发达的今天，虽然个体获取知识的方式很多，但谁也无法否认的是，阅读仍是一种最主要的途径。

古人阅读多为纸质文本，最早还只能是携带不便的羊皮、竹简等。而今天的我们，阅读的途径与方式丰富多了，手机、网络、电子阅读器等都是可以利用的工具，且十分便捷。古人的阅读方式虽然单一，但他们对待知识怀有一种敬畏的态度，将书本看得十分神圣，阅读之前，还要焚香净手。"敬惜字纸"，是中华文化的一种传统美德。这一点，值得今天的我们继承发扬。

阅读是一种习惯，一种愉悦，一种享受，一种境界。明代诗人于谦在《观书》一诗中写道："书卷多情似故人，晨昏忧乐每相亲。眼前直下三千字，胸次全无一点尘。活水源流随处满，东风花柳逐时新。金鞍玉勒寻芳客，未信我庐别有春。"经常阅读，自有一股缭绕身心的别致"书香"，就像不会枯竭的丰盛水源、盛开不败的鲜花绿柳。因此，阅读不能有太多的功利，它是心灵的一种需要，是充实生活、引导灵魂前行的一种方式。北宋著名诗人、书法家黄庭坚说："士大夫三日不读书，则义理不交于胸中，对镜觉面目可憎，向人亦言语无味。"由此可见，我们常说的阅读，主要是指人文方面的内容。个人的气质、品位，便取决于这种阅读。一个技术性的人才，如果没有专业之外的人文阅读，很难说他具有多高的文化修养与品位。

阅读是一种循序渐进的过程，特别讲究刨根究底。比如文中的注释、书后的参考资料等，都值得我们足够重视，可"按图索骥"进行扩展阅读；再比如自己关注、喜爱的作家作者，他们在知识结构、内在气质、个性特征等方面或与我们有着一定的相通之处，可就此拓展、延伸开来，阅读他们的主要乃至全部作品……这种刨根究底，就像农民收获花生与红薯，循着地底的根须，一挖一刨，一拉一扯，就是一大串，会有一种溢于言表的喜悦。阅读也是一种循环往复的过程。这种循环往复，就是人们常说的精读。经典作品，经过时间的筛选，一定有着深邃的思想，丰富的内容，高尚的品格，是人类迄今为止所能达到的峰巅。一个人能够获得多大的能量，取得多高的成就，很大程度取决于这种循环往复的阅读。

阅读是一辈子的事情，是一种长期的没有终点与止境的"自我教育"。所谓

"活到老，学到老"，具体而言，主要指的就是阅读。它是生命的一种"马拉松"，是锲而不舍的长期追求，是由量变到质变的不断飞跃与提升……说到底，阅读就是人生的一种修炼，与成长、成功相伴，修炼到家的，便可"得道成仙"；舍弃这种修炼或偶尔为之者，有可能"言语无味"。不论从事何种行业，只要我们经常阅读，将其内化为一种自觉行为——生命的自为存在，便是一个有福之人。书香弥漫的人生岁月，能在有限的生命时间欣赏无限的生命美景，可使我们活得更加丰富与智慧、充实与从容，人生也因此更加精彩。

美国一位教授曾经说过，一个人终其一生是否留下遗憾，要问自己三个问题，一是身后留下点什么没有，二是是否向自己的人生极限挑战了，三是是否具有向权威挑战的精神。若要回答这三个问题，大概只能靠书本、知识、阅读予以解决。从阅读中提出疑问，便能向权威挑战；向权威挑战的过程，也是逼近自己人生极限的过程；在不断的挑战与超越中，身后自然会留下一串深深的脚印……于是，我们只有一次的短暂人生，也因此变得美丽而永恒。

第二节　阅读推广解析

进入信息社会以来，人们越来越清醒地认识到，阅读已经不再仅仅是个人的事情，一个国家的精神高度与每个成员的阅读高度已经紧密联系在一起。也就是说，在一个国家，阅读已经和每个行业、每个层级、每个群体密切相关，已经和国家长期、可持续发展的潜力密切相关。"全民阅读"必须要上升为国家发展战略，让全民阅读润泽到国家每个成员的生活方式和国家决策层面的顶层设计，而阅读推广就是推进全民阅读的主动行为和重要方略。阅读推广不仅有利于具有阅读能力的人都加入到阅读中来，让阅读成为人们日常生活中不可或缺的一部分，同时也有利于培养人们的图书馆意识，从而促进全民综合素质的提高。

一、阅读推广的含义

"阅读推广"一词来源于英文的"Reading Promotion"，"Promotion"除可翻译为"推广"外，还有"促进、提升"的意思，所以也有人将"Reading Promotion"翻译为"阅读促进"。自1995年联合国教科文组织确定每年的4月23日为"世界图书与版权日"(World Bookand Copy-right Day),1997年又发起"全民阅读"(Reading for All)活动以来,"Reading Promotion"一词常见于联合国教科文组织、美国国会图书馆、美国国家艺术基金会的"大阅读"项目、国际图书馆协会联合会等倡导全民阅读的组织、机构的网站和工作报告。但是在英语世界,无论是机构网站、工作报告、期刊论文,还是维基百科,都没有赋予"Reading Promotion"一个学术性的定义,人们普遍认为"Reading Promotion"是一个意思清楚的词,无须作专门的定义。

"阅读推广"也可以称为"阅读促进",是在"阅读辅导""导读""读书指导""阅读宣传""阅读营销"等概念的基础上发展而来的。探讨阅读推广的定义关键在于人们对阅读推广的基本认识。随着全民阅读气氛的高涨,相关领域对"阅读推广"的关注度越来越高,相关学科对"阅读推广"的解析度越来越明晰,许多研究者都试图客观地描述"阅读推广"的概念。

张怀涛先生在收集、分析10余位学者的观点的基础上,给"阅读推广"下的定义是:"'阅读推广'顾名思义就是推广阅读;简言之就是社会组织或个人为促进人们阅读而开展的相关活动,也就是将有益于个人和社会的阅读活动推而广之;详言之就是社会组织或个人,为促进阅读这一人类独有的活动,采用相应的途径和方式,扩展阅读的作用范围,增强阅读的影响力度,使人们更有意愿、更有条件参与阅读的文化活动和事业。"[①]

王波认为,阅读推广,就是为了推动人人阅读,以提高人类文化素质、提升各民族软实力、加快各国富强和民族振兴的进程为战略目标,而由各国的机构和个人开展的旨在培养民众的阅读兴趣、阅读习惯,提高民众的阅读质量、阅读能力、阅读效果的活动。[②] 这个定义首先是一个国际化的定义,因为它提到了"各民族""各国",如果将这里的"各民族""各国"替换成"中华民族""中国",那么就变成了"中国阅读推广"的定义。而且,这里用了"人人阅读"而不用"全民阅读",因为"全民"指的是"全体人民",是一个政治概念,并不能覆盖所有人。相比起来,"人人阅读"更符合"Reading for All"的本意。其次,这个定义强

---

① 张怀涛.阅读推广的概念与实施[J].河南图书馆学刊,2015(1):2-5.
② 王波.阅读推广、图书馆阅读推广的定义——兼论如何认识和学习图书馆时尚阅读推广案例[J].图书馆论坛,2015,35(10):1-7.

调了阅读推广的目的，交代了其国际背景是响应"人人阅读"的倡导，国内背景是各国希望借此提升国家和民族的竞争力。最后，这个定义中的5个关于阅读的概念不是随意罗列的，它们之间是具有先后逻辑关系的。培养阅读兴趣解决的是阅读的动力问题，是其他阅读活动的前提，一个人只有阅读兴趣培养起来了，才能终生具有阅读饥饿感，才能对阅读充满激情。培养阅读习惯解决的是阅读的惯性、持久性问题，一个人只有养成阅读习惯，才会把阅读作为一种生活方式，将其像空气和水一样对待，须臾不可分离。这种生活方式和工作方式相结合，正如李克强总理所说，将会变成一种强大的创新力量和道德力量。提高阅读质量解决的是阅读的内容和品位问题。人生有涯，而知识无涯，以有涯人生面对无涯知识，只能择善而读，所以好书需要挑选，读书需要引导。一切关于好书的出版、推荐、导读工作，目的都是提高人们的阅读质量。提高阅读能力解决的是阅读的方法和技巧问题，也就是解决阅读的效率问题。不管是一目十行读书法、对角线读书法，还是蚕吃桑叶读书法、不求甚解读书法等，都各有优点，要把各种各样的加快阅读效率的方法教给读者。提高阅读效果解决的是阅读的理解水平问题，即阅读的消化、吸收问题。阅读的最终目的是吸收读物的内容，实现阅读目标。不管是功利阅读还是休闲阅读，都不应该是阅读推广歧视或嘲讽的对象，阅读推广活动应该帮助各种怀揣正当阅读目标的读者实现其理想。阅读兴趣、阅读习惯、阅读质量、阅读能力、阅读效果这5个概念在阅读推广活动中具有最大的通约性，明确了阅读推广的内涵和外延，一切阅读推广活动都是围绕着这5个概念开展的。[①]

胡庆连认为，"社会阅读推广，就是让本地区每一个有阅读能力的人都加入到阅读行列。让读书成为生活中不可或缺的一部分，进而构建学习型社会"。[②]

闻德峰认为，"凡是活动的目的在于培养民众的阅读兴趣，鼓励民众从事阅读行为，养成民众的阅读习惯，进而普及社会风气，均属于阅读推广活动的范畴"。[③]

万行明认为，"阅读推广即推广阅读，就是图书馆及社会相关方面为培养读者阅读习惯，激发读者阅读兴趣，提升读者阅读水平，进而促进全民阅读所从事的

---

① 王波.阅读推广、图书馆阅读推广的定义——兼论如何认识和学习图书馆时尚阅读推广案例[J].图书馆论坛，2015（10）：1-7.

② 胡庆连.公共图书馆致力"社会阅读"推广的逻辑起点[J].河南图书馆学刊，2009（2）：83-84.

③ 闻德峰."国家图书馆文津图书奖"宣传推广活动在黑龙江省图书馆举行[J].图书馆建设，2010（11）：114.

一切工作的总称"。①

吕学才认为,"阅读推广就是让本地区每一位具有阅读能力的人都加入到阅读行列,让阅读成为人们日常生活中不可或缺的一部分,同时培养市民图书馆之意识,以促进全民综合素质的提高"。②

谢蓉认为,"图书馆阅读推广活动是图书馆作为推广主体,通过一定的推广媒介,利用特定的设施设备,选择适当的阅读内容并对活动形式进行一定的设计,从而对阅读推广的客体对象(特定的读者群体)施加影响,并接受反馈不断调整以期达到最佳效果的所有工作"。③

张超认为,"阅读推广就是把阅读这一富含动态特征的思维活动作为一个作用目标,然后通过某种特定渠道或者方法,改变阅读的作用区域及其影响范围,使它的受众更容易、更简单地接受它、参与它的一种文化传播活动"。④

于群、李国新认为,"阅读推广是指图书馆通过开展各种阅读活动,向广大市民传播阅读知识,培养市民的阅读兴趣,促进全民阅读"。⑤

王辛培认为,"阅读推广是图书馆、出版机构、媒体、网络、政府及相关部门等为培养读者阅读习惯、激发阅读兴趣、提升阅读水平、促进全民阅读所开展的有关活动和工作"。⑥

刘开琼认为,"阅读推广是将阅读这种认知过程向更广的范围传播,使更多的人参与阅读活动"。⑦

张婷认为,"阅读推广即推广阅读,包括谁来推广,向谁推广,推广什么,怎么推广"。⑧

由于阅读推广活动涉及面广、灵活性强、可拓展空间大,所以有狭义和广义之分。狭义的阅读推广主要指围绕某一主题开展的具体阅读活动,例如,某个城市组织读书节,某个图书馆组织读书征文比赛,某个学校组织读书报告会等。广

---

① 万行明.阅读推广:助推图书馆腾飞的另一支翅膀 [J].当代图书馆,2011(1):8-11.
② 吕学才.图书馆的阅读推广活动研究 [D].长春:吉林大学,2011.
③ 谢蓉.数字时代图书馆阅读推广模式研究 [J].图书馆论坛,2012(3):23-27.
④ 张超.基于创新推广理论的青少年阅读网络资源建设 [D].济南:山东师范大学,2012:11-12.
⑤ 于群,李国新.公共图书馆业务培训指导纲要 [M].北京:北京师范大学出版社,2012.
⑥ 王辛培.阅读推广活动机制创新研究 [J].图书馆界,2013(1):80-82.
⑦ 刘开琼.高校图书馆阅读推广模式探究 [J].图书馆研究,2013(2):64-67.
⑧ 张婷.基于《阅读推广:理念·方法·案例》的全民阅读推广"全景图" [J].图书馆杂志,2013(11):110-112.

义的阅读推广包括以"阅读"为中心延展的各类文化活动和事业，例如，关于全民阅读立法的制订以及由此展开的讨论，关于某个城市书店或学校图书馆的建设规划，关于某个学校"阅读学"课程教学大纲的制订等。

推广是指扩大事物使用的范围或其作用的范围，阅读推广是将阅读这种认知过程向更广的范围传播，使更多的人参与阅读活动。在拉斯韦尔五W模式理论中，传播过程包括五大要素，即Who、Says What、In Which Channel、To Whom、With What Effect，它们分别代表了传播的主题和客体，传播的内容、传播的途径以及传播的效果。①

综上所述，用这个理论来解释图书馆阅读推广的过程，图书馆是阅读推广主体，图书馆面向的读者是客体，阅读推广的内容是文献信息资源，阅读推广过程中还需要借助一定的推广媒介和推广设施。② 具体地说，阅读推广是推广主体、阅读者、阅读对象以及推广媒介等要素在一定时空范围内设计、组合、组织和配置的结果，通过它们之间的相互作用，让阅读成为人们实现知识分享、提升精神境界、获得有用信息以及愉悦身心的一种渠道。③ 从图书馆的角度来认识，阅读推广就是图书馆及社会相关方面为培养读者阅读习惯，激发读者阅读兴趣，提升读者阅读水平，进而促进全民阅读所从事的一切工作的总称。

二、阅读推广的特点

1. 文化传承性

阅读推广是利人利己、利国利民的长远兴邦之计，关乎民众的文化内涵和国家的竞争力，任何组织形式的阅读推广者都需要树立高度的文化自觉意识。

2. 社会公益性

以谋求文化传播、知识服务的社会效应为目的，坚持开放、平等、非营利的精神，并有必要面向阅读有困难的人重点开展服务。

---

① Chinwe Nwogo Ezeani Ph. D，Uzoamaka Igwesi Utilizing Social Media for Dynamic Library Services Delivery：The Nigeria Experience[J]，Journal of Library&Infomation Science，2012（2）：195-207.
② 高灵溪.基于社会化媒体的图书馆阅读推广研究 [D].长春：东北师范大学，2013.
③ 刘开琼.高校图书馆阅读推广模式研究 [J].图书馆研究，2013（2）：64-67.

3. 公众参与性

阅读推广是面向最广泛人群开展的文化传播活动，各个领域、各个层面的人都可以参与，参与的人越多、被影响的人越多，社会效益就越突出。

4. 定位多向性

不同阅读推广主体对阅读推广的定位有所不同，政府是作为发展战略而部署；企事业单位是作为组织文化而培育；学校是作为教育手段而组织；图书馆是作为事业而开展；个人是作为爱好而参与。

5. 主动介入性

阅读推广者一般要组织不同规模的读书活动，主动激发、引导、促进读者读书，并主动了解读者的阅读需求，以促进、影响读者的阅读选择。

6. 成效滞后性

阅读推广活动作用于社会个体之后，社会个体要经过思考、实践之后方有成效，而这种成效还是隐性的；再转化为社会成效，这个环节更是难以观测和量化。

三、阅读推广的重要性

在日常的生活学习过程中，人们通过被动获取与主动获取两种途径来获取知识，而在这两种途径中都有阅读的行为。其中被动获取是一种被动的阅读，接收知识传授者的知识传递，阅读所发挥的作用不是很明显。而主动获取则是在没有知识传授者的情况下，人们根据其主观意识通过阅读，自主选择知识的学习，从而达到丰富自己知识结构的一种行为过程。这个过程中，阅读起到了极其重要的作用。因此，无论是被动获取还是主动获取的过程中，阅读都是必不可少的。一个人的阅读能力高低决定了他对知识的获取程度，可以说，阅读改变命运。一个人的人生起点虽然受客观存在的影响，无法被阅读所左右，但是，人生的终点却可以因为阅读发生本质性的改变。因此，阅读的推广就成了必不可少的重要工作，特别是在我们国家建设学习的全民性和终身性的学习型社会这个大的背景下。阅读推广就是让本地区每一位具有阅读能力的人都加入到阅读行列，让阅读成为人们日常生活中不可或缺的一部分，同时培养国民图书馆意识，以促进全民综合素质的提高。

1. 保证公民阅读权利的需要

《中华人民共和国宪法》中明确规定：公民有受教育的权利和义务。这从法律的角度指出了公民的读书权利，换句话说就是公民具有阅读的权利。我国图书馆学家黄俊贵先生认为，"阅读权益是指每个人依法享有的阅读权力与利益。它以阅读的自尊、自主、自由为主要内容，以体现读者的个性为特性"。[①] 沙勇忠在其《图书馆职业伦理研究》一文中提出了公共存取、客观公正、尊重隐私权与知识产权、精益服务和人文关怀等尊重和保护阅读自由及阅读权利的5项原则来保障公民的阅读权利。联合国教科文组织 Milagrosdel Corral 女士提出的"我们必须保证让世界上每个角落的每个人都有书读"，就是针对长期以来在阅读中存在的不平等现象。而为了保证让所有的人都有书读，开展阅读推广活动就成为必不可缺的。在开展阅读推广的过程中，图书馆的作用是毋庸置疑的。同时，为了更好地开展阅读推广活动，对图书馆的覆盖范围也是有一定的要求的。苏联图书馆学家丘巴梁有论述："图书馆活动的范围是1.5公里，平均标准是一万个居民一所图书馆。"[②] 图书馆学前辈阮冈纳赞在论著中写道："……使每个市民的住所距离图书馆只需十分钟路程。"[③] 而通过这些描述，我们可以看到图书馆在阅读推广的过程中最直接的作用就是为市民提供阅读的资源和平台。所以，为了保障公民的阅读权，使每个公民具有平等的获得竞争优势与发展的机会，实现社会的和谐与稳定，就要大力推进阅读推广活动，而这其中图书馆的作用是必不可少的。

2. 充分发挥图书馆社会职能的需要

1975年，国际图联将图书馆的职能确定为"保存人类文化遗产、开展社会教育、传递科学情报、开展智力资源"四大社会职能。随着社会大环境的不断变化，网络技术的迅猛发展，人们可以足不出户获得所需信息，图书馆社会职能的实现遭遇了前所未有的挑战。图书馆要想不受实体建筑架构的局限与生存空间的限制，充分实现其社会职能，就必须根据其所处的环境及图书馆自身的条件开拓创新，走出一条变被动服务为主动服务的新路子，做到"走出去，请进来"，开展各种活动，大力推广社会阅读，拓展自身生存空间，为读者提供丰富的资料、创造舒适优雅的阅读环境，从而让更多的人自愿亲近图书馆，走近图书馆，使图书馆的读

---

① 黄俊贵.完善理念，提升效益——关于全民阅读问题的思考[J].图书馆，2016(10)：26-33.
② （苏）丘巴良.普通图书馆学[M].北京：书目文献出版社，1983.
③ （印）阮冈纳赞.图书馆学五定律[M].北京：书目文献出版社，1988.

者量不断增加,壮大社会阅读群,以达到充分发挥图书馆的社会职能的目的。

同时,在阅读推广的过程中,图书馆应积极打造品牌效应,形成具有本馆特色的个性化服务,提高图书馆的知名度、扩大影响,从而使图书馆更好地适应社会环境变化,提高生存能力。因此,开展阅读推广活动不但是图书馆的责任和义务,也是发挥图书馆的社会职能所需。①

3. 提高国民素质的需要

读书足以怡情,足以博彩,足以长才,使人开茅塞,除鄙见,得新知,养性灵。阅读可以提高公民素质。通过不断读书学习可以使人们获得知识,增长才干,从而可以使人明辨是非、提高个人综合素质。而个人素质的提高相应的也会带动整个民族整体素质的提高。公民的阅读水平决定着一个民族的精神境界。一个国家不是靠巨大的人口屹立于世界民族之林,而是靠阅读的人口。无论是对国家、民族,还是个人来说,理性思考都是应该必备的一种素质,而理性思考的形成则主要依靠阅读来培养,即"知书才能达理"。阅读不是一个民族可以解决的问题,而是每一个个体、每一个人都要重新面对的问题。所以,需要更多的人来读书、思考,我们的国家、民族和个人才会有更多的发展,更大的发展空间。因此,阅读是重要而必须的。在人的一生中,学习将伴随始终。这是人们适应客观世界发展变化的必然。因此,社会阅读推广不仅是一个图书馆,而且是一个国家非常重要的活动,只有重视读书,我们国家的民族素质才能有比较好的提升,有更高的民族精神境界。

4. 构建学习型社会、和谐社会的需要

党的十八大报告明确要求"开展全民阅读活动"以来,"全民阅读"已第5次写入政府工作报告。在当今这个科技迅猛发展的时代,学习不再是个人的行为,而是直接影响到一个国家和民族,乃至全人类的生存与发展、文明与进步。文化,作为一种反映社会政治、经济状况的"软实力",已经成为一个国家和地区能否真正参与到国际竞争中的"晴雨表"。一方面,现代经济社会的发展越来越取决于科技进步和劳动者素质的提高;另一方面,世界范围内的竞争越来越表现为人才的竞争。全民学习,人人学习,我们这个国家、这个民族才能永葆生机和活力,才能不断推动各项事业的发展。开展阅读推广,让阅读成为人们生活中的一种习惯

---

① 吕学才. 图书馆阅读推广活动研究 [D]. 长春:吉林大学, 2011.

和社会风气，为建立学习型社会，并最终实现和谐社会打下基础。

构建"和谐社会"是中国共产党人治国理政几十年来逐步形成的全新理念。和谐文化建设是我们构建和谐社会的核心问题，公民的思想道德和科学文化素质水平是衡量和谐社会的准绳。人的一生是通过不断的阅读，从而达到系统教育的目的，最终成长成材的过程。通过全民阅读形成的书香社会氛围，从而为和谐文化建设提供养分和环境，达到创建和谐社会的目的。全民阅读，将为中华文化的复兴乃至中华民族的伟大复兴提供稳固的文化基础和核心价值观。我们只有通过广泛的阅读才能吸取前人在认识世界和改造世界过程中积累的丰富经验，并在继承前人经验和了解最新科学技术的基础上，才能开拓创新，取得进步。在当前科学技术不断更新换代、知识以大爆炸的形式不断涌现更新的信息时代，只有倡导全民阅读，不断扩大人们的阅读范围、提高人们的阅读能力，用科学技术推动社会经济发展，才能为构建和谐社会提供经济基础保障。古人曰："读书之善，善莫大焉。"阅读世界各国的优秀作品，能让不同民族的人民在开阔见识、增加智慧的同时，增进相互了解和理解，提升民族素质，拓展民族视野，达成社会和谐与世界和平。

5. 改善国民阅读现状的需要

（1）第十三次全国国民阅读调查报告

中国新闻出版研究院第十三次全国国民阅读调查显示：2015年我国成年国民综合阅读率为79.6%，较2014年上升1.0个百分点（见图1-1）；人均纸质图书阅读量为4.58本，比2014年增加0.02本；人均每天手机阅读时长为62.21分钟，比2014年增加28.39分钟；人均报纸阅读量和期刊阅读量均有所下降。[1]

---

[1] 第十三次全国国民阅读调查结果公布 [EB/OL]. http://www.xinhuanet.com//politics/2016-04/19/c_128907616.htm.

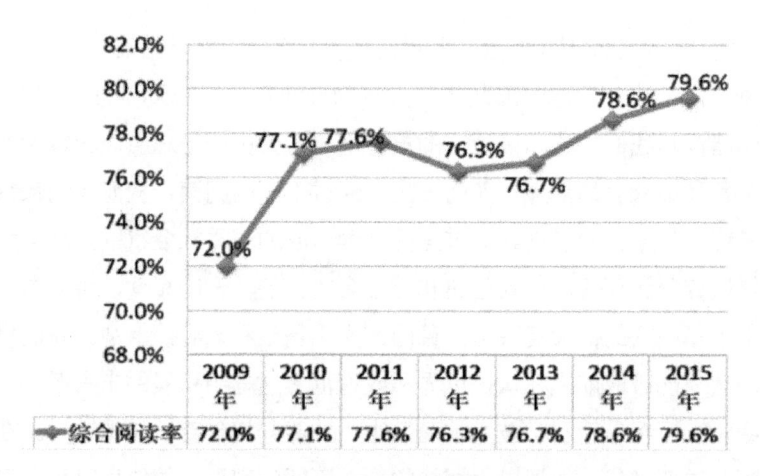

图 1-1 2009—2015 年综合阅读率的变化趋势

此次调查对未成年人的三个年龄段（0～8 周岁、9～13 周岁、14～17 周岁）和 18 周岁及以上成年人分别采用四套不同的问卷进行访问，执行样本城市为 81 个，覆盖了我国 29 个省（自治区、直辖市），有效样本量为 45 911 个。

此次调查数据显示，2015 年我国成年国民图书阅读率为 58.4%，较 2014 年上升了 0.4 个百分点；报纸阅读率为 45.7%，较 2014 年下降了 9.4 个百分点；期刊阅读率为 34.6%，较 2014 年下降了 5.7 个百分点；受数字媒介迅猛发展的影响，网络在线阅读、手机阅读、电子阅读器阅读、光盘阅读、Pad 阅读等数字化阅读方式的接触率为 64.0%，较 2014 年上升了 5.9 个百分点（见图 1-2、图 1-3）。综合各媒介，2015 年我国成年国民包括书报刊和数字出版物在内的各种媒介的综合阅读率为 79.6%，较 2014 年上升了 1.0 个百分点。

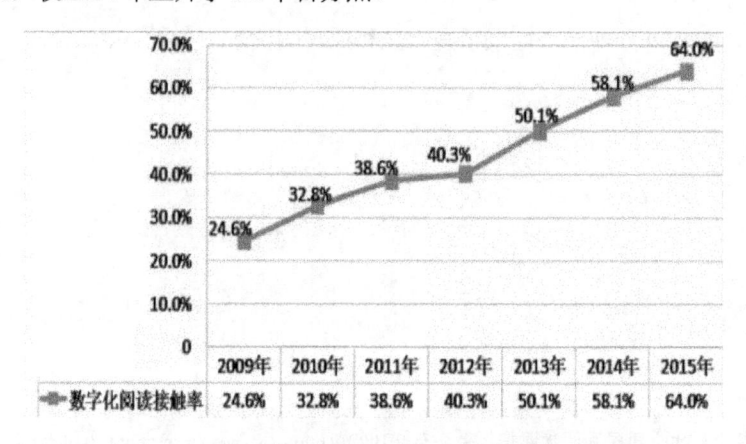

图 1-2 2009—2015 年数字化阅读方式接触率的变化趋势

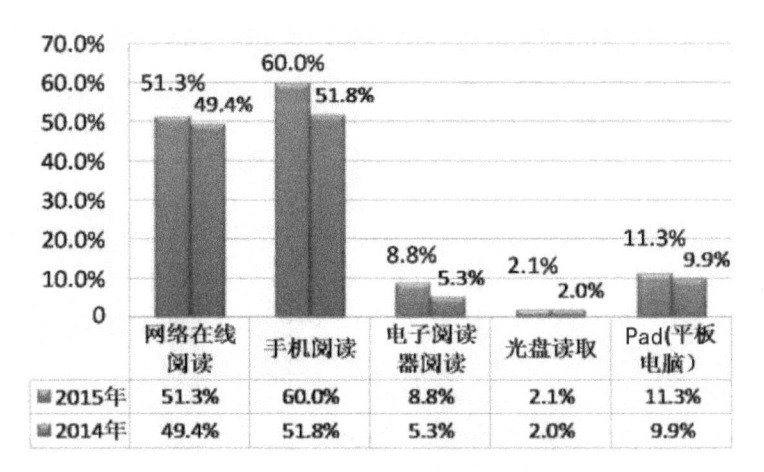

图 1-3　2014 年和 2015 年各类数字化阅读载体的接触率变化对比

调查数据显示，2015 年我国成年国民日均手机阅读时长首次超过 1 小时。其中，人均每天微信阅读时长为 22.63 分钟，较 2014 年增加了 8.52 分钟。人均每天电子阅读器阅读时长为 6.82 分钟，比 2014 年增加了 3.03 分钟；2015 年人均每天接触 Pad 的时长为 12.71 分钟，较 2014 年增加了 2.02 分钟。在手机阅读接触群体中，最喜欢的电子书类型为"都市言情"，其次是"文学经典""历史军事""武侠仙侠""玄幻奇幻"等。

① 阅读量：纸质图书小幅增长，报刊持续下降。从阅读量来看（见表 1-1），2015 年我国成年国民人均纸质图书的阅读量为 4.58 本，比 2014 年增加了 0.02 本；人均报纸阅读量和期刊阅读量分别为 54.76 份和 4.91 份，比 2014 年分别下降了 10.27 份、1.16 份；人均阅读电子书 3.26 本，较 2014 年略有增加。成年国民人均纸质图书和电子书合计阅读量为 7.84 本。

表 1-1　2014 年和 2015 年各类出版物人均阅读量对比

阅读量	全国（2015）	全国（2014）
图书（本）	4.58	4.56
报纸（份）	54.76	65.03
期刊（份）	4.91	6.07
电子书（本）	3.26	3.22

② 阅读时长：新兴媒体领衔阅读增长。在传统纸质媒介中，我国成年国民

人均每天在读书上用时最长，为 19.69 分钟，同比增加 0.93 分钟；人均每天读报 17.01 分钟，同比减少了 1.79 分钟；人均每天阅读期刊 8.83 分钟，同比减少 4.59 分钟（见图 1-4）。

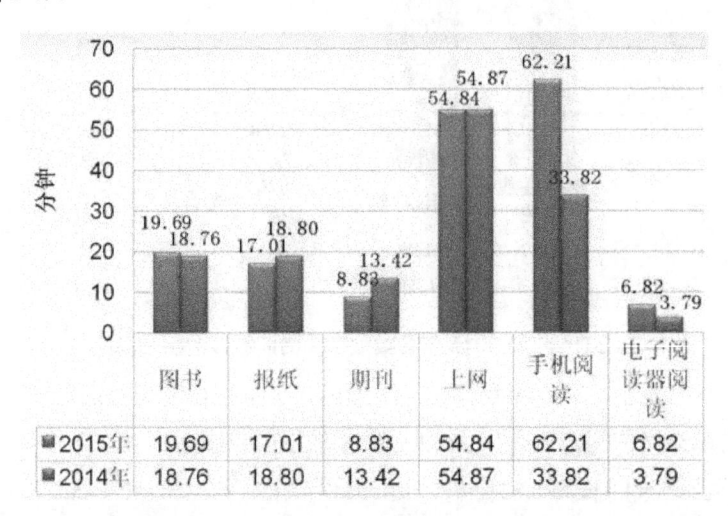

图 1-4　2014 年和 2015 年各类媒介阅读时长对比

从新兴媒介来看，人均每天手机阅读接触时间最长。我国成年国民人均每天手机阅读时长为 62.21 分钟，同比增加 28.39 分钟，其中微信阅读时长为 22.63 分钟（见图 1-5），同比增加 8.52 分钟；电子阅读器阅读时长为 6.82 分钟，同比增加 3.03 分钟；Pad 的时长为 12.71 分钟，同比增加 2.02 分钟。

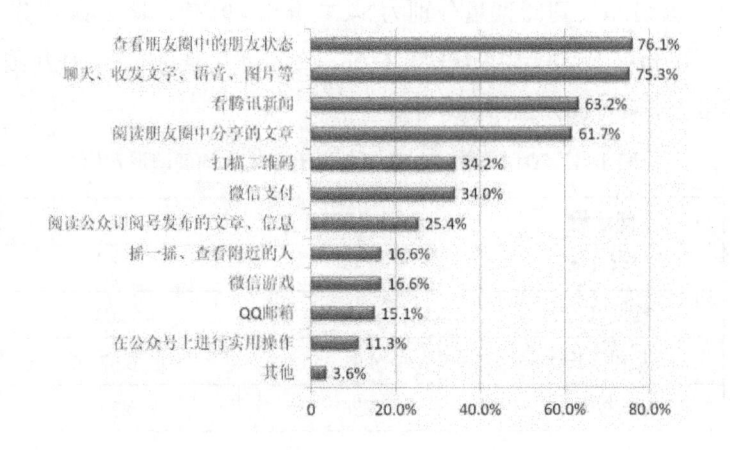

图 1-5　微信阅读群体通过微信进行的活动

③ 价格承受能力：电子书价格承受能力上升。我国国民能够接受一本 200 页

左右的文学类简装书的平均价格为 14.39 元，同比减少 1.62 元。我国成年国民平均可接受一本期刊的价格为 6.93 元，同比下降 0.49 元。在接触过数字化阅读方式的国民中，有 50.2% 的国民表示能够接受付费下载阅读电子书，同比上升 5.9 个百分点。数字化阅读接触者能够接受一本电子书的平均价格为 1.64 元，价格接受程度比 2014 年略有上升。手机阅读群体中，仅 27.6% 的人能够接受付费阅读，且人均手机阅读花费为 11.19 元，较 2014 年有所下降（见图 1-6）。

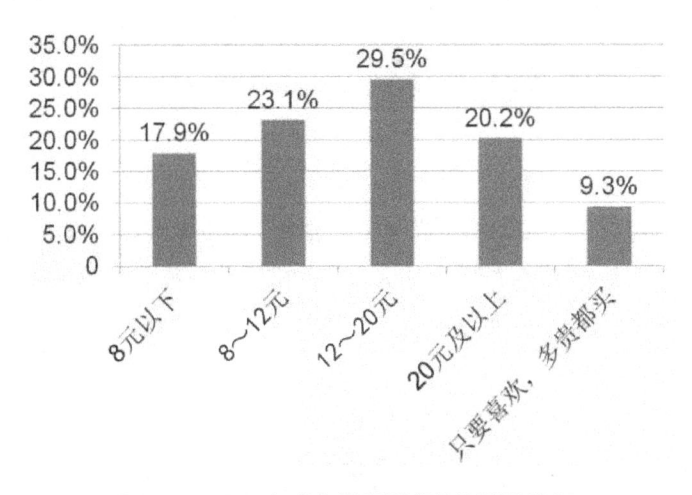

图 1-6　2015 年成年国民图书价格承受能力

④ 阅读偏好：纸质书仍是最爱。57.5% 的成年国民更倾向于"拿一本纸质图书阅读"，10.2% 的国民倾向于"网络在线阅读"，有 27.0% 的国民倾向于"在手机上阅读"，有 4.1% 的人倾向于"在电子阅读器上阅读"，1.2% 的国民"习惯从网上下载并打印下来阅读"。另外，对于同样内容的纸质版和电子版图书，在数字化阅读方式接触者中，只有 37.2% 的人倾向于购买电子版，这也说明纸质书仍然有很强的生命力（见图 1-7）。

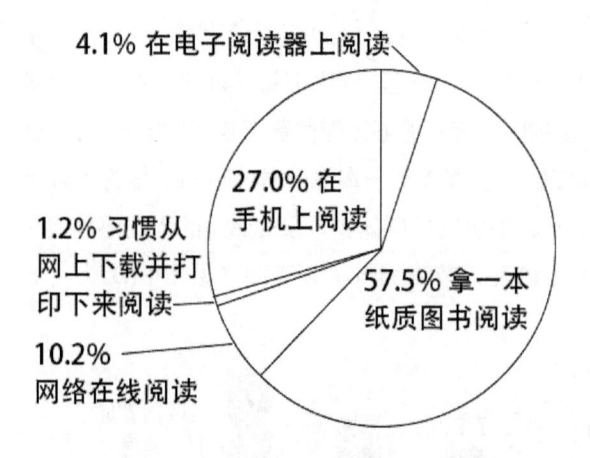

图1-7 2015年成年国民阅读形式倾向

⑤ 阅读满意度：国民对阅读有更高的要求。2015 年我国成年国民对个人阅读数量的评价中，只有 1.2% 的国民认为自己的阅读数量很多，8% 的国民认为自己的阅读数量比较多，37.4% 的国民认为自己的阅读数量一般，45% 的国民认为自己的阅读数量很少或比较少（见图1-8）。

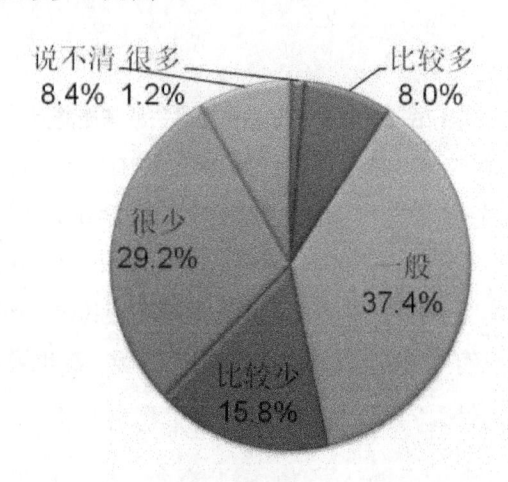

图1-8 2015年成年国民自我阅读数量评价

从成年国民对个人纸质阅读内容和数字阅读内容的阅读量变化情况的反馈来看，有 6.6% 的国民表示"增加了纸质内容的阅读"，有 11.8% 的国民表示"减少了纸质内容的阅读"；有 3.9% 的国民表示"减少了数字内容的阅读"，有 10.0% 的国民表示"增加了数字内容的阅读"；57.7% 的国民认为没有变化（见图1-9）。

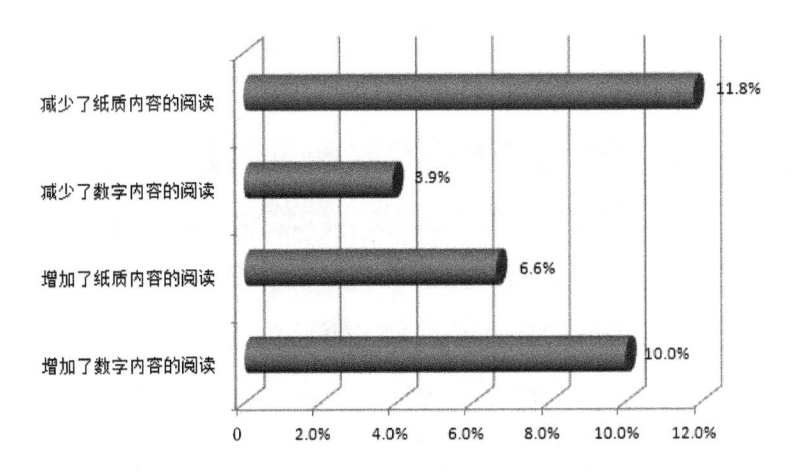

图 1-9 2015年成年国民阅读量变化自我评价

从成年国民对于个人总体阅读情况的评价来看，有20.8%的国民表示满意（非常满意或比较满意），比2014年有所下降；有17.4%的国民表示不满意（比较不满意或非常不满意），比2014年略有提升；有48.5%的国民表示一般（见图1-10）。

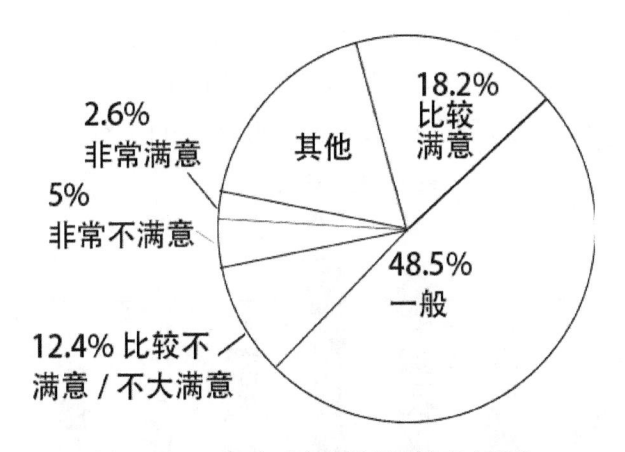

图 1-10 2015年成年国民阅读满意度评价

我国成年国民对当地举办全民阅读活动的呼声较高，2015年有67.3%的成年国民认为有关部门应当举办读书活动或读书节，比2014年略有下降。其中，城镇居民认为当地有关部门应该举办读书活动或读书节的比例为67.7%，农村居民中这一比例为66.7%。

⑥ 未成年人阅读：阅读率上升，阅读量下降。0～17周岁未成年人图书阅读

率为 81.1%，较 2014 年显著上升；未成年人的人均图书阅读量为 7.19 本，较 2014 年减少了 1.26 本（见图 1-11）。

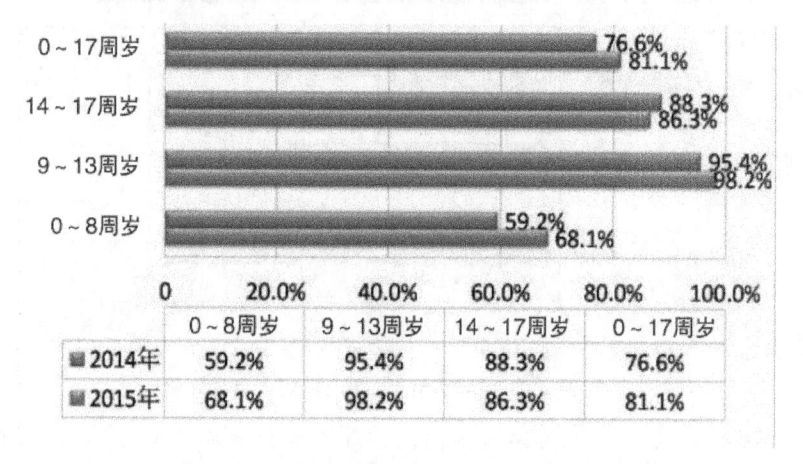

	0~8周岁	9~13周岁	14~17周岁	0~17周岁
2014年	59.2%	95.4%	88.3%	76.6%
2015年	68.1%	98.2%	86.3%	81.1%

图 1-11　2015 年未成年人图书阅读率

⑦ 亲子阅读：家长们花更长时间陪孩子。对亲子早期阅读行为的分析发现，2015 年我国 0～8 周岁有阅读行为的儿童家庭中，平时有陪孩子读书习惯的家庭占到 87.1%，较 2014 年下降了 1.7 个百分点；在这些家庭中，家长平均每天花费 23.69 分钟陪孩子读书，较 2014 年略有增加（见图 1-12）。2015 年我国 0～8 周岁儿童的家长平均每年大约带孩子逛 2.98 次书店，比 2014 年有所减少（见图 1-13）。

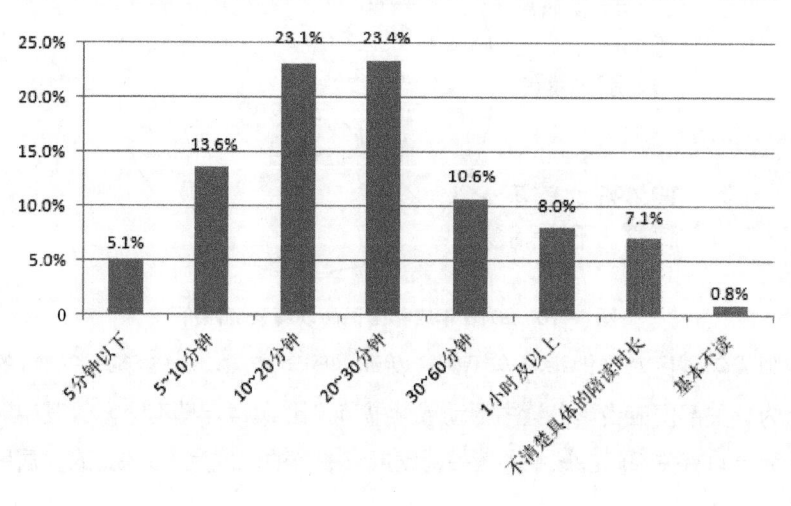

图 1-12　2015 年家长平均每天陪孩子读书时间

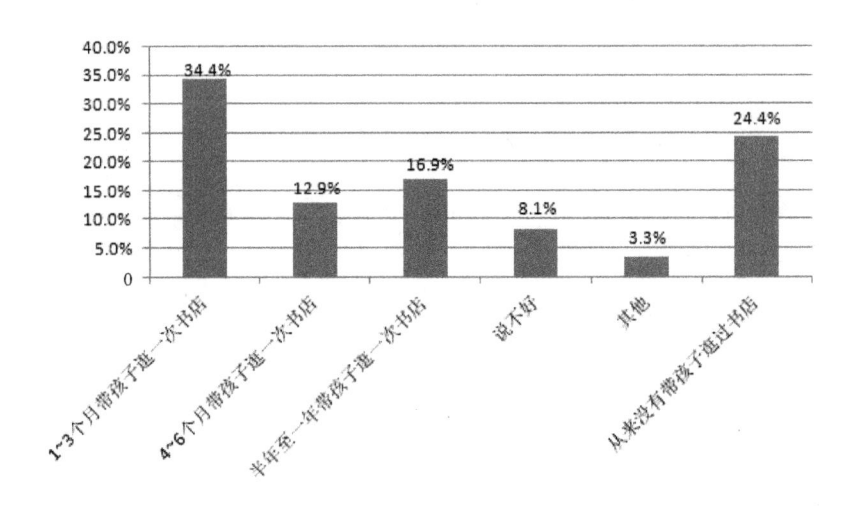

图 1-13　2015 年家长陪孩子逛书店频率

（2）第十四次全国国民阅读调查报告

2017 年 4 月 18 日，中国新闻出版研究院发布第十四次全国国民阅读调查报告。数据显示，2016 年我国国民人均图书阅读量为 7.86 本，较 2015 年增加了 0.02 本。人均每天微信阅读时长为 26.00 分钟，较 2015 年增加了 3.37 分钟。数字化阅读的发展，提升了国民综合阅读率和数字化阅读方式接触率，整体阅读人群持续增加，但也带来了图书阅读率增长放缓的新趋势。①

本次全国国民阅读调查从 2016 年 8 月开始全面启动，2016 年 8 月至 10 月开展样本城市抽样工作，2016 年 11 月至 12 月在全国范围内开展入户问卷调查执行工作，2017 年 1～3 月开展问卷复核、数据录入和数据处理工作。本次调查执行样本城市为 52 个，覆盖了我国 29 个省、自治区、直辖市。本次调查的有效样本量为 22 415 个，其中成年人样本为 16 967 个，18 周岁以下未成年人样本为 5 448 个，未成年样本占到总样本量的 24.3%；有效采集城镇样本 17 091 个，农村样本 5 324 个，城乡样本比例为 3.2∶1。

① 2016 年我国成年国民各媒介综合阅读率为 79.9%，较 2015 年略有提升，数字化阅读（网络在线阅读、手机阅读、电子阅读器阅读、Pad 阅读等）方式的接触率为 68.2%，较 2015 年上升了 4.2 个百分点，图书阅读率为 58.8%，较 2015 年上升了 0.4 个百分点（见图 1-14）。报纸阅读率为 39.7%，较 2015 年下降了 6.0 个百

---

① 第十四次全国国民阅读调查报告出炉：2016 年人均阅读 7.86 本书 [EB/OL].http://book.sina.com.cn/news/whxw/2017-04-18/doc-ifyeimqy2574493.shtml.

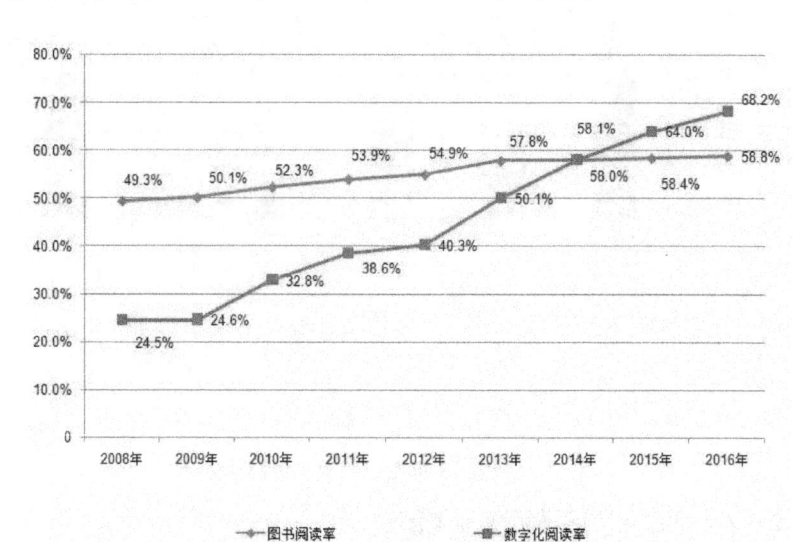

分点；期刊阅读率为 26.3%，较 2015 年下降了 8.3 个百分点。

图 1-14　2008—2016 年成年国民图书阅读率变化趋势

② 我国成年国民每天接触新兴媒介的时长整体上有不同程度的提升，手机接触时长增长显著，人均每天微信阅读时长为 26.00 分钟；在传统纸质媒介中，我国成年国民人均每天读书时间最长，为 20.20 分钟，比 2015 年增加了 0.51 分钟，但纸质报刊阅读时长均有不同程度下降（见图 1-15）。

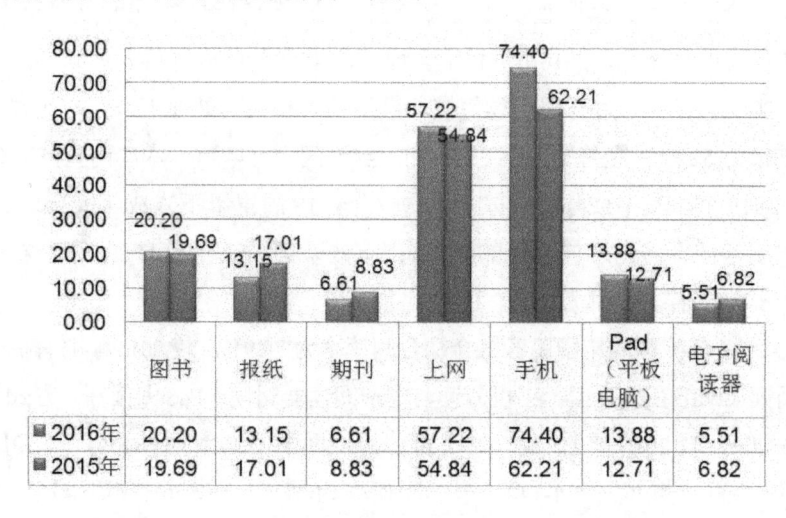

图 1-15　2015—2016 年成年国民各媒介接触时长对比

③ 2016 年我国国民人均图书阅读量为 7.86 本，纸质报纸和期刊的阅读量分别

为 44.66 期（份）和 3.44 期（份）。与前两年相比，纸质报刊阅读量持续下降（见图 1-16）。成年国民对图书的价格承受能力与去年相比略有提升，期刊的价格承受能力与去年相比有所下降。电子书的价格承受能力与去年相比略有上升。手机阅读群体 2016 年手机阅读人均花费为 16.95 元，较 2015 年上升了 5.76 元。

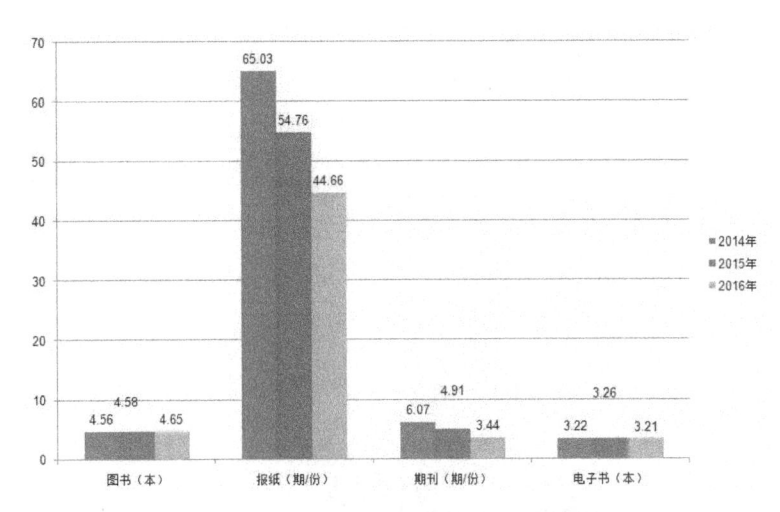

图 1-16 2014—2016 年各类出版物阅读量对比情况

④ 2016 年我国成年国民上网率为 73.8%，较 2015 年增加了 3.8 个百分点，通过手机上网的比例增幅明显，与 2015 年相比，增长了 6.7 个百分点。有数字化阅读行为的成年人中近 90% 为 49 周岁以下人群，纸质读物阅读仍是 50% 以上国民倾向的阅读方式。对于同样内容的纸质版和电子版图书，在数字化阅读方式接触者中，有 51.6% 的人更倾向于购买电子版（见图 1-17）。

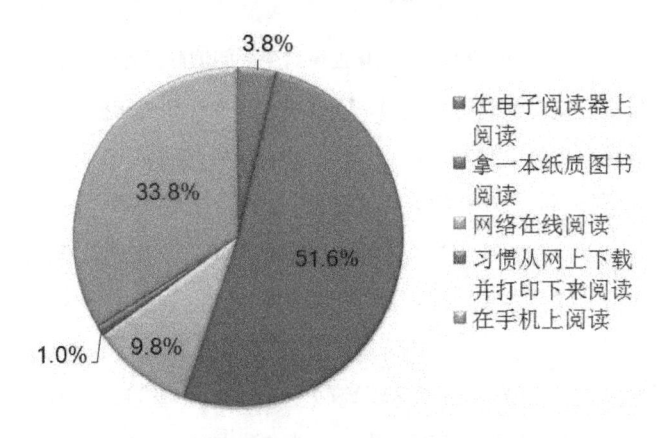

图 1-17 2016 年成年国民数字化阅读方式接触者的阅读倾向

⑤ 2016年我国成年国民对个人阅读数量评价中，只有1.7%的国民认为自己的阅读数量很多，6.6%的国民认为自己的阅读数量比较多，有36.0%的国民认为自己的阅读数量一般，45.2%的国民认为自己的阅读数量很少或比较少（见图1-18）。从成年国民对个人纸质阅读内容和数字阅读内容的阅读量变化情况的反馈来看，有5.7%的国民表示2016年"增加了纸质内容的阅读"，有10.5%的国民表示2016年"减少了纸质内容的阅读"；有4.0%的国民表示2016年"减少了数字内容的阅读"，有13.8%的国民表示2016年"增加了数字内容的阅读"；57.7%的国民认为2016年个人阅读量没有变化。从成年国民对于个人总体阅读情况的评价来看，有19.6%的国民表示满意（非常满意或比较满意），比2015年下降了1.2个百分点；有18.5%的国民表示不满意（比较不满意或非常不满意），比2015年上升了1.1个百分点；另有47.6%的国民表示一般。

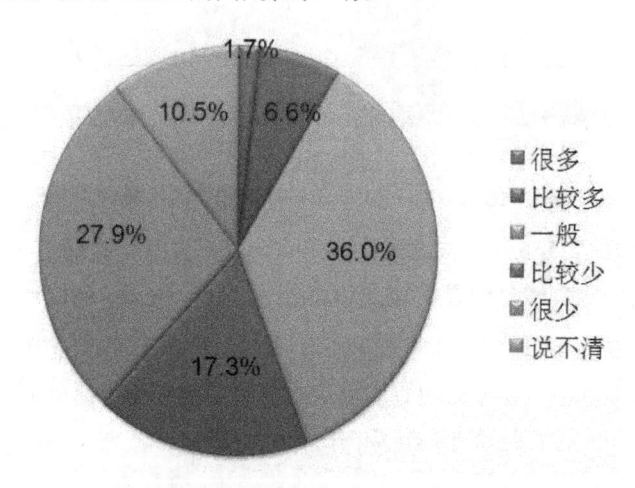

图1-18 2016年成年国民对个人阅读数量评价

⑥ 0～17周岁未成年人图书阅读率为85.0%，较2015年提升了3.9个百分点，未成年人的人均图书阅读量为8.34本，较2015年增加了1.15本（见图1-19）。从未成年人的阅读率来看，2016年0～8周岁儿童图书阅读率为76.0%，较2015年提升了7.9个百分点；9～13周岁少年儿童图书阅读率为97.6%，较2015年下降了0.6个百分点；14～17周岁青少年图书阅读率为88.2%，较2015年提高了1.9个百分点。对未成年人图书阅读量的分析发现，2016年我国0～8周岁、9～13周岁和14～17周岁未成年人的图书阅读量均较上一年有所增加。其中，我国14～17周岁未成年人课外图书的阅读量最大，为9.11本，比2015年增加了0.90本；

9～13周岁未成年人人均课外图书阅读量为8.57本，比2015年增加了0.95本；0～8周岁儿童人均图书阅读量为7.76本，比2015年增加了1.42本。

	0-8周岁	9-13周岁	14-17周岁	0-17周岁
2015年（本）	6.34	7.62	8.21	7.19
2016年（本）	7.76	8.57	9.11	8.34

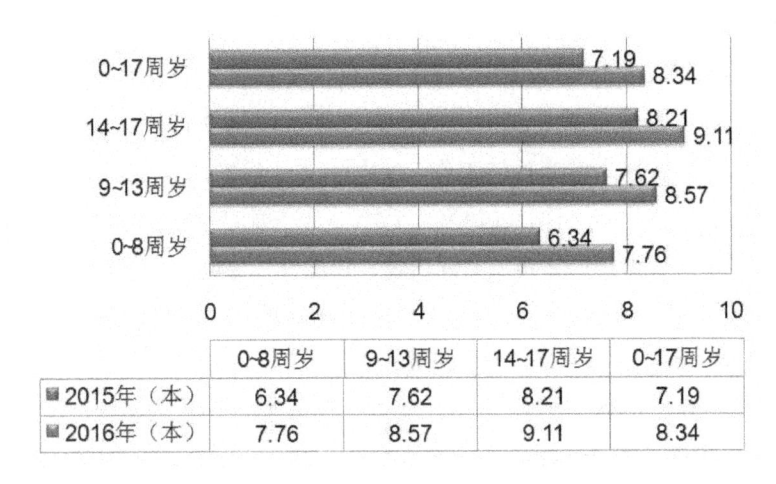

图1-19　2015—2016年未成年人图书阅读量对比

⑦在0～8周岁有阅读行为的儿童家庭中，平时有陪孩子读书习惯的家庭占到90.0%，这些家庭中家长平均每天花24.15分钟陪孩子读书（见图1-20）。此外，2016年我国0～8周岁儿童的家长平均每年带孩子逛书店3.07次，比2015年有所增加。46.6%的0～8周岁儿童家长半年内至少会带孩子逛一次书店，其中34.8%的家长会在1～3个月内带孩子逛一次书店。

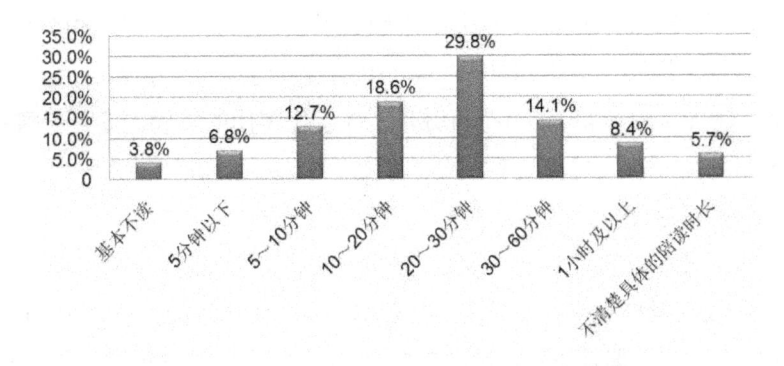

图1-20　2016年家长平均每天陪孩子读书时间

（3）第十五次全国国民阅读调查报告

2018年4月18日上午，中国新闻出版研究院发布第十五次全国国民阅读调查报告。数据显示，2017年我国成年国民人均纸质图书阅读量为4.66本，我国成年国民中，10.2%的国民年均阅读10本及以上纸质图书，此外还有5.4%的国民年均阅读10本及以上电子书，有20%以上的国民有听书习惯，近40%的成年国民认为自己的阅读数量较少。①

自1999年起，由中国新闻出版研究院组织实施的全国国民阅读调查已持续开展了十五次。第十五次全国国民阅读调查从2017年7月开始全面启动，2017年7月至8月开展样本城市抽样工作，2017年9月至2017年12月在全国范围内开展入户问卷调查执行工作，2018年1月至2月开展问卷复核、数据录入和数据处理工作。本次调查仍严格遵循"同口径、可比性"原则，继续沿用四套问卷进行全年龄段人口的调查。对未成年人的三个年龄段（0～8周岁、9～13周岁、14～17周岁）分别采用三套不同的问卷进行访问。

本次调查执行样本城市为50个，覆盖了我国29个省、自治区、直辖市。本次调查的有效样本量为18 666个，其中成年人样本为14 245个，18周岁以下未成年人样本为4 421个，未成年样本占到总样本量的23.7%；有效采集城镇样本14 012个，农村样本4 654个，城乡样本比例为3∶1。

① 2017年我国成年国民各媒介综合阅读率保持增长势头，数字化阅读方式的接触率和纸质图书阅读率均有所增长。2017年我国成年国民包括书报刊和数字出版物在内的各种媒介的综合阅读率为80.3%，较2016年有所提升，数字化阅读方式（网络在线阅读、手机阅读、电子阅读器阅读、Pad阅读等）的接触率为73.0%，较2016年上升了4.8个百分点。图书阅读率为59.1%，较2016年上升了0.3个百分点；报纸阅读率为37.6%，较2016年下降了2.1个百分点；期刊阅读率为25.3%，较2016年下降了1.0个百分点。数字化阅读的发展，提升了国民综合阅读率和数字化阅读方式接触率，整体阅读人群持续增加，但也带来了图书阅读率增长放缓的新趋势。

进一步对各类数字化阅读载体的接触情况进行分析发现，2017年我国成年国民的网络在线阅读接触率、手机阅读接触率、电子阅读器阅读接触率、Pad阅读接触率均有所上升。具体来看，2017年有59.7%的成年国民进行过网络在线阅读，较2016年上升了4.4个百分点；71.0%的成年国民进行过手机阅读，较2016年上升了4.9个百分点；14.3%的成年国民在电子阅读器上阅读，较2016年上升了6.5

---

① 第十五次全国国民阅读调查报告发布[EB/OL].http://book.sina.com.cn/news/whxw/2018-04-18/doc-ifzihnep4386289.shtml.

个百分点；12.8%的成年国民使用Pad进行数字化阅读，较2016年上升了2.2个百分点。（见图1-21）。

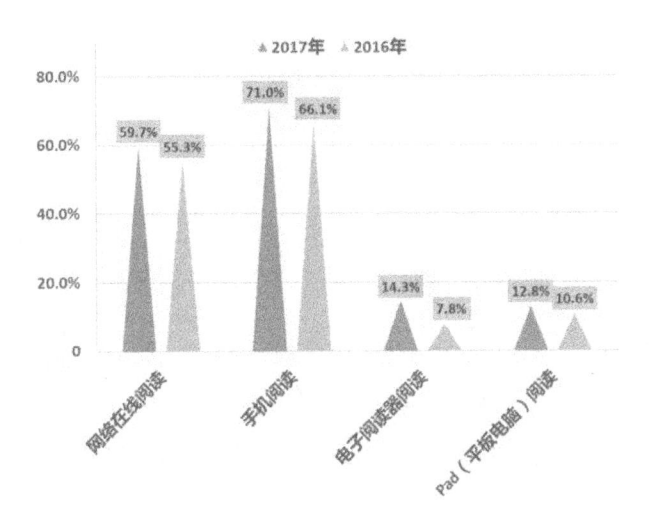

图1-21　2016—2017年成年国民数字化阅读方式接触率对比

② 手机和互联网成为我国成年国民每天接触媒介的主体，纸质图书和期刊的阅读时长也有所增加。从人们对不同媒介接触时长来看，成年国民人均每天手机接触时间最长。我国成年国民人均每天手机接触时长为80.43分钟，比2016年增加了6.03分钟；人均每天互联网接触时长为60.70分钟，比2016年增加了3.48分钟；人均每天微信阅读时长为27.02分钟，较2016年增加了1.02分钟；2017年人均每天接触Pad的时长为12.61分钟，较2016年减少了1.27分钟（见图1-22）。在传统纸质媒介中，我国成年国民人均每天读书时间最长，为20.38分钟，比2016年增加了0.18分钟，12.1%国民平均每天阅读1小时以上图书；平均每天读报时长为12.00分钟，比2016年减少了1.15分钟；平均每天阅读期刊时长为6.88分钟，比2016年增加了0.27分钟。

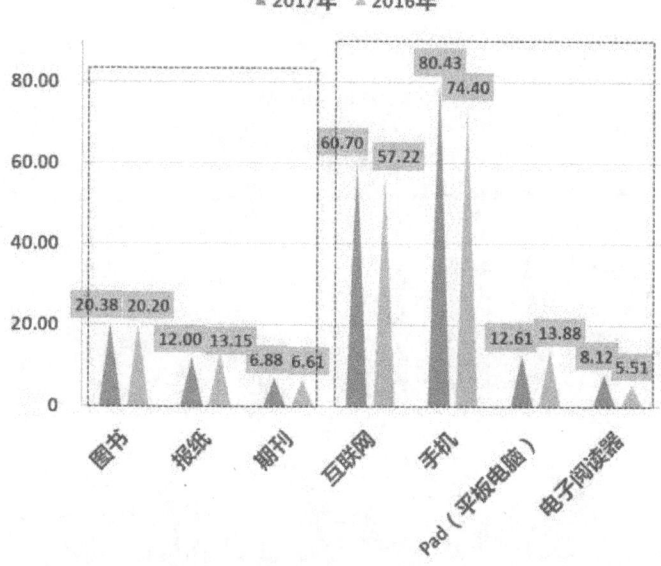

图 1-22 2016—2017 年成年国民各类媒介接触时长对比

③ 2017 年我国成年国民人均图书阅读量基本保持平稳，10% 以上成年国民全年纸质图书阅读量在 10 本以上。从成年国民对各类出版物阅读量的考察看，2017 年我国成年国民人均纸质图书阅读量为 4.66 本，较 2016 年增加 0.01 本。人均电子书阅读量为 3.12 本，较 2016 年减少 0.09 本。纸质报纸的人均阅读量为 33.62 期（份），较 2016 年减少 11.04 期（份）。纸质期刊的人均阅读量为 3.81 期（份），较 2016 年增加 0.37 期（份）。我国成年国民中，10.2% 的国民年均阅读 10 本及以上纸质图书，此外还有 5.4% 的国民年均阅读 10 本及以上电子书（见图 1-23）。

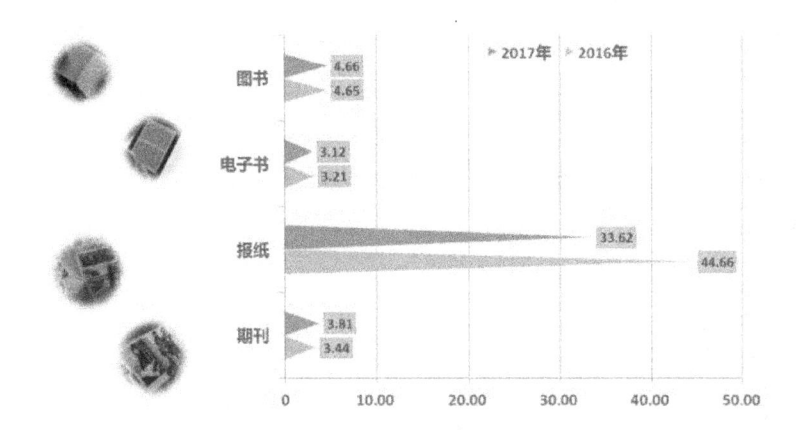

图 1-23　2016—2017 年成年国民各类出版物阅读量对比

④ 我国城乡居民不同介质阅读率和阅读量均存在明显差异。对我国城乡成年居民 2017 年不同介质阅读情况的考察发现，我国城镇居民的图书阅读率为 67.5%，较 2016 年高 1.4 个百分点；农村居民的图书阅读率为 49.3%，略低于 2016 年。城镇居民报纸阅读率为 43.9%，较农村居民高 13.8 个百分点。城镇居民 2017 年的期刊阅读率为 30.7%，较农村居民高 11.8 个百分点。城镇居民 2017 年的数字化阅读方式接触率为 81.1%，较农村居民高 17.6 个百分点。2017 年我国城镇居民的综合阅读率为 87.2%，较农村居民高 15.0 个百分点（见图 1-24）。

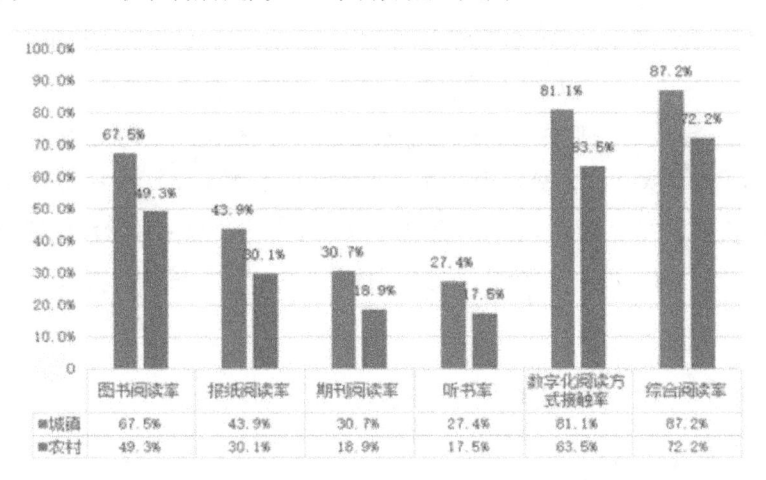

图 1-24　2017 年成年国民各媒介阅读率城乡对比

通过对我国城乡成年居民不同介质阅读数量的考察发现，2017 年，我国城镇居民的纸质图书阅读量为 5.83 本，较 2016 年高 0.23 本；农村居民的纸质图书阅读量为 3.35 本，低于 2016 年的 3.61 本；城镇居民的报纸阅读量为 49.36 期（份），高于农村居民的 15.12 期（份）；城镇居民的期刊阅读量为 5.37 期（份），高于农村居民的 2.00 期（份）；我国城镇居民在 2017 年人均阅读电子书 3.50 本，较农村居民高 0.80 本（见图 1-25）。

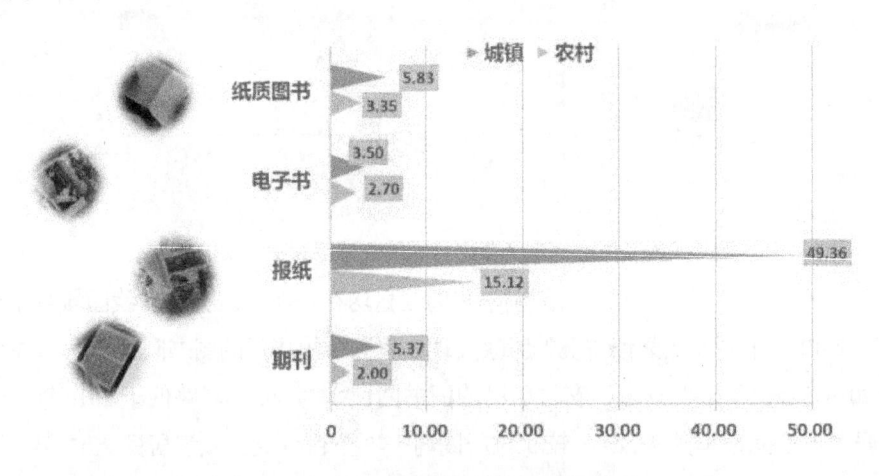

图 1-25　2017 年成年国民阅读量城乡对比

⑤ 有声阅读成为国民阅读新的增长点，移动有声 APP 平台已经成为听书的主流选择。通过对我国国民听书习惯的考察，发现 2017 年我国有两成以上的国民有听书习惯。其中，成年国民的听书率为 22.8%，较 2016 年提高了 5.8 个百分点。0～17 周岁未成年人的听书率为 22.7%，与成年国民基本持平。具体看来，14～17 周岁青少年的听书率最高，达 28.4%；9～13 周岁少年儿童和 0～8 周岁儿童的听书率相差不大，分别为 20.9% 和 20.7%（见图 1-26）。进一步对我国成年国民听书介质的考察发现，选择"移动有声 APP 平台"听书的国民比例较高，为 10.4%；其次，有 7.4% 的人选择通过"广播"听书；有 5.3% 的人选择通过"微信语音推送"听书。

图 1-26　2017 年国民各年龄段听书率

⑥ 我国成年国民网上活动行为中，深阅读行为的占比偏低。2017 年，我国成年国民上网率为 79.1%，比 2016 年增加了 5.3 个百分点。具体来看，有 40.3% 的国民通过电脑上网，有 77.9% 的国民通过手机上网。其中，通过手机上网的比例增幅明显，与 2016 年相比增长了 5.3 个百分点。

我国成年网民上网从事的活动中，信息获取功能受到越来越多网民的重视，具体来说，有 69.7% 的网民将"阅读新闻"作为主要网上活动之一，有 39.3% 的网民将"查询各类信息"作为主要网上活动之一。同时，互联网的娱乐功能仍然占据很重要的位置，有 72.0% 的网民将"网上聊天/交友"作为主要网上活动之一，有 51.5% 的网民将"看视频"作为主要网上活动之一，有 42.9% 的网民将"在线听歌/下载歌曲和电影"作为主要网上活动之一，有 36.6% 的网民将"网上购物"作为主要网上活动之一，还分别有 33.6% 和 32.7% 的网民将"网络游戏"和"即时通讯"作为主要网上活动之一。只有 21.7% 的网民将"阅读网络书籍、报刊"作为主要网上活动之一（见图 1-27）。

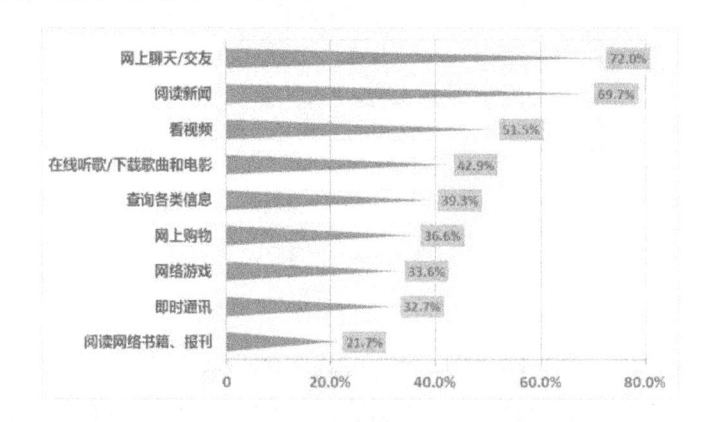

图 1-27　2017 年成年国民上网从事的活动

⑦ 超过 50% 的成年国民倾向于数字化阅读方式，其中 49 周岁以下中青年群体是数字化阅读行为的主要人群。从数字化阅读方式的人群分布特征来看，我国成年数字化阅读方式接触者中，18～29 周岁人群占 34.6%，30～39 周岁人群占 26.1%，40～49 周岁人群占 24.2%，50～59 周岁人群占 10.6%。可见，我国成年数字化阅读接触者中，84.9% 是 18～49 周岁人群（见图 1-28）。

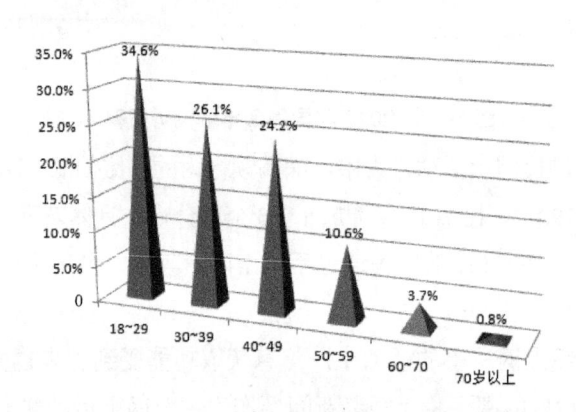

图 1-28　2017 年成年国民数字化阅读方式的人群分布

对我国国民倾向的阅读形式的研究发现，45.1% 的成年国民倾向于"拿一本纸质图书阅读"，有 12.2% 的国民倾向于"网络在线阅读"，有 35.1% 的国民倾向于"手机阅读"，有 6.2% 的国民倾向于"在电子阅读器上阅读"，有 1.4% 的国民"习惯从网上下载并打印下来阅读"（见图 1-29）。

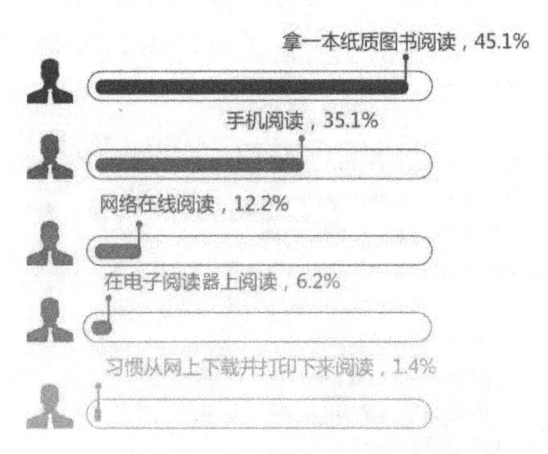

图 1-29　2017 年成年国民倾向的阅读形式

⑧ 近 40% 的成年国民认为自己的阅读数量较少，国民对当地有关部门举办阅

读活动的呼声较高。2017年我国成年国民对个人阅读数量评价中，只有1.7%的国民认为自己的阅读数量很多，8.8%的国民认为自己的阅读数量比较多，有37.7%的国民认为自己的阅读数量一般，39.5%的国民认为自己的阅读数量很少或比较少。从成年国民对个人纸质阅读内容和数字阅读内容的阅读量变化情况的反馈来看，有7.0%的国民表示2017年"增加了纸质内容的阅读"，但有9.1%的国民表示2017年"减少了纸质内容的阅读"；有5.7%的国民表示2017年"减少了数字内容的阅读"，但有8.6%的国民表示2017年"增加了数字内容的阅读"；56.1%的国民认为2017年个人阅读量没有什么变化（见图1-30）。

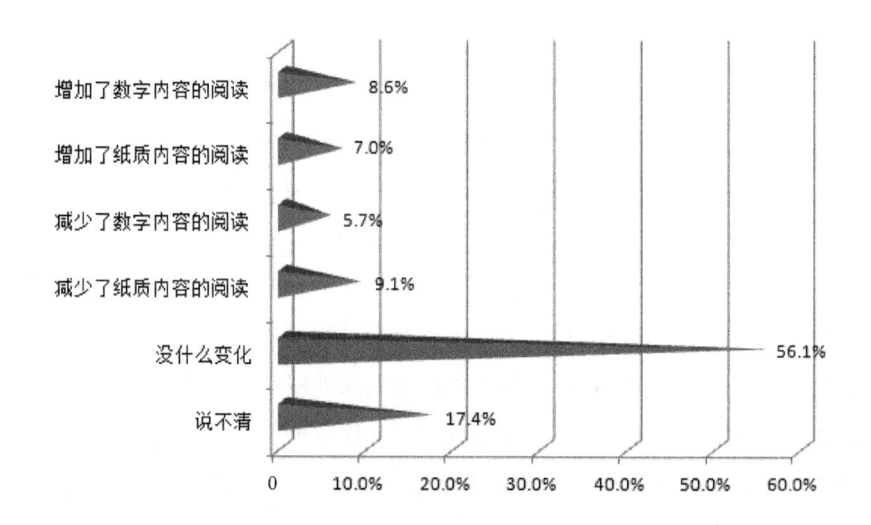

图1-30 2017年成年国民对个人阅读内容变化评价

从成年国民对于个人总体阅读情况的评价来看，有23.7%的国民表示满意（非常满意或比较满意），比2016年提升了4.1个百分点；有13.1%的国民表示不满意（比较不满意或非常不满意），比2016年下降了5.4个百分点；另有48.6%的国民表示一般（见图1-31）。我国成年国民对当地举办全民阅读活动的呼声较高，2017年有64.2%的成年国民认为有关部门应当举办读书活动或读书节。其中，城镇居民认为当地有关部门应该举办读书活动或读书节的比例为63.4%，农村居民中这一比例为65.2%。

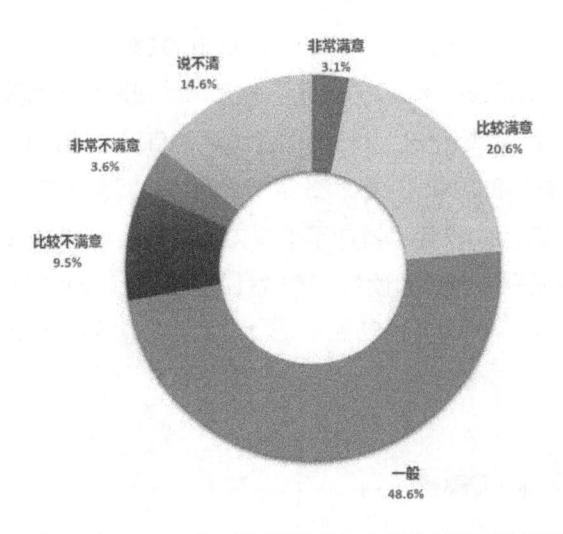

图 1-31　2017 年成年国民对个人阅读情况满意度评价

⑨ 0～17 周岁未成年人图书阅读量保持增长。从未成年人的阅读率来看，2017 年 0～8 周岁儿童图书阅读率为 75.8%，与 2016 年基本持平；14～17 周岁青少年图书阅读率为 90.4%，较 2016 年提高了 2.2 个百分点。2017 年我国 0～17 周岁未成年人图书阅读率为 84.8%，与 2016 年基本持平。对未成年人图书阅读量的分析发现，2017 年我国 14～17 周岁未成年人课外图书的阅读量最大，为 11.57 本，比 2016 年增加了 2.46 本；0～8 周岁儿童人均图书阅读量为 7.23 本，比 2016 年下降 0.53 本。2017 年我国 0～17 周岁未成年人的人均图书阅读量为 8.81 本，比 2016 年增加了 0.47 本（见图 1-32）。

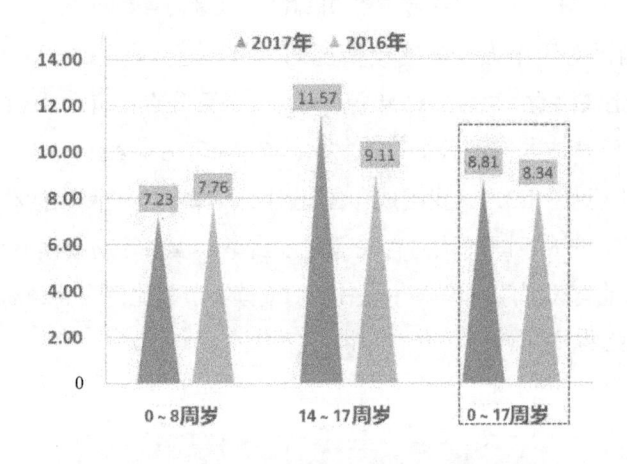

图 1-32　2016—2017 年未成年人阅读率对比

⑩ 在0~8周岁儿童家庭中，超过70%家庭有陪孩子读书的习惯。对亲子早期阅读行为的分析发现，2017年我国0~8周岁儿童家庭中，平时有陪孩子读书习惯的家庭占71.3%。另外，在0~8周岁有阅读行为的儿童家庭中，平时有陪孩子读书习惯的家庭占到91.8%，较2016年提高了1.8个百分点；在这些家庭中，家长平均每天花23.69分钟陪孩子读书，较2016年的24.15分钟略有减少（见图1-33）。此外，2017年我国0~8周岁儿童的家长平均每年带孩子逛书店3.07次，与2016年持平。46.2%的0~8周岁儿童家长半年内至少会带孩子逛一次书店，其中35.0%的家长会在1~3个月内带孩子逛一次书店。

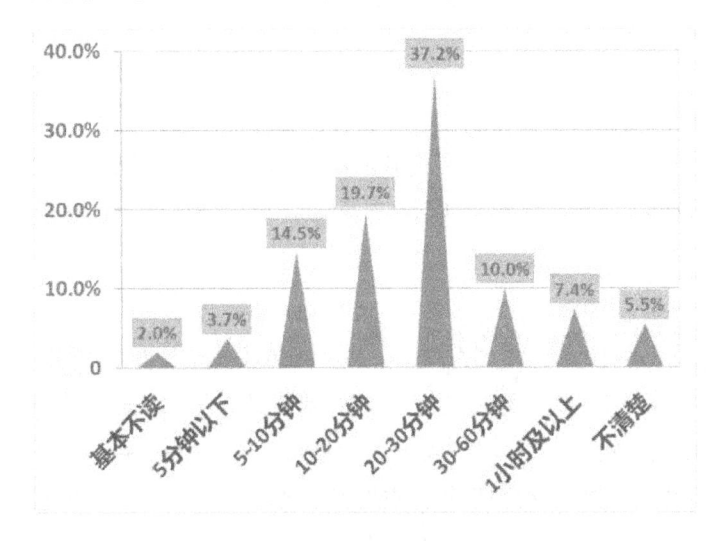

图1-33 2017年家长平均每天陪孩子读书时间

通过2015—2017年这三年国民阅读调查报告数据，可以发现包括综合阅读率、图书阅读率、数字阅读率、纸质图书和电子书阅读量在内的数据均全面上扬，显示出国民阅读受到广泛重视，并得到全面发展（见图1-34）。数字阅读特别是手机阅读持续快速发展，移动阅读、社交阅读正在成为国民新的阅读趋势。国民对阅读的需求日趋旺盛，对个人的阅读需求和全民阅读公共服务的需求均不断提高，意味着开展全民阅读活动正面临良好的发展机会。

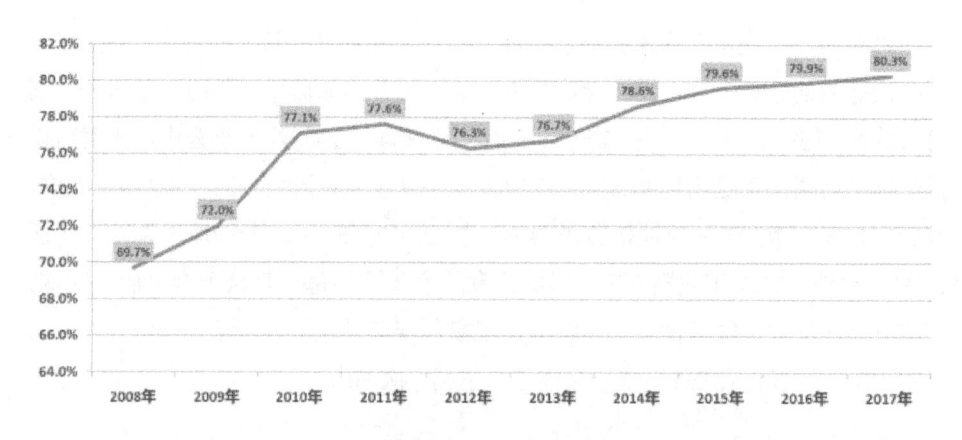

图 1-34 2008—2017 年内综合阅读率的变化趋势

但是同时，在全国国民阅读调查报告数据中，也发现如下几个问题：

一是人均纸质图书阅读量不多。调查发现，2017年我国成年国民人均纸质图书阅读量为4.66本，较2016年的4.65本略有增长，而2015年，这个数字是4.58本，可以看出，近几年我国成年国民年人均阅读量变化不大。而日本人均纸质图书阅读量为11本，韩国9本，美国7本，法国8本，这些国家开展全民阅读历史悠久，国民文化素养较高，和他们相比，我们还有不小的差距。

二是深阅读方式越来越少。第十四次全国国民阅读调查报告数据显示，2016年我国成年国民上网率为73.8%，较2015年增加了3.8个百分点，但只有26.0%的网民将"阅读网络书籍、报刊"作为主要网上活动之一。2016年通过手机上网的比例增幅明显，与2015年相比，增长了6.7个百分点。其中，89.1%的手机阅读接触者选择将"微信"作为通过手机进行的主要活动，68.9%的人选择"听音乐"，68.6%的人选择"看视频"，48.1%的人选择使用"手机QQ、飞信等"，45.9%的人选择"浏览手机网页"，41.8%的人选择手机"支付功能"，而选择使用手机看小说的只有39.9%。不仅如此，选择使用手机看小说其中23.5%的比例为都市言情类电子书，仅有15.4%的比例为"文学经典"类。国民在阅读过程中数字阅读比重越来越大，移动阅读方式下的浅阅读、碎片化阅读、功利性阅读对从传统的深阅读、经典阅读、人文阅读冲击也越来越大，这些应该引起我们足够的重视。

三是城乡阅读差距明显。数据显示，我国城乡居民不同介质阅读率和阅读量均存在明显差异。2017年我国城镇居民的图书阅读率为67.5%，而农村居民的图书阅读率为49.3%。2017年我国城镇居民的纸质图书阅读量为5.83本，而农村居民的纸质图书阅读量为 3.35 本。2017 年我国城镇 0～8 周岁儿童图书阅读率为 84.1%，较农村儿童高 14.5 个百分点；而在阅读量上，2017 年我国城镇 0～8 周岁儿童人均图书阅读量为 8.34 本，较农村儿童高 2.16 本。由此可见，不管是在传统载体上，还是在数字化载体上，农村居民的阅读率、阅读量和城镇居民相比都差距很大，特别是农村儿童的阅读与城镇儿童的阅读。

因此，我国全民阅读的情况不容乐观，大力开展阅读推广活动非常有必要，培养阅读习惯不是一朝一夕的事，需要更长期的努力，久久为功才会有更明显的成效。

第二章　阅读推广与公共图书馆

公共图书馆不仅是社会资料信息最主要的聚集地，也是提高公民阅读水平的重要场所。公共图书馆中的图书资料不仅是公共图书馆存在和发展的前提和基础，也是公共图书馆充分发挥自身功能的基础，更是公民提高自身文化素质的基础。随着国家学习型社会建设的不断推进，公共图书馆在保障人们的读书机会平等、提高人们的知识水平方面发挥的作用也越来越大，已经成为人们文化阅读的中心场地，同时也是人们进行情感交流、文化体验的最佳场所。书籍是提高人们文化素养的重要手段，一个国家的文化素养如何，与一个国家公民的阅读水平有很大的关系。作为公民阅读重要平台的公共图书馆，承担着推广社会阅读的重要责任，因此必须认真履行其职责，使公民在阅读的过程中真正喜欢上阅读，从而有效地提高全国人民的文化水平。

第一节　国外公共图书馆与政府机构阅读推广案例

1970 年，联合国教科文组织把 1972 年定为"国际图书年"，参与活动的非政府组织超过 400 个，成立了国家图书委员会的成员国达半数以上。[①]1972 年，联合国教科文组织向全世界发出了"走向阅读社会"的号召，要求社会成员人人读书，让读书成为人们日常生活不可或缺的部分。1995 年，联合国教科文组织将每年 4 月 23 日定为"世界读书日"，这一天也是作家塞万提斯和英国著名作家莎士比亚的辞世纪念日。据统计，自"世界读书日"宣布以来，已有超过 100 个国家和地

---

① 刘亮. 联合国教科文组织的阅读推广活动与图书馆 [J]. 图书与情报，2011（5）：36-39.

区参与此项活动。很多国家在这一天或者前后一周、一个月的时间内都会开展丰富多彩的活动，图书馆、媒体、出版商、学校、商店、社区等机构团体在这一段时间里都会做一些赠书、读书、演戏等鼓励人们阅读的事情，把读书的宣传活动变成一场热热闹闹的欢乐节庆。自此以来，很多国家尤其是经济发达国家都加大经费与资源的投入，积极开展全民阅读活动。[①] 如英国的"阅读起跑线"计划，德国的"全民朗读"活动，俄罗斯的"新世纪的图书，图书馆与阅读"项目，美国的"一城一书"活动，以及新加坡的"Read！Singapore"运动等。

一、英国的阅读推广活动

1. 世界上首个开展"全国阅读年"的国家

英国是世界上较早提出公共图书馆应针对儿童提供服务思想的国家。英国公共图书馆的分布大多贴近居民生活社区，利用方便，且注重给儿童提供专门的服务。公共图书馆无论规模大小，一般都设有儿童阅览室。1997年英国首先发起"全国阅读年"活动，作为"全国读写素养策略"（National Literacy Strategy）和终身学习政策的重要方案。1998年9月到1999年8月是首届英国阅读年，目标为"建立满是读书人的国度"（Build a Nation of Readers），重点在于培育儿童和青少年阅读，包括送书到学校，教育部该年度拨出1.15亿英镑的经费，让全国中小学图书馆增购图书；自1998年，为了培养和提升学生的读写能力，小学每天增设"语文一小时"（literacy hour）；政府动员学校、家庭、图书馆结成伙伴，全方位推广阅读。为了持续保持阅读年活动点燃的阅读热情，英国政府委托公益组织——图书信托基金会（Booktrust），将阅读奖励计划"继续读下去"。10年后的2008年，英国开展了第二届全国阅读年活动（National Year of Reading），学校和图书馆依然是这次全国阅读年活动的中心，儿童、青少年和父母也依然是全国阅读年的主要推广对象。

2. "阅读起跑线"计划

阅读起跑线起源于英国，强调亲子阅读。1992年，图书信托基金会（BookTrust）、伯明翰大学教育学院以及伯明翰的卫生机构和图书馆共同推出了"阅读起跑线"活动。该计划的目的是帮助儿童的早期交流、语言发展和社会性与情感发展，培养他们对阅读的终身爱好。2001年，图书信托基金会开发出与儿

---

① 王余光，李雅. 图书馆与社会阅读研究述略 [J]. 山东图书馆季刊，2008（2）：4-12.

童出版社合作的新模式，接受其赞助，开始"阅读起跑线"图书包计划：根据儿童成长的实际需要，分年龄段免费分发婴儿包（0～12月）、高级包（1～2岁幼儿）、百宝箱（3～4岁儿童）。除此以外，还专门为有听障和视障儿童设计的特别图书包。2004年英国政府宣布提供资金帮助扩大"阅读起跑线"计划。

"阅读起跑线"计划最初是由英国公共图书馆和民间机构共同发起的地区性计划，后来得到政府的主动参与、积极推动和拨款支持，成为世界上最早为学龄前儿童提供阅读指导服务的具有国家性质的计划。其服务理念影响到世界上很多地方，如日本、韩国、泰国、澳大利亚、美国、印度等国家。

3. "寝前故事周"活动

注重阅读一直是英国家庭的重要传统，从全家人一起朗读书籍延伸到后来的"睡前说故事"。2000年英国一项调查显示，现在每天在孩子寝前说故事的父母只有16%，而他们父母那一代有1/3在小时候每天睡前都可以听到故事。因此，发起了"寝前故事周"：想让孩子的人生有最好的开始，有个简单的方法，就是每天花15分钟读故事书给孩子听。英国媒体热烈响应这项活动，例如，BBC制作了"睡前故事周"一系列影片，邀请名人畅谈他们最喜欢的睡前故事。全国各地的图书馆、书店、企业也纷纷举办相关活动。例如，孩子可以带着玩具熊和枕头到各图书馆听故事，Tesco超市也在咖啡店为孩子举办听故事活动。

4. "阅读日代金券"活动

每年4月，为了迎接世界阅读日，通过学校和幼儿园等机构，英国政府向青少年和儿童提供面值1英镑的阅读日代金券（World Book Day Book Token），用此代金券可以免费换取所喜欢的儿童和青少年畅销书。为了适应全球出版业的数字化趋势，代金券有纸质版和电子版，持两种代金券的任一种都可以参加优惠活动。

5. "夏季阅读挑战"与"读者发展"

目前"夏季阅读挑战"已成为英国规模较大、推广时间较久的儿童阅读推广活动之一，它由英国阅读协会（The Reading Agency）举办，参加主体是公共图书馆和学校。每年暑期，英国阅读协会与94%的图书馆都会合作开展"夏季阅读挑战"活动。该活动主要针对4～11岁的孩子，旨在鼓励孩子们在享受悠长假期的同时不要忘记多读书读好书。每年的主题都有不同创意，吸引了广大学生积极参与，成为英国图书馆界"读者发展"活动策划与运作的一个典范。在暑期来临之前，首先，社区图书馆管理员会亲临学校宣传讲解夏季阅读挑战活动，分发相关资料。其次，鼓励孩子们参与，同时通知家长，获得家长的配合与支持。此外，英国读书协会还与国家图书服务中心一起协作设计相关阅读材料提供给特殊群体（包括有阅读障碍、听障和视障的儿童），做到每一个孩童都有参与并享受此次活动的权利。具体内容为：（1）注册夏季阅读挑战活动，获取一份"Starter Pack"；（2）根据自己的喜好选择阅读 6 本书籍；（3）在官方网站 Summe Reading Challenge.org.uk 登录，可以跟踪自己的阅读进度，分享阅读书目；（4）完成 6 本书的阅读，可以获得一份证书和奖牌。通过参加阅读挑战活动，孩子们度过了充实有趣味的暑期生活，调动了孩子们阅读自主性能动性，提高了阅读技能，为新学期开始做好充分准备。

6. "阅读是根本"活动

1996 年"阅读是根本"运动自美国登陆英国后，发展很快，通过各地的图书馆、学校及社区中心给贫困儿童捐赠图书，已有越来越多的儿童、青少年和志愿者参与其中。至 2000 年 9 月，已有 63 000 多名 19 岁以下的少年儿童受赠了免费图书，共有 190 000 册以上的新书被分发。得到 40 多家儿童图书出版商的支持，以优惠价格提供新书，参与这一运动的志愿者多达 600 名。"阅读是根本"正发展成为向贫困和边远地区儿童提供阅读帮助范围最大的阅读运动。

7. "快阅读"活动

"快阅读"活动（Quick Read）始于 2006 年，由英国成人继续教育协会（NIACE）与商业联合会（Trades Union Congress）共同组织，由政府联合出版商、书商共同关注相对偏远地区的人群阅读情况，目的是帮助那些缺乏阅读能力的人更多更好地阅读。该活动会挑选出一批"快阅读"的书目，通常为大众耳熟能详的畅销书，在参与该活动的书店进行图书促销，几乎每家参与活动的书店都会设立特别陈列区来专门展示这些图书。同时，参与活动的网站也会在线销售这些图书。调查结果表明，这项活动确实取得了良好的效果：90% 的参与者表示他们的阅读能力有所提高，同时也更自信更愿意给孩子讲故事、填写基本的表格或者在公众场合讲话。

8. 与时俱进的其他阅读推广活动

在网络环境下，孩子容易因沉迷电子游戏而疏远书本。为了响应英国教育部要把阅读进行到底的号召，为了更好地宣传公共图书馆，吸引更多的儿童和青少年到图书馆来阅读，2010年2月，英国图书馆协会、全国阅读运动组织和电子游戏公司gameworkshop合作，在各地公共图书馆根据儿童和青少年畅销书、同名的游戏为主题推出各种有趣活动，例如，图书馆将当年热门的魔戒电子游戏、小说和阅读指南与其他奇幻书共同陈列，以期能够引导青少年产生阅读原著的愿望和兴趣。

二、德国的阅读推广活动

在德国，政府与社会组织在推广阅读实践活动方面可谓"不遗余力"。2006年，德国发起"起点阅读"项目；2011年，德国联邦教育和研究部与阅读基金会投入2 600万欧元，联合实施了"起点阅读——阅读的三个里程碑"项目，这是德国迄今为止规模最大的儿童早期读书促进项目，惠及300万1～6岁的学龄儿童。2009年，德国政府计划每年向个人提供一笔教育奖金，单笔最高可达154欧元，旨在到2015年前使德国继续学习者的比例从目前的43%提高到50%，促进全民阅读和知识更新可持续发展。[①] 由德国阅读基金会与《时代》周报发起的"全民朗读"活动，是一项全国性的读书活动，每年11月都要举行庆祝活动，宣传朗读是活动的核心内容，主要包括明星朗读、亲子朗读、朗读比赛等。德国推广阅读活动的另一显著特点就是"分类阅读"，主要是根据各年龄阶段青少年不同的心理和生理特点，实施有针对性的分类和推广。如"阅读测量尺"，阅读测量尺方便、简明，上面印有年龄、身高和每个年龄段孩子最佳阅读和语言提高的信息，用以时刻提醒父母各种阶段的孩子需要看些什么样的书籍，因而备受家长喜爱。正是因为如此，德国人非常喜爱读书，手捧书本埋头阅读的人很常见。据调查，喜爱读书的德国人有70%，定期买书有50%以上，几乎每天都进行阅读的人占33%。

1. "阅读起跑线"工程

德国的"阅读起跑线"工程是由联邦德国教育与研究部和德促会联合发起的，主要参与机构有地区州政府机构、儿童医院、图书馆、学校、出版商和热心公益的社会力量。活动是2007年先从汉堡发起再推向全国，其旨在为所有儿童提供均等的教育机会。德国"阅读起跑线"工程的特色在于其提供了三个年龄段的阅读

[①] 李宏巧. 借鉴德国经验推广青少年阅读活动 [J]. 山东图书馆学刊，2012（6）：54-56.

大礼包，每个年龄段的大礼包都是依据孩子此时的特性和需求制订的，医院、图书馆和学校分别承担了分级派发礼包的责任。礼包里不仅有给孩子玩的书、读的书，还有给父母阅读的有关抚育孩子及指导孩子阅读的小技巧书。据统计，截至2013年，德国约5 000多名儿科医生和4 800多家图书馆加入了"阅读起跑线"项目，将读书的种子植入拥有新生命的家庭。该项目的特色在于提供针对0～3岁幼儿的"阅读礼包"（Die Lesestart Sets），联合医院、图书馆和学校共同派送。"礼包"包括玩具、一系列儿童读物、儿童成长的健康记录本等物品，以及给父母阅读的有关教授孩子阅读和识字的书籍和资料等。据统计，从2011年至今，德国境内共发放了450万个阅读礼包，至今已有超过4 700家图书馆加入到该项目中来。[①]通过"阅读起跑线"项目，62%的德国家长能够掌握基本的阅读辅导能力和信息，较为有效地提高了对孩子进行阅读训练的次数和效果，25%的家长会在今后继续对阅读训练保持积极的态度。各方力量的协同支持使得这项活动在德国成了基础性阅读工程。

2. 阅读测量尺

阅读测量尺是由德国布里隆市图书馆馆长乌特·哈赫曼女士根据教育认知理论及阅读理解能力亲自设计的，现已成为一项国际性标准，在很多国家普及开来。阅读测量尺通常会随着送给新生儿的阅读大礼包一起派发给各个家庭，所以普及率很高。测量尺分成赤、橙、黄、绿、青、蓝、紫以及粉红、桃红、橘红10段分别对应0～10岁的孩子。每个色段都会根据该阶段内孩子的心理状况和发展特性提供相应的阅读玩具、阅读书籍和育儿知识。

3. 朗读志愿者俱乐部

为了减轻因社会节奏加快而忽视阅读的现状，充分利用阅读资源，提高阅读率，中华全国道德建设促进会（以下简称德促会）连同德国《时代》周报成立了朗读俱乐部，目标是希望创建一个朗读志愿者的网络群，通过这些志愿者把朗读的力量延续下去，给孩子们做出表率、传递快乐和知识，以促进儿童阅读发展。志愿者通常都是阅读爱好者，而且为人热忱，富有感染力，喜欢同孩子们待在一起。俱乐部会通过讲座和研讨会的形式对志愿者进行培训，同时会为他们颁发证

---

① 全民阅读系列（一）：国家战略，政府行动——德国促进阅读基金会[EB/OL].2015-04-20.2015-06-24.http://www.biz-beijing.org/news.php?year=2015&id=413.

书、会员卡和别针，以示他们是朗读志愿者。此外，德促会还给朗读志愿者派发了"读书背包"，定期给家长、教师，促进阅读者推荐阅读书目，使朗读和讲故事活动有规律且有意义地进行下去。

4. 阅读童子军

所谓阅读童子军，是将一群热衷阅读或者有意阅读的孩子招募在一起，依靠同龄人来推广阅读活动，激发儿童青少年对于阅读的兴趣。阅读童子军自组建以来开展了很多有趣的活动号召大家阅读，比如建立阅读小组、对一些他们曾提供过推荐书单的班级小组进行回访、开办图书集会、组织阅读之夜和阅读派对等。另外，他们还通过学校图书馆组织阅读之旅和阅读露营。通过宣扬和分享这些读书的乐趣，阅读童子军推动了新一轮的阅读高潮。

5. "读书小海盗"竞赛

"读书小海盗"竞赛活动起初是由德国北威州促进阅读组织发起的，现已推广到全国及海外。其将阅读与互联网相连，利用孩子对互联网的兴趣激发阅读兴趣。阅读组织邀请教育专家为孩子们精选了2 536种图书，学生们通过阅读图书并回答问题来完成"海盗"之旅。"小海盗"网站会列出寻宝书单，学生可以利用图书馆的书来完成寻宝，每读完一本书，就可以去网站寻找这本书，然后对图书进行评分并回答相关问题，网站会即时公布答案、得分、在"读书小海盗"竞赛中的总积分以及自己在学校甚至全国的排名。

6. "爸爸给我读书"项目

为了给阅读初期的孩子树立热衷阅读的榜样，彰显父亲在培养孩子阅读兴趣和提升孩子阅读能力方面的能力，德促会推出了"爸爸给我读书"项目。该项目主要是面向那些有工作的父亲，德促会将精选的阅读指导资料和故事材料制作成电子文件的形式后免费分发给各支持参与机构，父亲通过网络下载资料并利用闲暇时间为孩子讲故事。这些故事每周都会进行更新，题材广泛而且会根据不同年龄、不同性别进行分类，充分节约了家长为寻找故事而花费的时间。这项活动自开展以来，反响强烈，因为它不仅激发了儿童的阅读兴趣，同时还开发了父亲们的阅读兴趣，更重要的是它促进了家庭和谐。

7. "阅读筑桥"项目

2009年，德促会发起了"阅读筑桥"项目，该项目一方面是为了推动阅读推广活动，另一方面是为了弥合代与代之间的交流鸿沟。项目首先在德国西北部的比勒费尔德市试运行，由八到十年级（14～16岁）的青少年到老年人家中为老年人进行朗读。阅读活动开始之前，朗读者会接受专业的阅读训练和指导。具体读物由德促会选择和提供，一般包括20本图书，所选图书涉及的题材十分丰富。德促会积极鼓励各地区的敬老院、学校甚至老年人和学生自己在社区内开展这项活动。目前，该项目已扩展到全国11个地区。

在地铁列车里，在公园草坪上，甚至在医院的候诊室内，手捧书本埋头阅读的人都很常见。值得一提的是，在所有年龄段的人群中，30岁以下的年轻人读书热情最高。大量的图书馆也满足了德国人对书的爱好。德国有1.4万多个图书馆，藏书1.29亿册。许多图书馆通过组织作家演讲会、举办文化活动等使自己更具吸引力。小镇上往往也有图书馆，而没有固定图书馆的乡村则常常会得到流动图书馆的眷顾，这方便了农村人借书。德国有关书的组织有很多，他们的活动提高了人们读书的热情。德国书商协会、读书基金会等经常举办丰富多彩的促进阅读活动，最近成立的"德国朗读协会"组织知名人士到图书馆或书店为青少年朗读好文章，激发他们的读书兴趣。

三、俄罗斯的阅读推广活动

俄罗斯人历来视图书为精神食粮，视图书馆为精神家园。家庭藏书和利用图书馆的普及率在世界上名列前茅。在俄罗斯的许多公共图书馆和少儿馆都设有家庭阅读研究机构。俄罗斯家庭阅读十分普及，这不仅得益于家庭藏书，也得益于图书馆制订的阅读大纲。俄罗斯各级各类图书馆都有专人编写适合各年龄层的阅读大纲，为各年龄层、各类家庭提供所需信息。家庭阅读大纲还具有整体性，从制订到实施都有一整套的措施。家庭阅读活动形式多样，包括早期阅读、节假日阅读、主题型阅读等。在阅读活动中，充分调动图书馆员、家长的积极性，使阅读走入家庭，走入家庭成员的心中。

2001年5月24日俄图书馆学会第六届年会上通过了《俄罗斯公共图书馆活动示范标准》，第一章"总则"中规定：图书馆要履行传统的教育和保存文化遗产的使命，在文学和阅读方面担当重要责任。第二章"用户与服务"里规定图书馆要自主制订反映读者兴趣的服务项目，根据读者需求开展专门服务。要促进青年发展，培养他们的阅读能力。图书馆为家庭阅读服务是近几年在俄罗斯公共图书馆和少儿图书馆实施的新的工作模式。1994年俄罗斯的"全国家庭年"激活了家庭阅读这项活动,使图书馆的服务延伸到家庭,逐步形成图书馆离不开家庭、家庭离不开图书馆的态势,图书馆制订家庭阅读大纲,开展形式多样的家庭阅读活动。

2006年,俄罗斯颁布了《俄罗斯文化(2006—2007)联邦专项纲要》(以下简称《专项纲要》)。根据《专项纲要》的要求,仅2006年,俄罗斯政府就拨款7500万卢布,推动605种选题的图书出版。2007年,俄罗斯启动了《国家支持与发展阅读纲要》计划。纲要从图书馆、教育系统、阅读普及系统、书业、人才培养体系、阅读基础设施的管理系统等方面出发,一一作了规划和要求。明确了大众传媒,特别是电视和广播在推动全民阅读中的重要作用。利用大众传媒塑造了读书人在社会舆论中的成功形象,让大家明白:阅读是必需的、时尚的、体面的;不阅读是可耻的、荒唐的。①

俄罗斯为了更好地推广阅读实践活动,成立了专门负责国民阅读扶持与发展计划的阅读中心。俄罗斯的阅读中心虽然是借鉴美国经验建立,但也具有自身的特点。俄罗斯首先建立的是地方级阅读中心,主要实施地方性图书馆计划和方案;地方级阅读中心一般设在各联邦主体的中央图书馆中;阅读中心的运作主要通过图书馆财政预算来实现。阅读中心开展了一系列阅读推广项目,如"新世纪的图书、图书馆与阅读"项目、"俄罗斯图书馆阅读"调查项目,实施"俄罗斯统一图书空间""布克文学奖""一起阅读文艺杂志"等。在阅读中心的积极推进下,俄罗斯的阅读推广活动取得了积极成效:大大提升了人们对阅读问题的关注度,提高了各类阅读推广活动的影响力;积累了较丰富的阅读推广经验,增强了阅读活动推广的针对性;进一步了解了人们内在的阅读需求,深入调查了当前国内的阅读现状,为更好地推广阅读实践活动打下了坚实的基础;针对阅读问题的研究与民众自发性的阅读活动显著增加等。②

1. 以地区阅读中心为依托的阅读推广活动

俄罗斯阅读中心是贯彻俄罗斯《国家支持与发展阅读纲要》的重要载体。它借鉴美国图书中心运作经验,依托各类图书馆而成立,为非营利性机构,主要依靠图书馆财政预算运作。在俄罗斯,首先在各联邦主体中央图书馆建立地方级阅

---

① http://www.chinaxwcb.com/xwcbpaper/html/2009-05/22/content_52105.htm.
② 王卉莲.俄罗斯阅读中心探析 [J].出版发行研究,2011(11):75-76.

读中心，实施政府阅读相关项目，从事阅读相关调查和研究，进行阅读咨询与指导服务，进行国民阅读推广活动。

自2002年起，俄罗斯开始以图书馆为依托建立地区级阅读中心。据跨地区图书馆合作中心统计，截至2011年4月，在俄罗斯共有31家地区级阅读中心，大多命名为阅读中心、地区级阅读中心，也有称图书与阅读中心、俄语与阅读扶持中心、阅读研究与推广中心、阅读人文中心、阅读扶持与发展中心等。[1] 地区级阅读中心为非营利性机构，其建立者和合作伙伴为作协、文学团体、中小学、高校、博物馆等。其职能主要有：图书馆职能，因其大多隶属图书馆，所以关注点首先在于图书馆阅读；协调职能，即联合社会各方力量提升图书和阅读在各地区的地位；阅读与阅读文化职能，营造阅读文化氛围、提高社会对阅读的关注度是地区级阅读中心的最高目标。其开展的活动主要分四类：一是各类项目实施活动，是《国民阅读扶持与发展纲要》在地区层面上实施的重要举措，如举办阅读年、起草并实施地区性阅读发展纲要。二是研究活动，即阅读相关研究和问卷调查。据统计，仅不到一半的地区及阅读中心从事研究活动。三是咨询与指导服务，主要包括图书馆员职业技能培训与竞赛，在市立图书馆内设阅读中心，出版阅读推广实用手册，提供阅读研究与推广相关咨询以及推广先进经验。四是居民阅读推广活动，深入各类人群，激发其阅读兴趣，在读者中间开展各类阅读相关竞赛，如最佳读者竞赛、读者创作竞赛等。

2. 以大型书展为依托的阅读推广活动

（1）莫斯科国际图书博览会

莫斯科国际图书博览会是俄罗斯规模最大的图书盛会，各相关机构会借助该博览会进行一系列的阅读推广活动。博览会1977年由当时的苏联国家出版、印刷与图书发行委员会，全苏版权局，苏联国际图书公司创办，"图书为和平与进步服务"为其宗旨。1997年以前，书博会每两年举办一次，此后至今书博会成为俄罗斯图书界一年一度的盛事。1999年书博会首次成为版权贸易的平台。2005年书博会首次设立主宾国，2005—2013年书博会分别邀请波兰、法国、中国、乌克兰、印度、白俄罗斯、意大利、法国、匈牙利作为主宾国参展，2014年主宾国空缺，斯拉夫文化论坛成为核心议程。近年来，书博会以当年的俄语年、独联体国家文

---

[1] 王卉莲. 俄罗斯国民阅读推广概览[J]. 出版发行研究，2015（10）：73-76.

学与阅读年、家庭年、教师年、俄罗斯历史年、俄罗斯文化年等主题年为契机，推出形式多样的阅读推广活动，如进行相关主题图书的推介，召开阅读相关研讨会，并将"为孩子读书"项目、"阅读领先者"竞赛、"阅读俄罗斯"俄罗斯文学译作最佳翻译颁奖活动等纳入博览会框架下，取得了较好的社会反响。

（2）圣彼得堡国际图书沙龙

圣彼得堡国际图书沙龙由圣彼得堡市政府和俄罗斯图书协会主办，联邦出版与大众传媒署支持，展览综合体"连埃克斯波"协办，旨在发挥阅读潜力、培养年轻一代对图书的热爱、将家庭阅读计划融入生活。沙龙每年开展的各类活动主要有三大类：针对出版商、图书贸易商和图书馆工作者的专场活动，面向与会者和嘉宾的文化活动，为参观者策划的娱乐认知类活动。第一届图书沙龙于2006年11月召开，为纪念德米特里·利哈乔夫院士诞辰100周年，发布了《国民阅读扶持与发展纲要》。第二届图书沙龙于2007年5月举办，主题由利哈乔夫年过渡到俄语年（俄罗斯许多地区不仅宣布2007年为俄语年，而且还将其定为阅读年，有的地区将2007年定为阅读与俄语年），特别关注儿童图书和培养少年儿童热爱图书计划。第三届图书沙龙于2008年4月举行，主题为家庭年和版权，日程中包含大量的与儿童阅读、家庭阅读有关的活动，以便吸引书业人士以外的教师、教学法专家和儿童图书馆工作者积极参与进来。2018年，在第十三届圣彼得堡国际图书沙龙开幕式发布会上，俄罗斯图书联盟主席谢尔盖·斯捷帕申表示，近5年，俄罗斯读者人数增长了20%，占全国总人口的65%。国际图书沙龙已成为全面支持、发展和普及俄罗斯阅读，促进俄罗斯国外文学的最大和最重要的活动之一。

（3）以各类竞赛为依托的阅读推广活动

联邦出版与大众传媒署与相关机构合作，借助各类全国性竞赛进行阅读推广活动，主要有："年度图书"竞赛，1999年设立，旨在扶持俄罗斯图书出版，鼓励优秀装帧设计，在俄罗斯进行阅读推广，2013年度主要设年度散文、年度诗歌、我们与图书一起成长、21世纪教科书、人文图书、图书艺术、电子书等奖项；"俄罗斯图书"竞赛，2010年与非商业组织祖国文艺扶持中心合作设立，致力于发掘有趣的俄语新作供少年阅读，是俄语国家和地区最大的少年文学竞赛，优胜者直接由10～17岁少年投票产生，设文学作品和认知作品等奖项；"阅读领先者"竞赛，2011年与俄罗斯图书协会合作设立，面向儿童图书馆、青少年图书馆、中小学图书馆、机构附属图书馆等，旨在发现阅读最为积极的读者，鼓励地区教育、启蒙机构在少年儿童中开展阅读推广工作，竞赛分小学组（7～10岁）、初中组（11～13岁）、高中组（14～17岁）三个年龄组，三位优胜者将被资助参加莫斯科国际图书博览会；"图书伙伴关系"教育项目竞赛，2011年设立，面向正在实施阅读推广项目的国家机构、商业组织和社会组织，以及对阅读推广感兴趣的其他机构，吸引地区当局、教育机构、文化机构和社会组织等关注阅读推广和《国民阅读扶持与发展纲要》实施，拓展阅读宣传圈子，完善纲要资源保障，鼓励阅读推广领域创新项目，交流阅读推广项目组织实施经验，2011年设"和我们一起读""联谊会""图书约会"三个奖项。

四、法国的阅读推广活动

法国的读书节是每年10月14日至16日，读书是法国人日常生活首选的休闲方式，法国的读书节被称为"欢乐阅读"。在法国，家长、学校、政府与社会团体均较为重视儿童阅读习惯的培养，并积极参与到儿童阅读习惯培养的行列中来，为了让孩子从小即爱上阅读，爱上读书，法规文化及通信、法国全国家庭补助金管理局从2009年开始重点搞"初始读书"活动，该活动得到重视并全面开展的主要目的即是让儿童从0岁开始就对书本有初步的认识与了解，阅读兴趣的培养从小做起，从娃娃抓起。法国巴黎有专门针对青少年人群的图书馆"快乐时光"，鼓励青少年进入其中阅读，并认为所有人均有与书本接触的机会，均能公平的阅读书籍，学习知识。学校方面，从小学阶段开始各市政府即为青少年制订多样化地阅读计划，并由50岁以上的志愿者构成"读与伴读"协会，专门协助青少年阅读，以不断提升学生阅读激情。

五、以色列的阅读推广活动

犹太人认为阅读和学习对考虑每个人终身职业来说是极其重要的。从中世纪起每个犹太人团体都有一个Beitmidrash或者学习场所，这可以看作是最初的公共图书馆。因此，它作为犹太人团体的文化和社会中心，履行了现代图书馆的作用。以色列各村镇大多建有环境高雅、布置到位、藏书丰富的图书馆或阅览室。以色列有句老话："人不能只靠面包活着"。这句话出自《圣经》，以色列人以此激励自己，养成了求知好学的习惯。在他们看来，文学、诗歌、音乐、艺术对人类如同水和粮食一样重要，读书是生活中不可或缺的一部分。联合国教科文组织1988年调查显示，以色列人均拥有图书馆和出版社的数量居全球之冠。不光是城市，每个村镇都有陈设典雅的图书馆和阅览室。令人震惊的是，这个仅 500 万人口的国家，竟有 890 种刊物。而在以色列书刊的价格是非常昂贵的，每份报纸大多是每天 48 版，售价 6 美元，若订一份报每月就是 180 美元，而普通以色列人，每家每年至少订阅几份报刊。《耶路撒冷邮报》是全世界有影响的大报之一，每天的发行量是 100 万份，平均 5 个以色列人 1 份。此外，14 岁以上的以色列人每月阅读 1 本书，全国平均每 4 000 人中就有一所公共图书馆，全国 500 万人口中持有借书证的就有 100 多万人。正因为如此，才涌现出诸如阿格农、耶胡达·阿米哈依、奥斯等一大批世界知名的文学家。阿格农曾获得了 1966 年度的诺贝尔文学奖，阿米哈伊是迄今世界上杰出诗人之一。当然，以色列在音乐、舞蹈等方面同样也取得了巨大成绩。

以色列人爱读书，爱买书，爱写书。据了解，平均每个以色列人每年要买 10 到 15 本新书，而他们的阅读量更是大大超过了这个数字。在以色列，无论是街头还是巷尾，无论是车站还是广场，专心致志读书的人随处可见。在每个家庭里，书房是必需的。在安息日期间，犹太人开的一切商店、饭店、娱乐场所都停业，交通全部中断，每一个人都必须在家中安息和祈祷，严禁走亲访友和外出郊游，但只有一点是允许的，那就是读书和买书。倘若你从阳台上向下眺望，你会发现海滩上空空荡荡，大街上寥无人迹，只有书店开门营业。每个书店里都挤满了人，没有大声喧哗，人们都静悄悄地购买图书。每个书店里都生意兴隆。以色列实行文化开放政策，书店里各种观点各种版本的图书一应俱全，从最深奥的到最通俗的，都有大量的读者。在街头报亭里，可以买到头天出版的《泰晤士报》《纽约时报》《世界报》等西方大报，也有各种画报和录像带。一般的以色列人除了精通希伯来母语外，还能讲流利的英语，全国有 29 家报纸，分别用 15 种文字出版，广播电台和电视台用两种语言播音。

六、美国的阅读推广活动

美国非常重视阅读，专门为阅读活动立法。1998 年，国会通过《阅读卓越法》，在中小学教育法第二章中加入有关阅读方面的条文，拨款 50 亿美元，特别补助阅读环境较差的弱势学生；2001 年，布什提出"中小学教育法案"，将提高儿童阅读能力的阅读优先政策作为其政策主轴之一。除了世界阅读日外，美国还有

"美国阅读挑战运动""阅读遍及全美日""国家图书节"等多个与阅读相关的纪念日。1997年,克林顿提出"美国阅读挑战运动",帮助孩子在三年级结束前能够独立且流利地阅读。1998年,美国民间自发将每年3月2日确定为"阅读遍及全美日",旨在鼓励全美儿童和青年多阅读和学习,在那天,众多学生、家长及教师相聚在一起积极参加学校、图书馆及社区开展的各种活动。2001年,时任第一夫人劳拉·布什发起"国家图书节"活动,该活动由国会图书馆主办,所有的资金都由图书馆自筹。[1] 奥巴马在其就职演说中就提出了增加财政拨款用于儿童早期教育。根据2011年美国政府财政预算,"阅读是根本"非营利组织和"写作工程"将得到美国教育部资助,用于提高全美读写能力方面所开展的各种活动。

1. 儿童和青少年阅读推广活动是美国的国家工程

从美国的儿童阅读推进历史可以发现,儿童阅读促进一直是美国的国家工程。进入21世纪以来,未成年人服务成为美国公共图书馆重点发展的项目,越来越多的公共图书馆专门开辟儿童和青少年服务空间,开展更贴近其需求的活动。

(1) 儿童阅读促进活动,是一种由上而下的全民运动

① 立法。儿童和青少年阅读推广早已成为美国政府的重要议程。美国联邦政府和教育部门陆续提出各种推动儿童阅读的措施,并不断推动立法,如通过"卓越阅读法案"(Reading Excellence Act)、"不让一个孩子落后"(No Child Left Behind)的教育改革法案等,将美国早期阅读能力培养法治化。

② 成立专业机构加强对早期阅读的研究。1997年成立的全美阅读研究小组(National Reading Panel,NRP),是从事研究各种阅读教学法的专家小组,并从事儿童早期阅读的相关促进工作。该小组在2000年发布了培养儿童阅读能力的研究报告"教孩子阅读"(Teaching Children to Read),是政府制订儿童阅读政策的理论基础。1998年,美国国家科学院完成"预防幼儿阅读问题"(Preventing Reading Difficulties in Young Children)的研究报告,指出:大多数成年人的阅读问题都源自幼年,在学理上确认了早期幼儿学习对其一生的重要性,并得到美国政府和教育部的重视。

③ 几乎每一位总统在任期间都大力倡导儿童和青少年阅读。1996年克林顿政府的"美国阅读挑战"运动和"卓越阅读法案"通过,目标在于帮助儿童在8岁

---

[1] 叶翠等,中美全民阅读比较研究 [J]. 高校图书馆工作,2013 (3):35-41.

（3年级）以前都能有独立阅读的能力。为了提高学前及中小学儿童的阅读能力，布什政府"不让一个孩子落后"的教育改革法案，将阅读优先政策（Reading First）作为政策主轴之一。2001年阅读优先计划（"Reading First" Initiative）的目标是：5年内实现所有儿童在小学3年级以前具备基本阅读能力。政府通过经费补助与师资培训等进行扶持，其中，中小学暑期阅读计划是推进阅读优先计划的一个重要举措。奥巴马在2009年的就职演说中许诺增加对儿童早期教育的投入。2011年起，各个民间组织开展的"提高全美读写能力"的主题活动得到美国教育部资助。"孩子的教育必须从家里开始。这不是一个民主党的问题，或者是共和党的问题。这是美国的问题。"

（2）各种丰富儿童和青少年的阅读活动案例

① 国会图书馆阅读中心。1977年美国国会图书馆成立阅读中心，围绕其推广阅读的核心使命，40多年来特别重视培养儿童和青少年对阅读的兴趣，推出了一系列阅读推广的重要主题，发起了一系列影响深远的阅读活动，其中，要求青少年学生给喜欢的作家写信的"文学书信"年度作文比赛，深受欢迎；"词汇之河"则是为年轻人设计的国际环境诗词和艺术比赛，以增加他们对环境和自然的关注。

② 阅读是根本组织及活动。阅读是根本（Reading Is Fundamental，RIF）组织是一家受政府补助的非营利性组织，1966年开始了旨在帮助贫困儿童（0～8岁）的"阅读是根本"活动。RIF的理想就是"推广阅读的乐趣和基础"，首要目标是引发儿童"对书的兴趣"，每年向450万儿童提供免费书籍。2011年美国教育部决定资助"阅读是根本"非营利组织，RIF每年获得3 000万美元的资金，其中85%来自联邦政府。此外，还吸引了许多赞助者，包括学校、体育组织、书店、地方企业等。目前，RIF的项目遍布全美50个州，在美国形成了一个文化和教育意义上的长期运动。RIF的实践经验是，培养和激发儿童和青少年的阅读兴趣需要重视三个重要因素：读书动机、家庭与社区参与、挑选可归自己拥有的免费书籍的兴奋感。

③ 暑假阅读运动。研究认为：暑假疏于学习将可能使儿童丧失高达25%的阅读及数理演算能力。因此，美国常常利用暑假开展阅读推广活动。早在1995年，"暑期读写计划"（READ、WRITE、NOW！）就鼓励儿童坚持每天读写30分钟。"暑期阅读之乐"网站的建立，则为广大阅读爱好者提供了一个通过网上论坛来分享读书心得的平台。"不让一个孩子落后"教育法案实施过程中，一个具体举措就

是暑期阅读计划，该项目要求学生在暑假期间至少阅读 10 本与年龄相适合的课外书籍，并写出每本书的读后感，对于完成阅读的学生颁发奖励和证书，对于参与率高的学校，学区授予特别组织奖。暑期阅读计划在很大程度上能起到鼓励学生阅读、提高学生阅读能力的功效。

④ 家庭参与教育伙伴关系组织及活动案例。"家庭参与教育伙伴关系组织"（Partnership for Family Involvement in Education，PFIE）系全国性的非营利性组织，成立于 1994 年，并得到美国教育部的经费支持。目前参与的家庭超过 6 000 个。"家庭参与教育伙伴关系组织"也积极支持和参与美国教育部推动的儿童和青少年"夏季阅读运动"（Summer Reading Campaign），鼓励父母参与和引导孩子们暑期阅读。该组织还施行创意措施来积极推动夏季阅读运动：（1）邀请美国教育部部长及社会各界名人造访当地图书馆及其夏季阅读站（reading stations）并参加当天的活动，为孩童朗读。图书馆成为家庭以外的最佳阅读场所。（2）发布"夏季阅读运动"新闻稿、宣传海报和宣传册。（3）与必胜客（Pizza Hut）合作：各地必胜客为活动赞助，家长在完成六周每周七天与孩子的共读时间后，可持券兑换免费提供的小披萨，作为对孩子阅读的奖赏。

⑤ ALA 创意破解网络时代青少年阅读问题。美国图书馆协会（American Library Association，ALA）创意的阅读活动很多，这里介绍对推动儿童和青少年阅读起重要作用的青少年阅读周（Teen Read Week）。该活动始于 1998 年，在每年 10 月第三周，是由 ALA 下属的美国青少年图书馆协会（YALSA）发起，也是一项国家文化倡议活动，目的是引导快乐阅读（Read for The Fun of It）。其主要目标群是青少年，阅读周的主题由孩子们自己上网在线投票选出，希望通过图书馆将青少年和阅读联系起来，提高青少年对图书馆的利用。阅读周内，全美国的公共图书馆都会举行各种庆祝活动，每个图书馆根据每年的大主题，来策划符合各馆实际情况的阅读主题和活动方案，以吸引更多的青少年。已有 5 000 多所学校图书馆和公共图书馆加入了 YALSA 的青少年阅读周活动。5 000 多个图书馆围绕每年的"主题"来举办系列活动。为了让儿童和青少年在阅读周被激发出来的阅读热情能够持续整年，2003 年起，YALSA 主办了少年荐书榜，每年夏季公布入围书单，每年秋季读者上网票选十大热门小说（Teen' Top Ten）。上榜图书反映了青少年读者的阅读口味和阅读风向。青少年阅读周现已成为 YALSA 的全国项目，也是图书馆吸引青少年到馆的品牌活动。为了更好地指导青少年阅读优秀作品，引导精品阅读，

除了少年荐书榜外，YALSA还设立了权威性的年度最佳图书奖。此外，还专为儿童和青少年提供推荐书目。针对越来越多的青少年把时间花在上网和智能手机应用上，YALSA重视借助现代化手段，如为TRW创办了网站、通过博客等交流、分享好的阅读活动创意和阅读心得，方便更多的人了解和参与活动。YALSA董事会2012年5月通过了新的"青少年空间指南"，其中增加了技术成分，强调数字信息革命的主体是青少年，图书馆员应帮助青少年使用数字媒体并引导他们树立知识自由理念，鼓励他们参与到图书馆数字空间的建设中来，以便图书馆员设计出符合青少年读者需求的信息环境和数字图书馆。

⑥"快乐阅读"活动。"快乐阅读"是深受美国孩子喜爱的读书活动之一，吸引了大约20万美国学生积极参与互动。活动中，教师们强调阅读对孩子智力开发的重要性并努力创新思想鼓舞学生们的阅读热情；学生们可以参加班级组织的模拟夏令营，钻进睡袋里，打着手电筒，体验室外阅读的乐趣；睡衣派对上，孩子们可以穿着舒适的睡衣，抱着心爱的毛绒玩具簇拥在一起朗读着童话故事；奥林匹克派对是专为学生举办的读书比赛，设有金、银、铜三个奖项；在"向读书致敬"活动中，孩子们可以佩戴自己心仪的或自己手工制作的帽子毕恭毕敬地向阅读行个脱帽礼。

2. 全民阅读推广影响深远

（1）一城一书

"一城一书"（One Book One Community/One Book Projects）是迄今为止影响最广泛的图书馆阅读推广活动，在十几年时间内，风行全世界。"一城一书"是一类阅读活动的统称，其基本内容是选出一本书，并通过讲座、读书会等各种类型活动的举办，让在这个城市中的每个人都阅读和讨论同一本书。

1998年，时任美国西雅图公共图书馆的华盛顿图书中心主任南希·珀尔（Nancy Pearl）发起了"如果全西雅图阅读同一本书籍（If All Seattle Read the Same Book）"的活动。在Lila Wallace读者文摘基金会（Lila Wallace Reader's Digest Fund）和几个当地赞助商的资助下，南希·珀尔倡议公众共同阅读一本名为《The Sweet Hereafter》（《意外的春天/甜蜜来生》）的小说。当年12月，她同时邀请该书作者Russell Banks至西雅图，举办了为期3天的活动，使作者和读者通过一系列的免费公共项目共同讨论一本书。

一个社区阅读同一本书，不仅使社区关系更加和谐，而且极大促进了社区建设；同时，在公共讨论中使公众的思维更加活跃，思想撞击之后涌现的灵感和相应的知识积累，进一步提升了公众素养。于是，该活动在美国逐渐得到推广。"一城一书"活动的成功使其模式受到广泛认同，常被其他阅读活动吸收，其中最经典的是与"大阅读"计划的结合。2010年，"一城一书"活动的理念延伸至网络世界，有人发起了"一书一推特"活动，通过网络的力量凝聚世界各地的网民共组读书会。"一城一书"阅读活动有效地将个体阅读与公众活动相结合，从而实现信息和精神的交流乃至价值观共塑。

（2）美国"大阅读计划"概况

"大阅读计划"（The Big Read）是由美国国家人文艺术基金会、博物馆和图书馆学会、美国中西部艺术基金会等机构于2006年共同发起的一项阅读推广活动，以期重新唤起人们对纯文学的热情，使之成为美国大众文化的重要组成部分。[①] 有意参与该计划的美国免税非营利性组织，隶属于州、地方政府的分支机构，或者图书馆都可向基金会提交完善的活动方案，申请赞助资金。为了保证"大阅读计划"活动的顺利实施，基金会规定：如果申办组织不是图书馆，它必须要和当地一家图书馆联合举办读书活动。获得赞助的单位需按照1∶1的比率筹措非联邦政府资助经费作为活动的配套资金。按照基金会要求，活动方案要确保阅读活动能广泛覆盖当地社区及其合作机构所在地区的全体居民，并针对不爱阅读的读者，尤其是18～24岁年轻读者设计特别活动以吸引他们的参加。基金会则会根据社区人口、活动数量以及活动方案等来遴选申请项目。

"大阅读计划"每年都会推出具有多元文化吸引力的阅读指导书目，为申办机构提供官方网站、博客、项目运作培训、项目后期评估等一系列技术支持。官方网站为图书配备电子版教育资料，建设数字地图与活动日程，提供历年新闻公告和官方出版物。在博客上为读者提供书评、名家评论、配乐诗朗诵、访谈节目以及各类文化信息。

3. 设立国家图书节

美国国家图书节（National Book Festival）创办于2001年，由当时的美国第一夫人劳拉·布什发起，美国国会图书馆主办，每年一届，资金自筹。每年秋季在

---

① 胡敏. 美国"大阅读计划"及对我国图书馆开展阅读推广的启示 [J]. 图书馆，2013（4）：80-83.

华盛顿国家广场（National Mall），都会有大量的国家奖项的获奖或提名的作家以及插画家等和公众共襄盛举；全美各个州代表也会在广场上搭起帐篷展位，展示各地阅读推广活动和图书等。截至 2018 年 10 月，美国国家图书节已成功举办了 18 届。该活动在白宫网站上的信息显示，从活动参加人数到媒体报道关注度，再到获得的捐赠数量，每年都保持增长态势，美国国家图书节已逐步发展为美国最受欢迎并且最有影响力的图书节，在世界范围内也赢得了很好的声誉。活动以书为纽带，连接起读者和作者，而所有的第三方（包括出版社、图书馆等）隐于幕后，使这场盛会的参与者能够更加直接有效地获得所需。以书会友，说书谈书，越简单越纯粹的理念，通过直接高效的落实呈现出的是阅读活动成功升华为盛会，产生持续的影响力；国民阅读率逐渐增高，民众对于阅读更加主动积极。美国图书节年年观众不下 1 万人次，2018 年创 18 年最高纪录，达到 2 万人次。

七、新加坡的阅读推广活动

新加坡对阅读具有强烈的危机意识，最早提出建设"思考型学校，学习型国家"的口号。2001 年，新加坡政府提出"天生读书种，读书天伦乐"计划，旨在新加坡婴儿出生时，培养婴儿的听读能力。2005 年，新加坡推出了"Read！Singapore"运动，旨在促使民众主动阅读；提高新加坡人批评性思考的能力、创造力、表达能力和想象力；营造一个书香社会。该活动多方面鼓励国人多看书，享受阅读乐趣，培养了国民阅读风气。[①] 2007 年，新加坡还推出了"小学生阅读计划"，主办者发行一本适合本地小学生阅读的定期刊物 Reading Plus，并且设立了一个配合刊物的学习网站，旨在提高小学生的阅读兴趣和能力。教师还鼓励学生在课外到图书馆借阅图书，并根据学生借阅的图书数量颁发"阅读学士"、"阅读硕士"和"博士"等奖状。[②] 据 2016 年数据统计，新加坡图书馆注册会员人数 240 万，占新加坡总人口的 42%；读者年到馆次数为 2 640 万次，图书馆年借阅量 3 300 万册次，即读者年人均到馆 11 次以上，每个会员平均年借书量 13.7 本。[③]

新加坡政府和新加坡国家图书馆管理局（简称 NLB）致力于深耕全民阅读，

---

① 张文彦. 新加坡阅读嘉年华（上）——"Read!Singapore"的发起与简介 [J]. 出版参考，2008（10）：30.
② 王翠萍等. 国外阅读活动现状及启示 [J]. 图书馆学研究，2009（9）：77-80.
③ Library membership[EB/OL].[2017-09-01].https://www.nlb.gov.sg/Portals/0/Docs/AboutUs/NLB_s%20Key%20Trends%202014-2016.pdf.

从早期的图书馆发展规划蓝图如 L2000 和 L2010 仅关注推广阅读，发展到"图书馆 L2020 总体战略规划"（Library 2020 Masterplan），将促进阅读作为首要任务，以活化知识、激发想象力、创造可能性为使命，以终生阅读、学习型社区、知识国家为愿景。为此，NLB 制订了终身阅读（Reader for Life）策略，包括终身阅读策略和分龄阅读策略，其中研究并制订符合儿童和青少年成长每个阶段的生理、心理特征的分龄阅读推广策略，是新加坡终身阅读策略最重要的组成部分。

新加坡国家图书馆鼓励机构和个人加入到阅读活动中来，共同培养阅读文化。合作机构的范围非常广泛，包括政府、教育、企业、社区、学校、商业机构等。比如 2017 年国家阅读运动中，图书馆与多家单位合作，完成上班族阅读计划，鼓励员工阅读；与一群中小企业主合作，推出以中文进行的商业头脑系列阅读。2016 年与陆路交通管理局合作，在地铁内设置"图书馆车厢"；与社区和乐龄活动中心合作，在全国增设阅读角，让行动不便的年长者受益。儿童启蒙阅读计划活动中，图书馆鼓励学校、社区或福利组织大批量借阅图书，促进他们的成员更多、更广泛地阅读。

1. 分龄阅读策略指导下的各年龄段的阅读规划及活动

（1）0～6 岁的早期阅读规划

除了 2001 年发起面向 0～3 岁婴幼儿的全国性启蒙教育项目"天生读书种，读书天伦乐"活动。NLB 还制订了早期的阅读规划（Early Read Agenda），将学龄前儿童作为公共图书馆最重要的用户进行服务和研究，提供针对 0～6 岁的儿童进行阅读技能的培训，积极主动介入家庭阅读指导。

（2）4～8 岁的儿童启蒙阅读计划

2004 年 NLB 发起了以低收入家庭孩子为对象的"儿童启蒙阅读计划"（kidsREAD）。从 2013 年起，"儿童启蒙阅读计划"从 1 年延长至 5 年，成为持续 5 年的儿童阅读活动，直到这些儿童满 8 岁为止。该计划极大地帮助了那些父母文化水平较低和经济困难的家庭，为他们的孩子提供阅读援助和学前教育帮助。

（3）读吧，新加坡的年轻人

2005 年 NLB 推出了全民阅读活动"读吧！新加坡"（Read！Singapore）。2012 年该活动将推广阅读的对象从原先的 15 岁以上扩展至 7～14 岁的年轻读者。"读吧，新加坡的年轻人！"（Young Read！Singapore）作为"读吧！新加坡"活动的新增项目，关注儿童和青少年阅读推广，成为全民阅读活动的重要和有益补充。并开通了针对青少年的博客、短信征文、小说短片制作比赛和嘻哈比赛，其中，图书阅读讨论会是最为重要和举办最为频繁的核心活动。

（4）成功的校园阅读推广活动：7～17岁的"读吧！同学们"

为了推广校园阅读，2013年初，新加坡公共图书馆发起了"读吧！同学们"（Read@School）活动，这是一项专门为小学生和中学生设计的引导深度阅读的读书活动。该活动制订了一系列策略和措施：① 成立由图书馆员组成的专门小组负责策划和组织，从全盘着眼，向学校提供全方位的多层级的阅读活动，为不同年龄阶段的学生提供相应的阅读规划，为那些阅读能力较差的学生和阅读能力较强的学生提供不同的阅读选修课。② 努力促进每个学生都是阅读者。为了满足和迎合学生在电子阅读方面的需求，建立了一个在线阅读门户discoveReads，利用这样的平台，鼓励同学们来展示、交流和分享他们的阅读心得、阅读发现和阅读理解。③ 每个老师都是阅读导师和榜样。老师的积极支持和参与是推广阅读活动非常重要的部分。为了协助老师做好这份工作，成立了"读吧！同学们"阅读欣赏工作室，帮助老师更深刻地理解儿童和青少年作品，更好地推荐图书。

2. 充满人文关怀的茉莉图书馆

茉莉（MOLLY）图书馆是NLB推陈出新的一项创新服务，其服务项目的目标之一是，将阅读的欢乐和机会带给儿童和青少年以及那些行动不便的人，使公共图书馆成为其终身学习之旅的一部分。新发起的茉莉移动图书馆服务，主要关注弱势群体，为包括儿童和青少年之家、幼儿园、特殊教育学校、孤儿院等人士服务。其专门为儿童投入色彩缤纷的小型流动图书馆"小茉莉"（Mini Mollys），专载童书投入服务，穿梭于各区的学前教育中心，把书香带给更多幼儿园和托儿所，深受儿童的喜爱。

3. 针对特定读者的阅读创意和活动案例

如何将容易沉迷于网络和游戏的儿童和青少年吸引到图书馆来，引导其正确阅读，化解阅读危机，已成为当今图书馆工作者义不容辞的责任和义务，这需要图书馆员独特的创意和构想。新加坡图书馆开发了游戏学习社区（Gaming Learning Community），开发了一系列的游戏吸引青少年来到图书馆，从而培养阅读的习惯。在此方面的典型阅读创意案例有很多。

(1)"探索"项目

面对 7～12 岁男孩的图书借阅量不断下降的趋势，NLB2009 年推出"探索"（Quest）服务（一种为 7～12 岁男孩设计并推出的纸牌游戏）。"Quest"游戏卡是由 NLB 自己的图书馆员发明并设计出来的，目前已经推出了 Quest2。该游戏主要是针对 7～12 岁男孩不爱读书的特点，鼓励孩子们多看书，培养男孩参与阅读终身学习的阅读习惯。具体操作是，将引人入胜的冒险故事印在 60 张收集卡背面，只能用到图书馆借书的凭条来兑换收集卡，只要借满 6 本图书，就可以得到一张游戏纸牌，当几个孩子集满 60 张纸牌，就可进行这种纸牌游戏了。以此有针对性地吸引、促进和提升男孩图书借阅，并取得了非常巨大的成功。"Quest"服务获得了美国图书馆协会最有创意奖。7～12 岁的儿童不太热衷于阅读的情况不仅仅是新加坡存在，2008 年一项关于全球阅读的学术研究表明：① 9～11 岁的儿童，只有 65% 重视阅读。这种情况直接导致 5～17 岁儿童、青少年的阅读比例大幅下滑。② 男孩阅读的比例比女孩低。但是新加坡图书馆通过有针对性的服务开发，极大提升了男孩的阅读热情。NLB 报告显示，截至 2010 年底，超过 7 万儿童阅读了 Quest 故事，通过 200 万册图书的借阅，150 多万张"Quest"游戏卡被兑换出去。根据 NLB 的 2011/2012 年度报告，大约 17.5 万儿童阅读了 Quest 故事了解故事情节，超过 340 万张"Quest"游戏卡被兑换出去，完成了 450 万册图书借阅量。

(2)"征服"项目

研究发现，10～15 岁同龄男孩对棋类游戏非常感兴趣。因此，新加坡图书馆人针对男孩这个特点，在 2011 年 11 月针对 10～15 岁男孩推出了具有互动性的图书馆阅读服务项目——征服（Conquest）的图书馆服务。该互动性较强的阅读项目结合了一种男孩们喜欢玩的棋类游戏。以新加坡的故事为背景，根据 Bukit Merah 的传说开发了一系列的故事卡片。这个游戏培养孩子们在相互的游戏中学习和了解新加坡的历史文化，并且培养起阅读的兴趣，最终实现在全国范围内培养一个民族终身学习的阅读习惯。自推出 Conquest 服务以后，NLB2011/2012 年度报告显示，已有超过 4 700 人参与到这项游戏活动中，超过 4.4 万的入门包被兑换；很快超过 1.4 万人参与到这项游戏活动中，超过 5 万的入门包被兑换，借阅量超过了 110 万人次。

(3)"电玩而阅读"项目

2010 年 NLB 将数字资源纳入推广活动。针对年轻一代开发了"电玩而阅读"

（Game2Read）的活动，以书刊讨论和游戏竞赛为特色，激发和引导游戏者在玩游戏的同时阅读与游戏内容相关的书籍，培养他们对阅读和终身学习的兴趣。

八、日本的阅读推广活动

日本是一个热爱阅读的民族，日本政府出台了多部法律，用以推广全民阅读实践活动。1997 年，日本修正了学校图书馆法，规定学校规模只要超过 12 个班级必须配备专职的图书馆员，并且拨出特定经费，用以充实学校图书馆藏书和改善设备。1999 年，日本参众两院通过决议把 2000 年定为"学生读书年"。2001 年，日本文部科学省出台并实施了《儿童阅读推进法》，规定各级政府有责任和义务为儿童自主读书活动创造环境，旨在扭转大部分学生读书时间减少的倾向。同年，日本制订了《关于推进中小学生读书活动的法律》，规定了读书活动的理念，明确了国家、地区和公共团体在读书活动中的责任，为此，日本文部科学省制订了"日本中小学生读书活动计划"，全方位指导读书活动的开展。2002 年，日本又制订了《关于促进儿童读书活动的基本规划》，政府将投入 650 亿日元给学校，用于购买图书，改善晨读环境。日本政府从 20 世纪 90 年代起，开始积极推广儿童阅读活动。为了推动全民读书运动，日本还推出了影响较大的"晨读活动"。该活动要求每天早晨学校在正式上课前要先安排一次 10～15 分钟阅读图书时间，用以提高学生的阅读能力。日本晨读推进协议会 2005 年的统计数据显示，日本全国晨读实践学校达到 20 005 所，其中，小学 12 923 所、初中 5 747 所、高中 1 335 所。总实施率约为 51%，有 742 万中小学生有组织地参加 10 分钟晨读活动。[①] 2005 年 7 月，日本国会通过了主要内容之一是推进国语教育和读书推广的《文字、活字和文化振兴法》，并于 2005 年 7 月 29 日开始实施。2007 年 2 月，日本文部科学省又制订了《新学校图书馆配备五年计划》，并启动了 1 000 亿日元的资金。2008 年，日本国会将 2010 年定为"国民读书年"。日本文教省的调查数据显示，截至 2014 年底，日本民众保持阅读的比例从 1999 年的 61.7% 增长到了 78.9%，年人均纸质图书阅读量从 8.75 本增加到 10.32 本，[②] 到 2017 年，这个数据已达到 11 本。

日本公共图书馆的服务宗旨是：将更多的人吸引到知识王国来。他们总是主动诱导、努力激发人们的求知欲望和读书热情，以促进公民综合素质的不断提高。

---

① 宋志强.吉林省社会阅读现状调查研究 [D]. 长春：东北师范大学，2009.
② 彭政清.日本国民阅读计划及其对我国的启示 [J]. 图书馆工作与研究，2016（7）：96-99.

国家以立法的形式确保读者的权益。规定图书馆是公民终身学习的场所。公共图书馆必须保证公民享有终身使用图书馆的权利，文献资料免费使用。因此，公民进入图书馆不受任何限制，阅览不用登记和出示相关证件，免费自由查看和阅览图书资料，也无须办证。只要持有能确认身份的证件，便可当场免费办理借书证，随即外借。设施建设强调以读者为中心，日本很多图书馆无论是建筑造型、环境设计，还是图书馆整体布局，无不渗透着主事者为读者着想的苦心，既体现各自特色又富含文化内涵，目的是为读者营造宽松、典雅、舒适、静谧的读书环境和氛围。遍及全国的图书馆服务网络。读者只要借助互联网进入联合目录检索系统，就可以轻松搜索全日本公共图书馆的馆藏资源，查找或获取所需文献信息，还可以根据各自的需要分别检索某馆的馆藏资源，全面了解所需资料的分布、外借与否等状况，通过近在身边的图书馆或利用网络向资料收藏馆提出借阅要求，充分领略图书馆服务网络带来的便捷。图书馆则可根据读者的要求，利用该网络检索全国各图书馆的收藏情况，以便就近向其他图书馆借取相关资料，满足读者的需要。

九、韩国的阅读推广活动

1994年韩国政府颁布了《图书馆及读书振兴法》，2006年韩国政府又颁布了《阅读文化振兴法》，文化体育观光部被确定为韩国阅读推广官方机构，并成立读书振兴委员会，要求每5年制订一份读书文化振兴计划，同时要求政府相关部门和各地方政府根据读书文化振兴计划制订出每年的实施方案。同时规定，地方政府应向居民提供必备的阅读设施并每年至少举办一次阅读活动；韩国教育部门组织实施韩国中小学推动阅读推广计划；中央和地方政府应采取必要措施，促进工作场所的阅读活动；实施阅读月制度，以唤起和激励国民的阅读热情。2008年，第一个阅读推进计划出台，文化体育观光部拨款116亿韩元，用于阅读推广基础设施建设、阅读教育和出版产业振兴、各类阅读推广活动实施以及弱势群体阅读保障等项目。此外，为推进国民阅读，文化体育观光部还将每年9月定为全国阅读月。

十、南非的阅读推广活动

南非的《自由宪章》明确规定"学习和文化之门必须向所有人敞开"。南非宪法规定信息获取权是民众的一项基本权利，信息获取权包括公民的文化权利、语言权利（南非有11种本土官方语言）以及受教育的权利等，它对于公民积极参与到社会民主进程来说至关重要。南非的《自由宪章》、《信息获取促进法》及其修正案和《图书馆以及信息服务全国委员会法》构成了南非整个国家图书馆服务和信息获取的基本立法框架。2001年南非颁布《图书馆以及信息服务全国委员会法》，并成立了南非图书馆及信息服务全国委员会，主要负责图书馆以及信息服务的发展和协调、图书馆以及信息服务机构之间的合作推广、影响图书馆以及信息服务的立法事项、如图书馆以及信息服务资金去向管理的政策、原则以及标准、基本识字能力、信息素养以及阅读活动的推广等事项。类似的，9省也相应制订各自省级《图书馆以及信息服务法》，各市则出台了图书馆具体服务的相关法规。

1. 全国读书周

首届南非全国图书周于2010年9月6日至13日在约翰内斯堡的国家博物馆举行，迄今已成功举办两年。全国图书周由南非艺术文化部和南非图书发展委员会（SABDC）联合承办，是南非最主要的一项阅读推广（尤其是图书阅读）盛事。此项阅读推广活动吸引儿童、成人、学校和各类机构、教师和图书馆工作人员参与到各类阅读活动中。2011年的阅读推广主题是"买一本书、读一本书、分享一本书"。除传统媒体外，南非图书发展委员会还别出心裁地利用三大社交网络Facebook、YouTube和Twitter来推广这个主题。主要的活动内容包括各类书展、模拟图书馆、儿童活动、诵读会、诗歌朗诵、读书俱乐部研讨会等，其中较受少年儿童欢迎的项目是"神奇帐篷"，举办的活动包括儿童剧院、故事会或读书会、木偶戏表演；还有针对教师、家长、图书馆工作人员以及社区图书俱乐部协调人员的故事讲述技巧研讨会以及作家帐篷里的校园诗歌朗诵、音乐会、喜剧表演等。南非图书发展委员会还与推广组织——自行车上的图书（Book On Bikes）合作，将推广阅读激发读书热诚与推广积极向上的生活方式融合在一起，联合推出了自行车巡回赛。

约翰内斯堡公共图书馆联合全市的小学举办了读书竞赛。从校级选拔赛、校际比赛，直到区级、市级，学生们在比赛中既享受了阅读的乐趣，且学生在词汇量、拼写能力以及功课方面也得到了有效提升。竞赛过后，很多学生走进约翰内斯堡公共图书馆挑选图书阅读。目前已有2.7万名学生参与到此项读书竞赛中。开普敦中心图书馆在图书馆服务创新上别出一格，不仅设有视频和电影观赏区，还特设区域供图书馆用户开展下棋、每周舞蹈课、电视会议、现场爵士乐、喜剧以及卡拉 OK、编织以及诗歌朗诵活动,还设置了艺术展览区以及阅览区;该图书馆还在早上特设了宝宝时光,家长或幼护中心可以将幼儿送到图书馆;该图书馆推行的针对儿童的一对一诵读活动,从校方回馈的信息表明该项活动有效地提升了儿童的阅读技巧。开普敦中心图书馆的上述措施将公共图书馆打造成为兼具社区中心功能的图书馆,吸引公众终生享用图书馆的服务便利。

2. 南非图书馆周

2001 年南非图书馆及信息协会启动全国图书馆周活动,2002 年图书馆周活动获得了当时的艺术文化、科学技术部的大力支持,并将其正式命名为南非图书馆周(SALW),南非 9 省所有各类不同图书馆都积极参与到活动中,把这项活动视同向公众以及决策者推广图书馆各项服务的绝佳时机,以使得大众理解图书馆在创建民主社会、提升识字水平、实现公民自由获得信息的基本人权以及营造所有南非人相互宽容、彼此尊重的良好氛围中的重要作用。

南非图书馆周一般是每年 3 月 20 日(1818 年南非首个公共图书馆成立时间)所在那一周内,而 3 月 21 日是南非的人权日(信息获取权也是一项基本人权),将两个重要的纪念日联系起来,使得这项活动有了极其丰富的使命感,每年图书馆周的具体日期以及主题都由南非图书馆与信息协会(LIASA)确定。尤其值得注意的是,在 2011 年以"@your library"为主题的阅读推广活动被 LIASA 以海报形式张贴在全国范围各个图书馆内,相关海报被美国图书馆协会(ALA)登载在其主页,并被随后的国际图联会议作为一个阅读推广成功案例予以研讨,而 LIASA 同时在各大电台、电视台、报纸等媒体广泛报道图书馆周的情况,甚至在社交网络 Facebook 和 Twitter 上开设 LIASA News 账户,以便及时通报活动的进展及各图书馆会员须注意的事项。

3. 阅读推广密切联系学校教育

以约翰内斯堡公共图书馆举办的"图书之战"为例,这个阅读竞赛除了要拓展约翰内斯堡地区 6～7 年级学生的阅读经验外,同时也增进了图书馆与学校的合作,如在选择书目、设定阅读竞赛的难度和写作题材等方面。在南非,公共图书馆是学生的重要信息来源,南非中小学生使用图书馆的时间占图书馆开馆时间的一半,也就是说,南非的中小学生的业余时间基本上是在图书馆里度过的,主要原因在于学生们要通过图书馆的资源来完成学校布置的课业，并将图书馆作为重要的学习场所，因此公共图书馆是正规学校教育体系的重要支撑。

南非的桑尼（Tzaneen）图书馆和当地的一些高中开展了读书下乡活动，目的是增强学生的阅读技能和鼓励大家愉快地阅读，这项活动取得了较好的效果。在桑尼举行的伴读活动中，高中生和小学生一起大声读书，直到低年级的学生能非常自信地自己读。这项活动超出了提高阅读技能和爱好的初衷和范围，因此高低年级的同学都提高了自信。

4. BTR阅读推广活动

南非高登省运动、娱乐、艺术、文化以及图书馆信息服务部（以下简称高登文化部门）于2000年推出的"一出生就读书"（Born to Read）活动是一项鼓励0～6岁婴幼儿进行早期阅读、协助家长将婴幼儿培养成拥有健康体魄和心智的社会成员的阅读推广活动。活动中，高登文化部门与卫生部门和高登省的克里斯·哈尼·贝拉格瓦纳思（Chris Hani Baragwanath）医院合作，约有22家社区图书馆参与了这项活动。BTR项目成功的关键在于联合推动，高登文化部门、医院、社区图书馆的通力合作，社区图书馆与英国星报一起协助新生儿妈妈进行亲子阅读，婴儿用品强生公司（Johnson and Johnson）则出资支持此项活动（提供礼包的玩具、T恤）并建立了关注怀孕、哺乳和健康的工作室，协助新生儿妈妈适应新角色。

5. 南非图书馆协会对阅读推广的支持

成立于1997的南非图书馆与信息协会（LIASA）是全国各类图书馆合作和交流的平台，下设的"公共图书馆和社区图书馆兴趣小组"是南非公共图书馆在阅读推广的研究、发展和组织的全国性机构。除了每年的年会外，公共图书馆界还可以在LIASA-in-touch和LIASA News上了解各地阅读推广举措和先进做法。

6. 各级政府对阅读推广的支持

南非政府的主导作用是提升图书馆和信息服务的动力。自1994年起，南非政府就要求公共图书馆在维持和提升现有服务的同时，向当地民众提供附加信息和服务，从2007年开始向公共图书馆提供名为"社区图书馆服务资金"的一种全新条件式资助，用于各地图书馆的基础设施建设和藏书发展。资助为期三年，首批资助总额约为10亿兰特（南非货币），吸引更多南非儿童享受阅读乐趣并向教师及家长提供信息获取便利。同时，南非政府的千年发展目标规定，截至2015年所有儿童应完成小学教育，这些政府的努力使得南非公共图书馆有了一个较好发展契机。实际上，南非的各级政府不同程度地对图书馆各项服务提供强有力的支持。省政府在人员培训、图书馆楼宇建设、ICT设施及图书购置、多民族语言图书方面提供支持；市政府主要在图书馆人员薪金、图书馆日常维护、ICT维护、安保方面提供支持；中央政府拨款主要用于图书馆场馆建设、多民族语言图书购置和人员薪资。

第二节 国内公共图书馆与政府机构阅读推广案例

当今时代是一个知识和智慧开启未来的时代，是一个需要终身学习的时代。书是人类进步的阶梯，读书是吸取知识、推动人类不断进取的必由之路；书是人类精神的营养，读书是滋养心灵、开启智慧、健全人格、锻造理想的心路历程；书是人类文明的火种，读书是构建生命价值、提升文明素养、创造健康生活、构建和谐社会的有效途径。生活没有书籍，就好比大地没有阳光，人生没有阅读，就好像鸟儿没有翅膀。

尊重知识、崇尚阅读是中华民族的优良传统。从"悬梁刺股""凿壁偷光"的砥砺与磨难，到"读万卷书，行万里路"的阔大与执着；从"问渠哪得清如许，为有源头活水来"的探寻与发现，到"为中华之崛起而读书"的境界与追求，读书的意义被一代又一代的先贤们阐释着、丰富着、发展着、构建着。而如今，开展全民阅读，已逐渐成为我国的一项基本公共文化政策。

一、大陆地区阅读推广活动

有着"耕读传家"[①]传统的中国非常重视阅读。早在1997年，中央宣传部、文化部、国家教委、国家科委、广播影视部、新闻出版署、全国总工会、共青团中央、全国妇联九个部委就共同发出了《关于在全国组织实施"知识工程"的通知》，提出了实施"倡导全民读书，建设阅读社会"的"知识工程"。这是以发展图书馆事业为手段，以倡导读书、传播知识、推动社会文明与进步为目的的一项

---

① 徐雁."耕读传家"：一种经典观念的民间传统[J].江海学刊，2003（2）：154-161.

社会文化系统工程。2000年，全国知识工程领导小组把每年的12月定为"全民读书月"，这是实施全国"知识工程"的重大项目。2002年，党的十六大明确提出要实现"形成全民学习，终身学习的学习型社会"的奋斗目标。2004年，全国知识工程领导小组将每年的"全民读书月"活动交由中国图书馆学会负责承办。2006年，中宣部等11部委联合发表了《关于全民阅读的深圳宣言》，倡议发起全民阅读活动，截至2009年，已有400多座城市积极响应，每年举办3 000多次读书活动。2006年，中国图书馆学会在东莞图书馆成立了科普与阅读指导委员会。[①]2007年，在中山大学举行了第一届全民阅读论坛。2009年，中国图书馆学会成立了阅读推广委员会，加大了对阅读推广活动的指导。[②]

从1996年开始，我国陆续成立了湖南、江苏等省级全民阅读活动组织机构，与中宣部和新闻出版总署联合倡导和组织阅读推广活动。成立了中国出版发行科学研究所（2010年更名为中国新闻出版研究院）对国民的阅读情况进行调查分析，向国民通报我国阅读存在的问题；成立了中国图书馆学会阅读推广委员会，对阅读活动起到了宏观掌控作用。2005年，《中国图书馆学会章程》将"倡导全民阅读"列为重要任务。[③] 从2006年起，中宣部、新闻出版总署已经连续举办了多届全民阅读活动，温家宝同志在与网友在线交流时说："我非常希望提倡全民读书。我愿意看到人们在坐地铁的时候能够手里拿上一本书，因为我一直认为，知识不仅给人力量，还给人安全，给人幸福。"2008年，中国图书馆学会通过了《图书馆服务宣言》，提出"图书馆努力促进全民阅读"。根据《国家"十一五"时期文化发展规划纲要》的部署，国家从2007年开始在全国范围内实施"农家书屋"工程，计划在2010年底前在全国建立20万家"农家书屋"，到2015年基本覆盖我国农村。2009年10月，《中国阅读——全民阅读蓝皮（第一卷）》出版，倡导阅读战略，引导阅读方向。同年11月，由中宣部、中央文明办、新闻出版总署联合主办，深圳市委、市政府协办的"全国全民阅读活动经验交流会"在深圳举行，进一步推动全民阅读活动向深度和广度发展。2011年，文化部、财政部共同出台《关于推进全国美术馆公共图书馆文化馆（站）免费开放工作的意见》，其要求2011年底之前，全国所有公共图书馆、文化馆（站）实现无障碍、零门槛进入，对我国公

---

① 徐雁. 全民阅读推广手册[M]. 深圳：海天出版社，2011.
② 郑章飞. 图书馆阅读推广理论与实践研究述略[J]. 图书馆论坛，2010（6）：46-51.
③ 叶翠等. 中美全民阅读比较研究[J]. 高校图书馆工作，2013（3）：35-41.

共图书馆事业的发展具有非常重要的指导意义。[1]2011年,新闻出版总署发布《新闻出版业"十二五"时期发展规划》,对2015年人均年拥有图书、期刊数量及国民综合阅读率作出具体要求,并首次将"全民阅读工程"作为新闻出版公共服务建设的工程之一。[2]2016年12月,在国家政策层面和行业学会的积极推动下,颁布《全民阅读"十三五"时期发展规划》。2017年11月颁布的《中华人民共和国公共图书馆法》中明确指出了"公共图书馆应当免费向社会公众提供的服务包括公益性讲座、阅读推广、培训、展览"。

1. 北京国际图书节

北京国际图书节由北京市委宣传部、北京市新闻出版广电(版权)局、北京市文联联合主办,是国内唯一批准举办的国际图书节。到2018年,已成功举办十六届。第十六届北京国际图书节与第二十五届北京国际图书博览会同时同地举办,两个书展互为呼应、相得益彰。本届图书节展览面积9.77万平方米,较2017年增长5.3%,创历史新高。来自国内外约2500家参展商将亮相书展,参展国家和地区达93个,比2017年增加4个,黎巴嫩、吉尔吉斯斯坦、委内瑞拉、巴拿马首次设立展台。据了解,为全面贯彻实施国家"走出去"战略,围绕北京作为全国文化中心和国际交往中心的功能定位,本届图书节以"改革铸就新时代书香献礼新征程"为主题,通过举办"一带一路"国际合作出版高峰论坛、纪念改革开放40周年主题活动、名家大讲堂、大运河歌曲征集颁奖、北京国际童书展以及近百场各类新书发布会和线上线下互动活动,展现改革开放40年来首都新闻出版业取得的巨大成就,更好地诠释"北京故事,世界表达"的文化内涵。[3]

2. 北京阅读季

北京阅读季自2011年以来已成功举办八届,已经成为全市推动全民阅读的重要抓手和载体,成为北京文化新名片。北京市在8年的时间里,通过打造北京阅读季这一品牌,让阅读走进社区,走进人们的生活,在各区县掀起了一个全民阅读高潮,初步形成"政府推动、专家指导、社会参与"的运作模式。从第一届至

---

[1] 许琳瑶.积极推广全民阅读,夯实"学习型社会"基础——2011年全民阅读推广活动综述[J].图书情报知识,2012(5):17-21.

[2] 郝振省,陈威.全民阅读蓝皮书(第二卷)[M].北京:中国书籍出版社,2011.

[3] 第十六届北京国际图书节正式启动[EB/OL].[2018-08-22].http://culture.people.com.cn/n1/2018/0822/c1013-30244707.html.

今，北京阅读季以丰富多彩的读书活动为抓手，在营造多读书、读好书、好读书的良好文化氛围中，正逐步发展为一张闪亮的名片，成为北京彰显文化魅力的独特品牌。

2018年4月23日，在北京全民阅读暨第八届书香中国·北京阅读季启动活动上，北京市委常委、宣传部部长杜飞进表示，北京作为首都，作为全国文化中心，始终高度重视全民阅读工作，将其作为繁荣发展首都文化、建设国际一流的和谐宜居之都的重要工程，深入推进全民阅读，奋力建设书香京城。"书香中国北京阅读季"是北京文化的品牌活动，历经七年的精心培育和创新发展，已经汇聚了500多家出版和文化单位、1 000多家社会机构、400多个新型阅读空间、100多家主流媒体、300多位社会知名人士和万余名专业阅读推广人，成为京城一年一度、家喻户晓的阅读盛会。北京市将培育打造一批承载全国文化中心功能、富有首都文化特质、具有较强文化辐射力和市场竞争力的城市阅读综合体，为市民群众提供舒适、便利、温馨、智能的阅读综合服务。①

3. 苏州阅读节

苏州阅读节自2006年起每年举办一届，是一项"政府倡导、专家指导、社会支持、群众参与"的大型综合性群众阅读文化活动，被列为政府的重要工作项目。2018年，第十三届苏州阅读节以"阅读，让苏州更美丽"为主题，为期7个月，全市各地各部门、各系统组织开展千余项阅读交流、阅读辅导和阅读服务活动。4月22日，在启动仪式上，公布了2017年度苏州阅读风向标，成立了"苏州市全民阅读志愿者联盟"，启动了"读苏"大型阅读系列活动。江苏凤凰新华书店集团有限公司苏州分公司还向25所中小学校捐赠了价值50万元的图书，并为首批8个学校的"校园书屋"授牌。② 苏州阅读节是苏州市群众性精神文明建设的重要载体，在提升市民文明素质、提升城市文化品位、弘扬苏州城市精神等方面发挥了重要作用。要进一步把全民阅读活动作为建设学习型政党、学习型社会，提升市民文明素质和城乡文明程度的基础工程，苏州文化建设的实事工程，推进"家在苏州"宣传文化品牌建设的重要载体，加大统筹协调和工作推进力度，进一步营

---

① 打造"爱阅之城"——第八届书香中国·北京阅读季正式启动[EB/OL].[2018-04-23].http://baijiahao.baidu.com/s?id=1598533472927785419&wfr=spider&for=pc.

② 2018第十三届苏州阅读节拉开帷幕[EB/OL].[2018-04-23].http://www.suzhou.gov.cn/zwfw/whjy_13172/wtly/whgg/201804/t20180423_975966.shtml.

造全民阅读、崇文尚德的良好社会氛围，努力打造"书香城市"。

4. 深圳读书月

深圳读书月，是由深圳市委市政府于2000年创立并举办的一项大型综合性群众读书文化活动，时间为每年的11月1日至30日。深圳读书月秉承营造书香社会、实现市民文化权利的宗旨，着力于提升市民素质，建设学习型城市。作为由政府推动的一项公众文化活动，深圳读书月已经走进千家万户，融入市民生活，影响遍及全国。2018年，深圳读书月已成功举办19届。19年来，深圳读书月举办的活动总数达到8 000多项，邀请200多位国内外知名学者专家来这里开办讲座，参与读书月的总人次超过1.2亿，成为深圳最受市民喜爱、参与人数最多的公共文化活动。作为国内较早开展全民阅读的城市，深圳率先推出一系列极富改革创新精神的文化举措，被联合国教科文组织授予"全球全民阅读典范城市"称号。2016年4月，深圳首次出台《深圳经济特区全民阅读促进条例》，助推深圳的全民阅读事业步入新跑道。2017年首次发布的"深圳城市文化菜单"将深圳读书月列为11月的重点活动。在深圳读书月等全民阅读活动推动下，"书香满城"的繁荣景象日益成为这座城市受人尊重的文化底蕴。[①]

5. 东莞读书节

东莞读书节以建设学习型、智慧型社会为目标，以提高全民思想、情操、素养为根本目的，旨在进一步丰富人民的精神文化生活，在全社会形成以读书为荣、以读书为乐的良好风尚。作为东莞的重要文化节日和文化盛事，锻造东莞精神、提升城市文明的重要载体，东莞读书节自2005年举办以来，延续至今从未间断。截至2018年，一年一度的东莞读书节通过市、镇联动，共举办各类读书活动5 650余项（其中全市性重点活动304项），参与群众4 820余万人次，成为东莞重要的全民阅读活动品牌。2008年，美国图书馆协会（ALA）授予东莞图书馆国际创新奖，肯定了其在国际上的影响力。[②] 围绕国家《中华人民共和国公共文化服务保障法》、《中华人民共和国公共图书馆法》及《东莞公共图书馆管理办法》等的宣贯，以及切实保障广大市民的阅读权益和其他文化权益，2018东莞第14届读书节策划

---

① 第19届深圳读书月今日启幕769项活动推动全民阅读[EB/OL].[2018-11-03].http://www.sznews.com/news/content/2018-11-03/content_21189447.htm.

② 冯玲等.东莞地区图书馆与社会阅读调查报告[J].高校图书馆工作，2013（1）：28-36.

了"我身边的图书馆——公共图书馆法与新时代公共图书馆建设与服务"主题征文及知识竞赛,并推出《公共图书馆法》图文展、东莞市图书馆事业迈入法治化规范化轨道——《公共文化服务保障法》《东莞市公共图书馆管理办法》解读展览等在全市各镇街(园区)进行巡展。通过这些活动,进一步提高广大市民的法制意识和图书馆意识,更好地宣传与使用图书馆,推广阅读。①

6. 新安读书月

新安读书月是安徽电视台公共频道精心策划、着力打造的一项品牌活动,于2009年5月创办,活动秉承"阅读分享进步"的宗旨,倡导全民阅读,助力书香社会建设,它以读书为核心,通过一系列各具特色、全民参与的主题活动,在全社会营造"多读书、读好书"的阅读氛围。深受读书界盛赞的新安读书月活动,先后被中宣部、中央文明办、新闻出版总署评为"全民阅读活动"优秀项目,从2014年起,被省委宣传部纳入"书香安徽阅读季"第三阶段的重点活动。截至2017年,"新安读书月"活动共邀请到王蒙、苏童、麦家等90余位国内政经、文艺领域名家登坛演讲,更吸引20万观众与大师们面对面交流;电视大屏同步推出的600期专栏节目《好书天天读》,润物细无声,深入影响了数以千万计的电视观众;主推的"青少年读书征文活动"历经重重评选,发掘创作新苗。②2018年"新安读书月"升级活动,融合创新,通过短视频、高端讲座、读书创作大赛等形式多样的活动,激发越来越多的创意和人气,以更多的形式和内容,传播中华传统文化精髓,引领全民阅读文化新风尚。

除上述外,国内比较有名的阅读活动还有每年9月举行的"福州读书月"、江阴市图书馆为全面打造"市民书房、城市教室、文明窗口"的"书香暨阳"品牌建设项目、首都图书馆2011年度以"牵手残疾人,走进图书馆"为主题的庆祝"世界读书日"系列活动、2011年中国阅读学研究会和江苏省图书馆学会阅读与用户工作委员会在南京举办的"华夏阅读论坛"活动等,都积极促进了阅读实践活动的推广,提升了阅读在国民心中的地位,对促进全民阅读具有重要的作用。具体开展阅读推广活动情况见表2-1。

---

① 2018东莞第十四届读书节亮点纷呈,为市民带来丰富多彩的阅读文化大餐[EB/OL].[2018-08-11].http://news.sun0769.com/dg/headnews/201808/t20180811_7908020.shtml.

② "2018新安读书月"拉开序幕[EB/OL].[2018-06-25].http://www.ah.xinhuanet.com/2018/06/25/c_1123030403.htm.

表 2-1 全国各地开展阅读推广活动情况

行政区划	活动名称	创始时间	活动说明
全国	"书香中国"全民阅读电视晚会	2010年4月	由新闻出版总署、国家广电总局、文化部等共同策划举办，收视率逐年提高，社会效益显著
	"悦读中国"大型移动互联网读书活动	2012年4月	由中国移动携手各产业开展的大型移动互联网读书活动，旨在开启全新的"开放、连通、互动"的手机阅读模式
	"文明中国"全民阅读活动	2012年4月	活动在数字阅读时代的背景下，立足于新媒体阵地，致力于优质阅读内容的传播与推广
北京市	北京图书节	1991年9月	每2年一届，至2012年第十届时，升级为"北京国际图书节"，改为1年一届
	京版集团"世界读书日"讲坛	2003年4月	由北京出版集团公司组织开展的"世界读书日"主题纪念活动
	北京社区读书节	2010年12月	北京市范围内服务社区居民的全民读书活动
	北京阅读季	2011年4月	面向基层、面向群众的读书活动，引导全民阅读，打造"书香北京"
	首都读者周	2012年9月	首都图书馆联盟举办的阅读活动，十大文化惠民措施之一
天津市	天津市读书节	2006年8月	以天津市十大藏书家、津门十佳书香家庭和十佳特色藏书人系列评选活动为阅读节重要内容之一
	西岸图书节	2008年5月	以西岸艺术馆为场馆，与西岸艺术节一同作为打造天津西岸文化品牌的文化活动
	天津图书节	2010年9月	打造津门书业新标杆，为市民群众提供选书、购书、读书的书香氛围
	天津市全民手机阅读活动	2012年5月	以"新天津新阅读新生活"全民阅读活动为契机，以新媒体传播的方式大力弘扬天津精神
上海市	"振兴中华"读书活动	1982年5月	我国持续时间最长、社会影响最大、参与人数最多的群众性读书活动

续表

行政区划	活动名称	创始时间	活动说明
上海市	上海读书节	1995年3月	1995年举办第一届，1998年举办第二届，自2001年起每年举办一届，是上海城市文化的品牌项目
重庆市	重庆读书月	2008年8月	源起于"好书伴我行——重庆市未成年人读书活动"和"重庆书博会"，力争使重庆成为人均读书最多的城市之一
河北省	河北省全民读书	2009年12月	以阅读进机关、进农村、进学校、进军营、进社区、进企业、进家庭的"七进"活动为主要切入点，创建"书香河北"
山西省	山西省全民阅读	2011年9月	首届全民阅读月主题为"营造三晋书香"，内容包括三大主题书展和五项专题读书活动
吉林省	吉林省全民阅读	2009年5月	关注农民阅读，把全民阅读工程与农家书屋发展结合起来
长春市	长春"全民读书"	2007年8月	起步早于全省，已形成了"城市热读"讲座、"国学大讲堂"等品牌活动
辽宁省	辽宁省全民读书	2012年4月	首届全民读书节以"阅读·进步·和谐"为主题，旨在全社会特别是广大青少年中倡导和树立文明风尚
大连市	大连读书节	2007年7月	起步早于全省，以大连书博会为主要阵营，举办丰富多彩的文化活动
黑龙江省	"书香龙江"读书节	2010年5月	以全省各级新华书店为主要阵营开展读书节系列活动
陕西省	三秦书月	2010年5月	在全省各地同步展开"三秦书月"全民阅读活动，每届都举办"三秦书月"全民阅读主题晚会
甘肃省	"书香陇原"读书月	2012年4月	关注农民阅读，以解决农民"买书难、借书难、看书难"为切入点展开活动和服务
青海省	青海全民读书月	2012年8月	起步最晚，活动形式为图书推介展销，由北京共达文化发展有限公司承办

续表

行政区划	活动名称	创始时间	活动说明
山东省	"书香齐鲁"全民阅读促进活动	2010年4月	活动的主要载体是山东省、市县各级公共图书馆和乡镇、社区和农村基层图书馆、文化共享工程各级支中心和基层服务站点等
福建省	"书香八闽"全民读书月	2007年10月	举办了大量活动,形成了一系列精品项目,是福建省参与人数最多的读书文化节日
福州市	福州读书月	2006年9月	每一届都延续"有福之州,书香满城"的主题,活动内容丰富多彩,大力弘扬福州尊重知识、充实文化的优秀传统
厦门市	书香鹭岛活动月	2004年10月	厦门市政府组织的一项大型综合性读书文化活动,由专家指导、群众参与,起步较早
杭州市	西湖读书节	2007年11月	兼具继承性和创新性,在保留优秀传统读书项目的同时,将阅读与不同的载体相结合
杭州市	杭州学习节	2011年9月	将休闲之都进一步打造成为学习之城,在建设学习型城市的同时让满城飘起书香
河南省	河南省"全民读书月"	2004年12月	由河南省图书馆学会统筹安排,分为图书馆阵地活动、社区普及活动和书刊捐赠活动
郑州市	绿城读书节	2004年12月	以绿城广场的读书节开幕式、图书展销、读书论坛等活动为主,以各承办单位在全市设立的分项活动为辅
湖北省	"书香荆楚·文化湖北"全民读书月	2012年4月	每年确定一个主题,让"全民阅读"推及各个不同的人群
湖南省	三湘读书月	2009年7月	在策划设计中借鉴当红理念,积极开发城市阅读指数指标体系,成为读书活动的后起之秀
江西省	读书月	2009年4月	注重赣版出版物,通过开展一系列相关活动在全省倡导多读书、读好书的文明风尚

续表

行政区划	活动名称	创始时间	活动说明
江苏省	江苏读书节	2005年4月	主要活动包括书展、全民阅读报刊行、农民读书节等，受到了高度的重视
苏州市	苏州阅读节	2006年9月	精心策划，注重宣传，调动各方积极性，提高民众参与度，被列入苏州市重点工作
安徽省	新安读书月	2009年5月	举办了包括读书赠书、讲座、朗诵等多种文化活动，创出了一系列品牌活动
黄山市	徽州读书节	2007年10月	弘扬了徽州"十户之村，不废诵读"的优良传统，营造了良好的文化氛围
广东省	南国书香节	1993年7月	由广东省出版业筹划设立的阅读节，1993年诞生时创造了一个引起轰动的综合性书展，第二届后停办十年，至2005年才重启，并于2008年提出了"阅读嘉年华"的概念
广东省	"书香岭南"全民读书活动	2009年4月	活动内容包括读书学习论坛、青少年阅读、农民阅读等系列活动，惠及城乡广大群众，并开展全民数字化阅读活动
深圳市	深圳读书月	2000年11月	秉承了营造书香社会、实现市民文化权利的宗旨，已经成为深圳市民的文化庆典、深圳的城市文化名片
东莞市	东莞读书节	2005年9月	在历届读书节的带动影响下，"每天阅读一小时"成为很多市民的生活方式，"书香东莞"成为低调务实的东莞传递给世界的新形象
海南省	海南书香节	2009年3月	宗旨是推动全民阅读，通过展销月活动等的开展，丰富民众的文化生活
成都市	成都全民读书活动月	2008年4月	以"成都读者大游园"等系列活动为代表，坚持"政府倡导、市民参与、企业和社会支持"，形成"成都模式"
贵阳市	林城读书月	2005年9月	旨在营造浓厚的读书氛围，培养市民的创新能力和创新意识，倡导树立终身学习理念

续表

行政区划	活动名称	创始时间	活动说明
云南省	"书香红土地·和谐彩云南"全民阅读活动	2012年4月	举办优秀图书推介、全民阅读征文等活动，并评选藏书名人，调查建立城市居民阅读指标体系
昆明市	昆明阅读月	2009年10月	围绕"文化昆明"的建设目标而举办的一项大型综合性群众读书文化活动
内蒙古自治区	读书大接力活动	2008年4月	活动的对象是蒙文图书，基本单位为村，图书在一个村停留一段时间后转移到下一个村，提高了稀缺图书的利用率
新疆维吾尔自治区	天山读书节	2005年7月	至2012年已成功举办七届，在各民族的读者中都收到了良好的效果
银川市	市民读书月	2006年4月	银川市图书馆的品牌活动之一，通过各种活动倡导市民多读书、读好书，增强了市民的图书馆意识，提高了全市的文化品位
南宁市	南宁读书月	2006年11月	至2009年4月更名为"书香绿城"主题读书月，目的是推动群众性阅读，建设文化南宁
西藏自治区	西藏珠峰读书节	2010年4月	社区书屋和农家书屋是西藏自治区阅读活动的重点工作，并同时举办图书展销、阅读征文、诗朗诵等文化活动

二、港澳台地区阅读推广活动

阅读推广活动不仅是阅读的一种形式，也是文化生活中普遍存在的一种现象。港澳台地区政府非常重视在全社会推进阅读推广活动，重视塑造良好的阅读环境，培养市民的阅读风气；尤其是极为重视儿童早期阅读培养，充分利用公共图书馆等公益性服务机构，以周期性等形式开展丰富多彩的阅读推广活动。

1. 香港地区阅读推广活动

（1）政府大力提倡阅读、倡导终身学习

香港特区政府非常重视在全社会大力提倡阅读，倡导终身学习，特区政府职能部门积极制订全民阅读推广计划，并推进实施。近年相继推出了"阅读城建设工程""一生一卡计划""儿童及青少年阅读计划""自在人生自学计划"等,创造良好的阅读环境,努力使香港变成"阅读之城"。民政事务局专门设立了"图书馆委员会",规定了图书馆委员会在推广全民阅读的职权范围——"提倡追求知识和爱好阅读的风气""鼓励社会人士支持并与各界合力提倡阅读、终身学习和文学艺术"。民政事务局辖属的康乐及文化事务署每年都将推动并支持市民终身学习作为公共图书馆的服务宗旨,将推广活动作为图书馆服务的重要环节。在每年世界读书日到来之际,香港都会举办"世界阅读日创作比赛",2018年的创作比赛以"我的图书馆"为主题,旨在通过比赛来鼓励儿童和青年人扩展阅读领域,畅游书海,丰富生活。值得一提的是,在2018年的世界读书日,香港特区行政长官林郑月娥宣布,为了推广阅读文化,今年9月起将为香港每所小学和中学每年分别提供4万和7万港元的津贴,预计每年涉及经常性开支约4 800万港元,相较于曾推行的"广泛阅读计划"增倍。[①] 除此之外,香港公共图书馆还会举办文学节、读书会等各种阅读活动,来促进全民阅读。

(2) 公共图书馆的阅读推广活动

特区政府康乐及文化事务署在香港设立多个公共图书馆,截至2017年,香港共有82间公共图书馆以及111个图书馆服务点,遍布香港18区,平均每超过20万人口的区域就有一间图书馆,为市民阅读提供便利。多年来,公共图书馆将阅读推广活动作为其主要服务工作,推行了多元化的阅读推广计划。为鼓励青少年培养良好的阅读习惯,各公共图书馆推行多项课外阅读计划,其中包括《儿童图书推介计划》,旨在鼓励家长陪同子女一起阅读。各公共图书馆每月都会有定期的阅读推广活动,其中包括:定期举办各种教育性及休闲性阅读推广活动、课外阅读计划、书籍展览、科技与人生讲座系列、亲子故事工作坊、阅读营、兴趣小组等。

① 儿童及青少年阅读计划。阅读计划的目的主要是引发儿童及青少年对阅读的兴趣,培养他们养成良好的阅读习惯,拓宽他们的阅读范围和知识面,提高他们运用语文的能力,并鼓励家长积极参与子女的阅读活动。此计划分为四个组别,分别为家庭组(幼儿园至小学三年级,由家长陪同)、高小组(小学四年级至小学六年级)、初中组(初中一年级至初中三年级)、高中组(高中一年级至高中三年级)。参与计划的会员可以获得儿童及青少年阅读计划"阅读足印"纪录册一

---

① 世界读书日,看港澳台如何推广阅读文化 [EB/OL].[2018-04-23].http://www.xinhuanet.com//tw/2018-04/23/c_129856884.htm.

本，以记录会员的阅读进程。每年年终会根据阅读量和撰写的阅读分享，评选出"我的悦读分享"、"每月之星"及"阅读超新星"等小读者，以鼓励优秀的会员及家庭。

② 读书会活动。由香港公共图书馆与香港教育城联合主办的读书会活动，包括青少年读书会和家庭读书会。其中，青少年读书会参加对象为小学四年级至高中三年级的青少年，通过阅读、导读、思考、讨论和分享，鼓励青少年持续阅读，关怀社区；家庭读书会参加对象为幼儿园至小学三年级儿童，并由一位家长陪同参加，通过鼓励家长与儿童一同阅读，培养阅读兴趣和习惯并享受阅读的乐趣；等等。

③ 阅读缤纷月。从2002年开始举办的"阅读缤纷月"，是香港公共图书馆于暑假期间举办的大型儿童阅读活动，每年通过丰富有趣的专题展览及多样化的综艺阅读活动，鼓励儿童、青少年、家长在暑期畅游书海，推动亲子共读。多姿多彩的综艺活动包括：亲子阅读讲座、综艺表演、互动故事工作坊、亲子工作坊以及亲子演绎比赛等，让家长与小朋友欢度了一个个充满欢乐阅读气氛的夏日。截至2017年，已连续举办16届，很好地激发了少年儿童的阅读热情。①

④ 香港文学节。为了推广文学艺术，提高香港市民对文学艺术的认识和激发其兴趣，香港公共图书馆自1997年开始，举办一年一度的香港文学节。以香港文学节为契机，以提高市民文学素养为目标。2018年，第十二届香港文学节在香港中央图书馆启动，本届文学节以"笔语人生"为主题，在6月28日至7月15日期间将举办30多项精彩文学活动，包括专题展览、研讨会、导读会等。② 香港文学节自首届创办以来，一直秉持推动本地的文学创作及营造阅读氛围的宗旨，为市民提供多元化、多形式的文学活动。

2. 澳门地区阅读推广活动

自澳门回归以来，澳门特区政府为全面提高全澳市民的文化素质、积极营造全澳阅读氛围，制订了多项全民阅读活动规划，收到了良好的效果。

---

① 阅读缤纷月 [EB/OL].https://www.hkpl.gov.hk/tc/extension-activities/tag/55608/summer-reading-month.

② 第十二届香港文学节开幕，主题为"笔语人生" [EB/OL].[2018-06-28].http://baijiahao.baidu.com/s?id=1604527431992494190&wfr=spider&for=pc.

（1）政府主导全民阅读活动

在澳门回归后的第一年，澳门政府在当年的政府施政报告中就明确提出了"在本澳推广阅读，培养广大市民，尤其是青少年的阅读习惯和兴趣"，同时提出"澳门中小学都要积极参加学校的阅读活动，提倡学校推动以阅读为主的教学课程"，表明了新的特区政府在全面提高全澳市民文化素质、推动全澳市民尤其是青少年养成阅读习惯和兴趣的目标及决心。在以后几年的政府施政报告中，都将推广阅读文化作为本年度政府施政的重点之一。在第二届特别行政区首长选举问答大会上，多个专业团体的委员们共同要求政府大力推动全澳阅读风气，提高全澳市民文化素质。特区政府辖属的政府部门及社会民间团体，文化局、教育暨青年局、民政总署、澳门图书馆暨咨讯管理协会、澳门中央图书馆等部门，每年都会定期举办一年一度的"书香文化节""阅读文化节""图书馆周""终身学习周""终身学习推广日"等阅读活动，这些活动在提升市民的阅读兴趣、让更多市民成为真正的终身学习者起到了积极引导作用。为了提升市民的学习兴趣，使学习变成生活的一部分，让更多市民成为真正的终身学习者，澳门教育暨青年局于2005年7月推出终身学习奖励计划，教育暨青年局联同加盟该计划的公共机构、教育机构、公益性团体及社区组织60多个，一同组织终身学习奖励计划的具体实施。该计划有三个学习项目：培训、学习及阅读，共有200多项学习内容，凡澳门市民均可参加该计划。市民通过参与有关的项目，达到计划所规定的要求，便可获得"热爱学习者"、"积极学习者"、"终身学习者"或"终身学习楷模"的称号，并发给书券以及证书作为奖励。该计划的阅读活动学习项目，规定市民参加由教育暨青年局辖下各中心或各加盟机构所举办的阅书读后感活动，并按要求撰写阅读报告，达到规定要求，可获得上述奖励。为了使终身学习奖励计划有效地推行，教育暨青年局在其网站上专门开设了"终身学习奖励计划"栏目，在文化局、澳门中央图书馆等网站上都有链接，市民可随时查询到相关内容。终身学习奖励计划在全澳市民中广泛展开，市民在全年内都可参加所设内容的学习。澳门教育暨青年局在其网站上为全民阅读活动专门设立了"阅读乐"栏目，其中包括有关阅读方面的最新消息、推广阅读、阅读热点、专题阅读等子栏目，内容随时更新。

（2）重视少年儿童阅读

自2004年起，澳门教育暨青年局在全澳中小学全面开展学校阅读优化计划，协助中小学改善校内图书馆的空间和设备，资助学校开展相关的工程及购买设备、图书及多媒体资料等,并对积极开展阅读计划的学校提供技术、人力及相关支援。根据学校拟定的目标,全面开展"学校阅读推广计划""多读多写网上培训计划""从阅读中学习——促进校园阅读文化"、创建读书会、儿童深耕阅读教育网等,注重全澳青少年的阅读活动的推广,注重从小培养少年儿童阅读的兴趣和习惯,收到良好的效果。

(3) 公共图书馆在全民阅读活动中扮演着重要的角色

澳门文化局、民政总署、澳门图书馆暨资讯管理协会、澳门公共图书馆、学校图书馆、专门图书馆等机构在全民阅读活动中扮演着重要的角色。澳门图书馆暨资讯管理协会在每年举办的研讨会及座谈会中都是以务实工作和全民阅读推广为主要工作内容。如从 2004 年起至今举办的阅读文化节之图书馆及阅读系列活动、阅读文化节图书馆专题讲座系列、图书馆周图书馆学术专题讲座系列等,与其他社会团体主办的澳门阅读文化节,包括读书论坛、赠书献爱心、儿童故事游艺坊、长者讲故事及话剧、魔术表演、主题作文比赛、阅读比赛及一系列专题讲座等,促进了阅读风气。以推广阅读为目的的"澳门图书馆周"活动,自 2002 年至今已成功举办 17 次,每年都会围绕不同主题开展活动,在澳门播种阅读的种子。活动包括逾期期刊义卖、好书交换、书刊漂流、专题讲座、展览、阅读用品手工坊以及阅读摊位游戏等。2018 年的"澳门图书馆周"以"阅读拉近彼此距离"为主题,喻意通过阅读,拉近人与人之间的距离、人与知识和世界的距离,以共同推动城市文化阅读气氛。此外,为了推广阅读,澳门公共图书馆还建立了网上电子资源平台,供市民阅读电子书、报纸、杂志、资料等,同时还会不定期举办好书交换、主题亲子阅读、专题讲座、作家分享会等活动,以增加市民的阅读氛围。①

澳门中央图书馆是澳门最大的图书馆,辖属七个分馆,每年的 7 月至 12 月都会举办"图书馆 e 学堂""网上读书会"等活动,目的是提升市民文化素质。1986 年至今,澳门中央图书馆创建澳门流动图书馆,两架流动图书车每天下午轮流停泊于人口稠密的街道,方便市民借阅图书。

(4)"读书会"组织别具特色

为了推动社区教育,许多社区和民间社会团体组织成立"读书会",并定期开

---

① 世界读书日,看港澳台如何推广阅读文化 [EB/OL].[2018-04-23].http://www.xinhuanet.com//tw/2018-04/23/c_129856884.htm.

办"读书会领导人种子师资"培训课程,为"读书会"培养领导者、辅导者、推动者。培训课程包括:读书会领导人的角色与功能、读书会的经营与运作、读书会选书原则与方法、各种不同的阅读及解读方法、阅读能力培养技巧、探索儿童阅读价值、读书会的规划方案和讨论技巧及讲师回馈与讲评等。

3. 台湾地区阅读推广活动

2008年4月23日,台湾地区各县市政府及图书馆代表共同签署了《阅读宣言》(以下简称《宣言》):"阅读是文化、社会、经济的基础;阅读让我们站在前人的肩膀,看得更高更远;阅读让我们碰触生命的喜悦,发现世界,分享爱;阅读是开启通往知识殿堂的钥匙,因阅读而学习,学校里将没有落后的孩子。"《宣言》精辟地概括了阅读对于个人及社会的重要意义。

台湾以公共图书馆为阅读推广的根据地,截至2015年,公共图书馆数量由135所发展到547所,增长了3.05倍,每个乡镇平均有1.5所公立公共图书馆。① 以台湾2016年的人口计算,一所公共图书馆平均服务的人次为3.56万,远远超出国际图联颁布的每5万人应有一所公共图书馆的目标要求,可见台湾无论在图书馆数量和服务人次上都处于领先的地位,再加上全方位、多角度的阅读推广活动,使得每位读者都愿意阅读、参与阅读。

(1)台北国际书展

台北国际书展是在国际上影响最大的阅读推广活动之一,由台湾新闻局主办,主要目的是增进国际出版品的交流,每年春季举办。第一届于1987年12月15日举行,截至2018年,已成功举办了31届,现成为亚洲第一、世界第四大国际级图书专业展览,展览规模还在不断地扩大。②

(2)阅读起步走

公共图书馆2013—2016年"阅读推广与馆藏充实实施计划"中的"阅读起步走:婴幼儿阅读推广活动计划"(以下简称阅读起步走活动),只要是户籍为台北市,家里有6~18个月的婴幼儿,都会收到婴幼儿图书借阅证的邀请卡,这个活动从举办到2016年以来,已经有数千名婴幼儿有了自己专属的图书借阅证。凭借书卡,除了可以借阅童书外,家长也可以带着婴幼儿参加"阅读指导"活动,以

---

① 廖元兴.香港、台湾地区阅读推广活动研究及启示[J].河北科技图苑,2016(6):79-82.
② 2019年台北国际图书展览会[EB/OL].[2018-07-17].http://www.expoeye.net/taipei-international-book-exhibition.html.

及专为婴幼儿开展的"说故事活动"等。申请了婴幼儿专属的借阅证之后，图书馆还免费赠送"阅读礼袋"，里面包括适合童书及婴幼儿阅读的两本书单，有效引导家长踏入图书馆，让孩子从出生就有机会接触阅读，借由亲子共读，除增进亲子关系外，也培养了全民阅读风气，以达到阅读植根的目标。

（3）个人化资讯服务

随着资讯蓬勃发展与网络科技进步，台北市立图书馆为读者提供整合、加值的资讯服务来满足个人化的资讯需求。以图书馆现有馆藏及可利用的资源为基础，规划为读者"量身订制"的资讯服务，提供新书通报服务、专题资讯选粹、报纸剪辑、图书馆使用研究资讯及专题研究资讯等服务。读者申请加入个人化资讯服务会员，即可获得个人专属的资讯服务。新书通报服务将依会员的阅读兴趣或需要，提供新到馆图书及台湾新书出版的资讯。专题资讯选粹服务将依据会员的兴趣档，长期提供符合会员需求的图书、期刊、论文等新出版资讯。报纸剪辑服务则是依据会员的兴趣档，长期提供符合会员需求的报纸内容。

（4）终身学习网

终身学习网是由台北市立图书馆各分馆及多个协会、基金会、社区大学共同开发制作，该网站提供多类免费课程及讲座活动，仅部分内容需付费，民众可自由报名参加课程和活动。终身学习网定期整理国内外成教网站以供读者使用，具体包括定期出版"台北市终身学习网通讯"，办理"市民生活讲座""终身学习营"图书馆系列活动、"城乡接轨——人人同步发展学习计划"等。网站会针对不同读者群体举办各类读书会，鼓励申请"台北市终身学习护照"等多种特色服务。

（5）本土语言阅读推广计划

现今台湾地区民众使用本土语言的能力减退，且较重视国语及英语，忽略了本土语言，致使有些民众只会听不会说或完全不会。台湾地区本土语言包含了闽南语、客家语、原住民族语等，是教育重要的一环，而语言传承与教育的第一场域主要在家庭、社区，在本土语言价值逐渐受到大众认同之时，许多社区与家庭却已失去传承语言的条件。有鉴于各县市及乡镇图书馆为地方传递知识的中心，"本土语言阅读推广计划"以图书馆为传递语言及文化的媒介，培训有语言能力及文化资本的志工，让其成为"本土语言种子志工"，并借由阅读绘本、说故事及其他互动方式，使其为社区或图书馆进行本土语言教学，期待能将志工的语言资产提拱给需要的家庭与社区，让台湾本土语言能永续长存。

第三节　国内外的案例分析及启示

随着党的十八大报告中关于开展全民阅读号召的提出以及全民阅读国家立法工作的启动，未来我国的阅读推广活动将会有更大的发展。就目前我国阅读推广的实践而言，尚未出现诸如"一城一书""夏季阅读挑战"等特色鲜明、影响深远的活动。因此，强化阅读推广意识，借鉴和吸收国内外阅读推广的成功经验，对于我国阅读推广活动层次与水平的进一步提升将有一定的实践意义和参考价值。

一、政府重视，制订相关法律与发展规划

通过国外阅读推广的经验来看，阅读推广活动的开展，关键在于各国政府的重视，其他发达国家的政府通过制订政策法规，为国民阅读提供立法和政策保障。如日本 20 世纪 40～50 年代先后颁布的《国立国会图书馆法》《图书馆法》《学校图书馆法》；美国 1998 年的《卓越阅读法》；韩国 1994 年的《图书馆及读书振兴法》，2006 的《阅读文化振兴法》等，都从国家未来发展的高度审视全民阅读，成立相关的全民阅读推广机构，制订全民阅读发展规划和实施方案，保证全民阅读活动能够顺利展开。

我国从 21 世纪初才开始重视全民阅读，由几部委联合下发通知在全国开展全民阅读活动。但至今仍没有颁布一部全民阅读相关的法律，由于我国的阅读推广活动没有立法监督和系统的理论指导，活动流于形式的较多，进行总结和思考的较少，呈现出逐利性和短期性效应，因此，我们呼吁加快全民阅读的立法，从法律层面督促政府、社会、个人参与阅读。出台全民阅读促进法，确定"儿童读书日""阅读周""阅读月""阅读年"等特别日子，对于鼓励全民阅读，渗透阅读的影响力具有重要作用。

二、政府为主导，动员社会各界参与全民阅读的推广

国外一些国家的阅读推广一般由学校、图书馆、公立组织、宗教机构、社区、媒体等进行，推广机构多，因此取得了较好的推广效果。美国国会图书馆的图书中心只有四位专职工作人员，除他们的薪水由国会图书馆划拨之外，其余一切用于组织策划阅读推广活动的资金都由政府和其他机构提供。例如其主办的国家图

书节，每年所需的近 200 万美元经费主要来自出版商。在英国，开卷公司是专门为阅读推广服务的公司，阅读社是专门提供资金支持的慈善机构。因此，国外图书馆在阅读推广活动中具备更加完善的资金保障。相比国内，鲜有企业和社会力量参与到图书馆的阅读推广活动中，图书馆在吸引社会资金方面也缺乏经验。今后应引入社会力量和资金参与，重视社会力量对全民阅读的推广，大力吸引企业等团体对文化事业的参与和投资。

国内的阅读推广活动由图书馆举办，一般难以联系到文化机构、社会团体以及民间组织参与合作。其活动经费主要来自图书馆自身经费和图书馆服务商赞助，来源较为单一。一方面，要推动阅读推广的深入发展，图书馆需要拓宽思路，加强与公共文化机构、社区组织、慈善机构、基金会、志愿者团体的合作，将这些有益力量引入图书馆的阅读推广活动中来；另一方面，要积极走出去，寻求借鉴其他机构组织的阅读推广活动的有效途径和模式，构建充满阅读关怀的社会环境。

现阶段我国的阅读推广活动，尚未形成政府、教育机构、图书馆、商业机构等合作的局面，特别是国家级机构未能有效对各地的阅读推广活动进行整合。设立国家级阅读促进机构，整合相关力量，并进行阅读推广经验的总结和交流，才能确保活动的长期性和可持续性。政府要把全民阅读摆在重要位置，相关部门要组织一些全国性的全民阅读推广活动，根据我国的现实国情，努力抓好学校、图书馆、社区等阅读推广机构，同时政府应引导出版商、移动运营商、大型互联网企业加入阅读推广阵营中来。2014 年我国已经进入移动互联网时代，数字阅读在国民阅读中所占比例越来越高，随着移动互联网的迅猛发展，这一比例会更高。到 2017 年，我国成年国民的网络在线阅读接触率、手机阅读接触率、电子阅读器阅读接触率、Pad 阅读接触率均有所上升。具体来看，2017 年有 59.7% 的成年国民进行过网络在线阅读，较 2016 年上升了 4.4 个百分点；71.0% 的成年国民进行过手机阅读，较 2016 年上升了 4.9 个百分点；14.3% 的成年国民在电子阅读器上阅读，较 2016 年上升了 6.5 个百分点；12.8% 的成年国民使用 Pad 进行数字化阅读，较 2016 年上升了 2.2 个百分点；有 63.4% 的成年国民在 2017 年进行过微信阅读，较 2016 年上升了 1.0 个百分点。①

---

① 第十五次全国国民阅读调查报告发布 [EB/OL].http://book.sina.com.cn/news/whxw/2018-04-18/doc-ifzihnep4386289.shtml.

三、加大阅读推广的宣传和创意力度，持续地组织阅读推广活动

国外阅读推广活动规模大、点子多，运作时间长，在阅读兴趣引导方面没有太多的条条框框，任何吸引阅读的创意都有可能推行。在2012年9月美国国会图书馆图书节期间，有100多位作家、插画家、诗人现身活动现场，分别参与了各小组的活动，担当了美国阅读推广的宣传大使。而我国的阅读推广活动常因缺乏宣传和创意而无法引起民众的兴趣，因此利用电视、电台以及网络等媒体加强宣传，邀请政要或明星担任阅读形象大使，能起到引领的作用。同样，利用麦当劳、商场的休息区、地铁车厢等人流较多的地方，低成本地打造全新的阅读环境，让更多的人能够休闲地阅读，愉快地阅读，也会取得良好的社会效应。

政府应加强对阅读重要性的宣传，让人们认识阅读。阅读宣传应深入基层，到社区、大型商业区、学校、公园、地铁等人流密集的地方进行，营造全社会阅读的氛围。纵观国外全民阅读活动，阅读活动的广泛性和普及性是其重要特点。政府多次组织全国范围内的阅读活动，让学校、图书馆、图书出版商、图书销售商都成为阅读推广机构，做到阅读活动全部年龄阶段的覆盖，在整个社会形成阅读风尚，使国民习惯阅读，让阅读真正成为生活的一部分。

四、重视儿童阅读的推广，关爱孩子的阅读兴趣和阅读感受

人一生很多良好的习惯都是从儿童时期形成的，儿童时期形成的阅读习惯更易成为终身阅读行为。从国外全民阅读的成功经验来看，很多国家也都非常重视儿童阅读，以儿童阅读作为全民阅读的基础。政府对儿童阅读制定相关法律，开展全国范围的儿童阅读推广活动，如英国1992年的"阅读起跑线计划"、美国2002年的《不让一个孩子掉队法》、日本2001年的《儿童读书活动促进法》、日本的"儿童读书周""儿童读书年"活动等。早期阅读和亲子阅读是激发孩子阅读兴趣、满足孩子阅读享受的最佳途径。我国图书馆应该学习国外图书馆，从婴幼儿开始就注重培养孩子的阅读素养，图书馆可与社区妇幼保健院合作，利用母婴复诊的机会，免费赠送图书及音乐CD，使孩子自出生起便和家长一起开始读书之旅。图书馆还应经常组织专门针对婴幼儿的阅读活动，让孩子感受到绘本的乐趣。对于亲子关系而言，共读与分享是一个互相碰撞、互相感化的宝贵体验。而国内一些图书馆由于场地限制，少儿阅览室家长不得入内，致使一些低龄和胆怯的孩

子不能感受到阅读的乐趣。建议图书馆可以利用双休日和节假日在馆内宽敞的活动场所举办亲子阅读活动，公共图书馆也可与学校图书馆合作，利用学校的"家长日"举办亲子阅读讲座、亲子故事比赛等活动，这样既解决了场地不足的困难又满足了孩子分享阅读、愉快阅读的需求。

五、注重构建以图书馆为中坚力量、多赢共举的长效机制

国内图书馆阅读推广过于注重排场，商业气息浓重，因而未能在读者群体中获得广泛关注，没能达到倡导阅读、推广阅读、激发阅读的目的。通过借鉴学习国外阅读推广经验，结合我国实际情况，更应强调发挥图书馆的职能。国家图书馆等国内具有影响力的大馆更应大量借鉴国外先进经验，建立长期有效的机制。发挥图书馆职能，在机制、对象、范围上扩大成效，可从以下三个方面进行改善：一是在阅读引导方面，要熟悉社会阅读趋势的变化，引导读者从浅阅读、微阅读再进入深阅读，设立合适的项目，介绍阅读方法、推荐阅读书目、图书导读、开设阅读课程。二是在阅读交流方面，通过设计主题鲜明的活动，促进读者的交流互动，通过开展互动式阅读，注重阅读学习的社交性，倡导用户共同生产内容、共同传播内容和共同获取利益，从而激发阅读兴趣和动力。三是在阅读服务方面，提高提供阅读材料、阅读场所的能力，加强活动组织能力；及时引入新技术、新理念，提高阅读推广活动的吸引力和带动力。

1. 设立辐射广泛的网状读书组织，提升全社会的读书风气

中国图书馆学会在 2005 年成立了科普与阅读指导委员会，2009 年更名为阅读推广委员会，长期致力于推进全国图书馆阅读活动的开展。在中国图书馆学会阅读推广委员会的指导下，各省级图书馆与所辖各市图书馆以及社区图书馆之间可建立自上而下的读书会领导小组，指导各馆组织读书会的工作，以省级图书馆辐射市级图书馆、市级图书馆辐射社区图书馆，建立层层指导的网状读书会组织。省市图书馆还应加强与学校的密切合作，建立校园读书会组织。另外，近些年，民间阅读组织如雨后春笋般蓬勃兴起，成为一股不可忽视的阅读推动力量。公共图书馆可寻求与民间阅读组织联合开展读书会活动，并为民间阅读组织的成长与发展提供良好的平台和资源支持，充分发挥民间阅读组织的作用。

2. 联合社区开展形式多样的阅读推广活动

由于经济、文化发展水平的地区差异性，社区图书馆的建设情况也因地而异。对拥有社区图书馆的地区，公共图书馆对其馆藏资源、阅读活动开展等情况进行调研，分析存在问题给予针对性的指导帮助；在没有社区图书馆的地区，公共图书馆可借鉴香港公共图书馆的图书便利站和流动图书馆模式，寻求与社区内机构如居委会的合作，在合作机构设立图书借阅点或派出流动图书车。另外，公共图书馆还应积极寻求与社区内的管理机构及企事业单位合作，联合开展以社区为中心的形式多样的阅读推广活动。

3. 援建学校图书馆或设立校园流动图书车

学校图书馆不仅是素质教育的重要阵地，也是第二课堂教学的主要场所。目前，我国绝大多数中小学图书馆建设中存在着藏书数量不足、图书陈旧、藏书结构不合理、专业指导教师少等问题，公共图书馆应加强与学校图书馆的交流合作，针对学校图书馆的薄弱之处给予人、财、物资源的对口援助；针对经济不发达地区和偏远地区没有图书馆的中小学，公共图书馆可定期派出流动图书车，为学生提供图书借阅服务，让贫困和偏远地区的孩子有书可读。

4. 加强与当地教育主管部门合作，联合构建适宜校园开展的阅读推广活动模式

公共图书馆可加强与当地教育主管部门的交流合作，借鉴香港地区公共图书馆"阅读大使计划"的经验，将阅读推广与学校紧密结合，为学校提供阅读推广活动运营模式，并给予人、财、物支持，以促进学校开展阅读推广活动。各地公共图书馆可根据本地区教育、经济等发展水平，结合图书馆自身能力，对校园开展的阅读推广活动进行调研，构建适宜本地区学校开展的多种阅读推广活动模式，详细列出活动具体运作流程和操作细则，以便于学校实施。定期加强与学校的交流联系，沟通解决阅读推广活动存在问题及总结成效经验，以保障阅读推广活动在校园的持续开展。

5. 依托各地区域文化特色，举办特色文化节，延伸读者阅读深度

我国各地不仅都有自己的文化发展历史，而且部分地区还拥有极具地方特色的区域文化。例如，北京有京味文化，山西有晋文化，山东有齐鲁文化等。公共图书馆可以依托这些区域文化特色，寻求与文化部门、社会媒体、艺术团体等联合举办地方特色文化节,以加深民众对本地文化的认识,积极推进读者的深层次阅读。两地馆际之间还可以开展合作,联合举办推广各自区域特色文化的活动,加强两地图书馆的文化交流和合作,丰富两地人民的文化内涵。

6. 积极拓展阅读推广活动的广度和深度

通过"阅读起跑线"计划的启发,可在图书馆增设各种形式的亲子阅读活动,从小培养幼儿的阅读兴趣,养成良好的阅读习惯。要充分重视社区、农村图书馆建设,在资金、图书种类和数量上加大投入,注重激发农民群体的阅读积极性。例如,国外学者在调查农民的信息服务需求时都会深入调查对象所在的区域,深切体会农民的生活方式和农业生产劳作方式,然后再通过科学的研究方法收集农民的信息服务需求。因此,我国阅读推广活动在农村可以进行更加深入的调研,制订可行的推广方案。

公共图书馆有着丰富的馆藏资源及开展阅读推广活动的有利条件,在倡导全民阅读、建设书香社会的今天,理应成为阅读推广的中坚力量。应加强各图书馆之间的合作、图书馆与学校之间的合作、图书馆与各级政府之间的合作、图书馆与各个企业团体间的合作,以形成多赢共举的立体效应。在我国社会建设公益基金缺乏的情况下,图书馆可加强与出版商和书商的合作以解决资金问题。比如,可通过新书展示、推荐、获奖作品展示、作家作品展等,担当起民众阅读需求和出版商、书商之间信息交流的桥梁,实现图书馆公益性和出版商、书商盈利性的双赢。图书馆还可与虚拟或实体书店合作,在图书馆网站上登录各大书城的销售排行,以起到促进阅读、宣传推广的作用。

六、打造阅读推广平台,建立常设机构,重视保障制度建设

影响我国图书馆阅读推广活动发展的因素很多,缺乏类似"大阅读计划"这样的阅读推广平台及其保障制度是其中的一个重要原因。虽然我国各级图书馆学会都设立了"阅读推广委员会",但是图书馆在阅读推广活动的制度保障、资金调度、项目运作和技术指导等方面能够获得的支持还是较为有限的。针对这种情况,图书馆要努力争取相关政府部门和学校的支持,完善阅读推广活动的法律法规,为图书馆参与阅读推广工作建立保障制度。此外,还应争取调动多方资源成立图书馆基金会,图书馆以申请项目的方式争取基金会的赞助。通过建立有影响力的阅读推广平台,为图书馆提供系统指导和技术支持,以有效改善较为松散的阅读

推广现状。

目前，国内图书馆的阅读推广活动大多由主管部门发出文件，教育等相关部门抽派人手制订方案和组织实施，每年组织和参与活动的人员不定，很多都是入馆工作时间尚短的年轻馆员，没有活动经验。因此，图书馆建立常设机构专门负责阅读推广是十分重要的。美国国会图书馆的图书中心是专门负责阅读推广的典型案例。从1977年建立至今的40多年时间里发挥了重要作用。4位工作人员经验丰富，各司其职，分工明确。机构的建立和人员的固定有利于各项活动的衔接和统筹，对阅读推广活动的功效有事半功倍的效果。

七、强化阅读推广的品牌意识，提升阅读推广层次与水平

阅读推广从其构成要素来说，包含阅读推广的主体、客体、对象和方式等内容，可以从由谁来推广、推广什么、向谁推广和如何推广这几个方面来解释。在全媒体、多元化信息时代，为了将阅读读物、阅读能力和阅读兴趣等客体内容有效地推广给阅读活动的对象，需要阅读推广主体机构树立起真正的品牌意识，有着将品牌理论与知识运用于阅读推广活动实践的自觉，这是创建阅读推广品牌、实施阅读推广品牌化战略的前提。另外，就如何推广这一方式而言，需要阅读推广主体机构摒弃传统的推广理念，特别是不能将阅读推广简单地等同于应时应景地举办某个短期活动。目前国内不乏清华大学图书馆的"爱上图书馆"、北京大学图书馆的"书读花间人博雅"好书推荐暨阅读摄影展等优秀活动案例，前者运用微电影等新媒体技术有效地宣传了图书馆的资源和服务，并获得了国际图联第10届国际营销奖，后者因独具特色的活动创意与形式获得"2014年高校阅读推广活动"优秀案例评比一等奖。但这些活动的突出问题在于缺乏常态化的运作，随着时间的推移，其营销效果会逐渐减弱，从某种程度上反映出阅读推广品牌化意识的缺失。因而唯有将品牌化思维和意识贯穿阅读推广活动的每一个环节，同时注重阅读推广的内涵与质量建设，按照品牌化的运作模式和操作流程来长期、持续、深入地开展阅读推广，才能为阅读推广品牌建设奠定坚实的基础。

在阅读推广品牌的设计上，应设计出适宜的活动名称和活动标识，而提及我国的阅读推广活动，在人们的脑海中很难浮现出让人记忆深刻的活动名称、明显的活动标识以及清晰的品牌形象。因此，在开展阅读推广活动时，应确立具有自身特色、易于传播、亲和力强且简单易记的活动名称；同时我国的阅读推广活动

也应效仿"读遍美国""触手可读"等活动的经验做法,考虑设计丰富的、具有明显特性的标识,以加深人们对阅读活动的了解和认识,让人们能够在品牌标识和活动之间建立关联、产生联想,使之最终成为某项活动的名片和代名词。

在阅读推广品牌的定位上,应确立清晰、准确的目标定位。纵观上文所述的国外阅读推广活动,它们或专注于青少年阅读能力的提升,或专注于儿童暑期阅读,或专注于低收入家庭儿童的阅读等。这些异常清晰、准确的目标定位,为其具体活动的开展指引了方向。具体到我国阅读推广的实践,因缺乏相应的品牌定位,存在盲目跟风、重复建设和目标模糊等典型现象,因此需要在分析阅读推广活动开展现状、阅读推广对象的特点、需求及阅读现状等基础上,按照分级、分众等标准制订具体的阅读推广活动品牌定位。在品牌定位战略的指引下,可以使阅读推广活动参与者对活动品牌产生正确的认知,当参与者感知到品牌的优势、特征和个性并为之吸引时,二者之间便有了建立长期、稳固关系的可能,也就具备了建立阅读推广品牌的基础。

在阅读推广品牌的传播上,应注重多种传播渠道的利用。随着微博、微信等现代交互式工具的发展和普及,人们更加倾向于信息传播中的交流、互动与分享,这些现代信息技术在我国阅读推广的实践中也得到了广泛使用。结合线上的QQ、微博、微信等方式以及线下的海报、画册、宣传单等方式而进行的全方位的宣传与推广,已经逐渐成为国内众多阅读推广主体机构的共识和阅读推广开展过程的具体写照,如北京大学图书馆的"书读花间人博雅"之好书推荐暨阅读摄影展,就运用了海报、书签、图书馆主页、校内门户消息、图书馆微博、人人网、微信等进行宣传推广。除此之外,还应特别借鉴国外利用公共关系渠道进行品牌传播的经验和做法。目前各类型图书馆是我国开展阅读推广活动的重要力量,在图书馆社会影响力薄弱、社会关注度较低的现实情况下,可通过加强与媒体、各类社会机构、社会知名人士等不同主体之间的合作,争取他们的支持与参与,充分发挥不同主体在各自领域中的优势,确保阅读推广的顺利开展,进而不断扩大品牌的影响力,促进阅读推广品牌的传播。

在阅读推广品牌的维系上,应采取相应的品牌维系措施。品牌其实是个易碎品,在瞬息万变的社会环境中,如果不持续努力、及时地对品牌进行维系,品牌将极有可能被用户所遗弃并化为乌有,正所谓"创业难,守业更难"。虽然我国阅读推广品牌建设尚处于发展阶段,但在品牌建设实践中既要对品牌名称、标识、定位等方面进行坚守并维持其相对稳定和不变,以凝练出品牌的核心要素和价值,也要有防范品牌老化的应变与创新之举。从每年各地、各机构开展的阅读活动的内容可以发现,诸如读书征文、演讲比赛等必定是其内容之一,而参与者的兴趣则逐渐减退,参与者的数量也是每况愈下。因而只有适时变换与创新阅读推广的主题、形式、宣传等,改变阅读活动在读者心目中的保守与固化形象,才能够提升品牌的活力和吸引力,提高读者参与的热情,从而避免阅读推广品牌出现老化危机。在此方面,上海图书馆开展的"上图讲座",将朗诵、演唱、演奏等形式融入到讲座中去,同时设有"都市文化""名家解读名著""信息化知识""知识与健康""院士讲坛""国际科学家讲坛""青年讲坛"等不同类型的主题,使之成为一道亮丽的城市"知识风景",也为国内阅读推广品牌的建设和维系提供了启发与借鉴。

八、注重发展人文关怀的新理念

现代社会竞争强烈,人们的心理压力倍增,阅读对于一般民众而言成为放松心情、克服压力的一种休闲娱乐活动。公共图书馆作为推动全民阅读的基本机构,应创新读者服务的内容与模式,深入了解读者的阅读心理与行为,提供个性化的阅读指导服务。图书馆应有专人对读者进行指导和辅导,以使那些网络时代的弱势群体读者能够轻松地利用图书馆的资源,平等、公平的参与各种读书活动,尽情愉悦的享受图书馆的服务,实现真正的"悦读"或"乐读"。因此,做好弱势群体的阅读推广活动,创建和谐的人文阅读环境,对读者的阅读兴趣、习惯、方式给予关注和重视,是新时代公共图书馆在阅读推广活动中重要的职责。

九、加强对阅读推广活动的总结与评估

如果特定的阅读推广活动不能产生预期效果,那么这项活动的设计策划及其实施的合理性就会受到质疑,也势必会影响到这项活动的持续发展。从国外相关报道来看,美国"大阅读计划"注重从参与的机构团体、居民人数、覆盖区域、活动内容和数量、发放的资料、媒体利用等方面进行综合分析。英国 Helen Greenwood(海伦·格林伍德)等围绕 East Midlands(东米德兰)地区的阅读推广案例提出了阅读推广项目的评价体系。针对国内评估总结意识淡薄的弱点,图书馆要借鉴国外同行经验,根据长效机制建设、活动组织规划、策划方案、宣传工

作、活动内容与形式、合作模式、后续服务等内容选择评估指标,从图书馆、合作机构、读者三个方面构建完善的评价体系,从而有利于促进阅读推广活动的持续开展。

第三章　阅读推广与高校图书馆

　　阅读不仅是一个民族文明传承和文化发展的希望，更是人类永恒的命题，对于人个体成长和国家、民族的发展都会有深远影响。大学是人一生中集中精力阅读、学习，打好未来发展基础的重要时期。目前我国大学生阅读积极性不高已经是不争的事实。相对阅读量变小，阅读功利性增强，出现阅读通俗化、快餐化的现象，越来越习惯网络阅读，对纸质阅读的依赖明显下降，更重要的是当代大学生的阅读兴趣呈下降趋势，读书越来越多的表现为一种被迫行为。

　　高校图书馆因其丰厚的馆藏资源和在高校文化传承中的特殊地位，决定了在推动大学生阅读中应该发挥更加积极的作用。高校图书馆除了为大学生提供文化休闲以外，更重要的使命就是辅助大学生承担起文明传承和文化发展的历史使命。高校阅读推广活动是校园文化建设的重要组成部分，引导大学生热爱阅读、学会阅读并在阅读中学会思考，是高校阅读推广活动的主要目标。只有不断地推进阅读推广工作，才能激发大学生的阅读激情，营造更加广泛的阅读氛围，促进学习型社会的形成。高校图书馆作为学校文献信息中心，深入有效地开展阅读推广活动，营造良好的阅读氛围，创建高校校园阅读文化，是高校图书馆的责任和义务。

第一节　国外高校图书馆阅读推广案例

　　欧美国家的高校图书馆开展阅读推广活动的起步比较早，比较注重阅读推广服务的形式和内容，一般不举办集中式大规模的阅读推广活动，而是把阅读推广活动融入其日常的工作中，组织一些人性化的阅读推广服务。例如，美国密歇根州立大学图书馆的"新生年度书单",其开始于1983年,迄今已经有30多年的历史;东伊利诺斯州立大学创立的"大学生在读什么"活动,积极为大学生推荐阅读书目,把推荐的书目封皮贴上"选我""和我一起阅读"等人性化的标签。德国的高校图书馆则比较重视阅读环境的建设,如柏林洪堡大学图书馆将整个图书馆的阅览空间打造成一个层层推进的舞台,使读者置身于"舞台"的中央,聆听图书的吟唱;柏林自由大学图书馆则改变了书架与座位的位置,把书架放在阅览区的中心位置,座位围绕书架环形放置,从图书馆上面看宛若一个个波浪,让读者有徜徉书海的感觉。亚洲国家的高校图书馆也开展阅读推广服务,其形式则与国内高校图书馆比较贴近,例如,日本创价大学图书馆,其阅读推广活动覆盖整个校园,内容包括一些一般性的书展和书目推荐。其独特性的阅读推广服务是其对图书馆主页进行了改造,使读者可以随时提交书评和读后感,图书馆通过提交的书评和读后感对学生进行"读书能力测评",并奖励书店代金券和颁发证书,这一举措极大地激发了学生们的读书热情。还有,在图书馆内设有"推荐图书角",推荐图书角内图书按照主题排架,而主题往往由一些接地气的词语组成,如"阅读菜鸟""师兄师姐荐书"等,为学生营造了良好的阅读气氛。新加坡南洋理工大学(NTU)图书馆则积极利用网络技术与平台,开展了许多深层次学科导读服务项目,如"学科屋""学科图书馆博客"等,充分利用Web 2.0社交工具进行阅读推广,同时大力推进移动阅读服务,创立了"口袋图书馆"。

  除了上面的案例外,国外高校图书馆阅读推广活动还有很多值得国内高校图书馆借鉴的地方。首先是国家的重视程度,国外高校图书馆的阅读推广活动都能得到政府相关政策的支持,如美国政府在1998年通过的《阅读卓越法》,俄罗斯2006年颁布的《国家支持与发展阅读纲要》,韩国2006年通过的《阅读文化振兴法》等,把阅读推广提升到国家政策的高度,为阅读推广提供了法律法规的保障。其次是对网络技术的利用,由于国外的网络技术发展比较早,因此国外高校图书馆善于利用先进的网络信息技术和平台来为其阅读推广活动进行服务,如美国加利福尼亚大学医学院图书馆开设的移动医学网站,英国阿伯丁大学的移动阅读服务等。最后是国外高校图书馆的联合合作模式,如哈佛大学与谷歌的合作以及其与耶鲁大学图书馆等高校图书馆实行的联合借阅等,联合合作模式扩大了图书馆的资源范围,也为读者提供了更加方便快捷的服务。

一、新加坡南洋理工大学（NTU）图书馆的阅读推广实践

1. 注重打造多样化的阅读空间

根据 NTU 图书馆主页及 2017 年度报告的数据显示，NTU 图书馆共有 8 处馆舍，整体面积合计 15 440 平方米。① 与 2016 年我国高校图书馆的面积排名② 相比，NTU 图书馆 8 处馆舍的总面积在 515 名左右。就单馆面积而言，传播和信息图书馆、图书馆前哨等馆舍空间面积均未超过 500 平方米，但每一处馆舍，或有多功能学习间、或有团体观影区……空间设施多样，服务多元，各具特色。合理而用心的馆舍空间规划与设计呈现出 NTU 图书馆小而精、小而全、小而优的显著特点。8 处馆舍为 NTU 师生构筑了功能齐备、设施齐全、资源多样、服务各异的 NTU 图书馆体系，总体上呈现出 NTU 图书馆为不同的学习需求提供的多元环境与空间。NTU 图书馆通过馆舍空间及设施设备的多样化设计，形成了集学习教学、互动展示、交流研讨、信息传递等多种功能于一体的新型空间服务。

2. 利用先进信息技术大力推广数字阅读服务

NTU 图书馆拥有超过 800 万册的电子图书。几年前，该馆就意识到电子图书收藏在数据库中，很难像书架上的纸质图书那样展示，只有通过用户主动搜索才能从目录和数据库中找到。为了使隐蔽存储的电子图书有一定的显示度、更具可视性，让用户关注丰富的电子图书，无论何时何地都可以使用电子图书，并提高对这些资源的认识，2017 年 5 月，NTU 图书馆与学校信息技术服务中心（CITS）合作开发了电子图书应用程序。该程序可以实现从图书馆管理系统（Library Management System）中抽取馆藏电子图书的书目数据，并按照科学和技术、人文和社会科学、艺术设计及媒体科学、商业 4 大主题进行分类组织。③ 为了显示藏量巨大的电子图书，新空间的中心区域创新性地设计了电子书长廊。电子书长廊配置有 1 个超大 LED 屏和 3 个小触摸屏。超大屏幕中滚动展示的色彩绚丽、风格各异的电子图书封面可为用户带来高视觉冲击。与大屏幕同步，有 3 个触摸屏，用户可以通过触摸屏或使用自己的移动设备与电子图书进行交互。用户可分主题选

---

① http://www.ntu.edu.sg/library/Pages/default.aspx.
② 2016 年 792 所高校图书馆馆舍面积统计表 http://www.scal.edu.cn/sites/default/files/attachment/tjpg/201802.pdf.
③ Year At A Glance 2016/2017[EB/OL].[2012-11-25].http://www.ntu.edu.sg/Library/Documents/Annual%20Reports/07082017_yeararaglance_FinaLR.PDF.

择所感兴趣的图书,选定图书后,可以现场阅读,也可以选择扫描二维码或发送查阅全书的链接至电子邮件,以便在自有设备上阅读。与此同时,用户甚至可以使用个人移动设备下载该应用程序,方便随时随地发现和访问图书馆最新的电子图书。以电子书长廊的方式揭示并呈现电子馆藏,不仅理念领先,也实现了技术的独有与超前,更达到了空间服务和技术的有效整合。

3."图书馆前哨"及其服务

2015 年,NTU 在校内建成学习中心。其中,图书馆有一间面积为 375 平方米的空间被命名为"图书馆前哨"(Library Outpost),又称前哨站。前哨站于 2015 年 8 月对外开放,此后便成为学习中心中颇受学生欢迎的场所。据 2015/2016 年度报告统计数据显示,截至 2016 年 8 月,将近 1 年的时间,图书馆前哨接待读者数量已达 10.6 万人次。[①] 前哨站收藏的馆藏包含两类:其一,门外配置 24 小时自助借还书机(ARM),收藏人文社会学院及商学院(HSS&NBS)的教学参考书。其二,是发现馆藏(Discovery Collection)。该馆藏由馆员精选而成,约含纸本图书 1 500 种、电子书、视频资源等。发现馆藏的目的是为 NTU 学生学习广博的知识搭建平台,以培养学生的跨学科探索、促进学生的全面发展,使得学生成为能够胜任世界各地工作的全球公民。为此,发现馆藏并不侧重于某一具体学科,而强调通识性。其配置方式也非常灵活,不仅由馆员挑选,也邀请教师积极参与。如前哨馆员曾在 2016 年发起过"教授读过的书"活动,以教授荐书的形式向学生宣扬喜爱知识、热爱阅读、终身学习的理念。该活动发起后 1 个月,就有 NTU 各学院的 81 位教授推荐了 245 本图书。[②]

前哨站不仅收藏资源,还结合资源特点配置了 3 套音视频设备、6 个团体研讨间以支持学生定期举办活动、开展课外学习。基于发现馆藏,前哨站提供每日发现服务(Daily Discover),学期内,每天中午 12:30 组织一场时长 19 分钟、形式多样的交流活动。开展至今,这些活动已囊括了互动展览、读书俱乐部、观看视频、讨论及交流等多种形式,其内容涉及哲学思想、音乐流派、全球领袖、学术大咖、旅游景点、历史传奇等各方面。此活动意在吸引学生在紧张的学习之余"休息"。

---

① Year in Review 2015/2016[EB/OL].[2012-11-25].http://www.ntu.edu.sg/Library/Documents/Annual%20Reports/YearInReview1516_Final.pdf.

② Library Xpress.2016(2):6[EB/OL].[2012-11-25].https://issuu.com/ntulibraries/docs/libraryexpress_1601_v7_issu.

针对"每日发现"活动，前哨站还开展"每周投票"（Poll of the Week）活动，以促进学生对一周"每日发现"的反思，通过反思，加深认识、促进理解。图书馆前哨的馆藏及服务告诉我们，学习并非只在课堂，学习无处不在，图书馆如何在有限的校园空间保持自身的独有优势，以激发学生的阅读兴趣，促进学生的终身学习。

4. 鼓励读者对教学科研资料进行深层次阅读

南洋理工大学（NTU）图书馆自2008年起鼓励读者对教学科研资料进行深层次阅读，并启动了学科屋（Subject Rooms）、学科图书馆博客（Subject Library Blogs）等服务。学科屋是一个建立在博客平台上的网络虚拟学科导航系统，它将相关学科的信息（包括图书馆资源、数据库资源、网络资源等）整合在一起，为用户正确地获取所需资源提供了新的途径；学科图书馆博客分别从 Business（商业）、Science（科学）、Engineering（工程）等六个方面提供了新书推荐、视频列表、书评、数据库更新、最新活动和本地展览会等服务。NTU图书馆的学科屋和学科图书馆博客为读者提供了一站式的学科导航系统，加强了读者对图书书目的理解，并通过定期按类编制新书目、书评和学科指导，引导和鼓励读者对教学科研资料进行深层次阅读。

5. 推行"口袋图书馆"理念，开展移动阅读服务

NTU图书馆推行"口袋图书馆"（Library-in-yourpocket）理念，开展了移动阅读服务。NTU图书馆主要提供电子书阅读服务、数据库检索、FAQ咨询服务、反馈服务、图书馆书目查询、图书馆活动介绍、图书馆地图和联系方式等多种内容的移动阅读服务。该馆利用能够提供网络服务的手机、掌上电脑（Personal Digital Assistant，PDA）等便携式通信终端将数据库信息和阅读服务推送到读者触手可及的地方。NTU图书馆的读者除了可利用手机获取 IEEE Xplore、Ebsco Host、Pub Med、Chronicle、SciFinder 等11个移动数据库的资源外，还可利用手机阅读 Net Library、Ebrary、Emerald Management Xtra、Knovel、Early English Books Online（EEBO）的各类电子书。

6. 积极利用社交工具宣传阅读活动

NTU图书馆充分利用博客、Facebook等社交工具推广阅读，以吸引更多的读者。作为图书馆服务创新的重要手段，学科图书馆博客和图书馆面簿（Library

Facebook）等被用于阅读推广活动之中，加强了图书馆与读者之间的互动。正如 NTU 图书馆 Choy Fatt Cheong 馆长所说："图书馆的本质功能在于读者去图书馆，不是去找他知道书名的书，而是去发现那些存在但他不知道的书。"NTU 图书馆的 Facebook 在新闻中设置了图书馆聚集活动情况及相关图片、视频的链接。NTU 图书馆利用社交工具宣传与推广图书馆的阅读活动，使读者通过书目搜索、读书会、图书评论、话题讨论等了解图书馆的最新动向，满足了读者的个性化阅读要求。近年来，随着移动设备的广泛普及使用，移动应用技术也得到了广泛的应用，如二维码技术。在 NTU 图书馆的宣传资料上都附加了二维码，在各分馆的书架、海报上二维码也随处可见，真正让读者对图书馆的资源及服务触手可及。通过多样的宣传材料和现代化的媒体手段，可以更多地吸引读者，拉近图书馆与读者的距离，使得读者将图书馆视为其生活学习中必不可少的一部分。

7. 积极开展沉浸式体验服务

沉浸式体验服务是 NTU 图书馆商务分馆（以下称为商务图书馆）在 2012 年 6 月向师生开放的服务。此项服务发展至今已经形成管理学大师（Management Guru）和管理学部落（Management Circlea）两个特色项目。[1] 商务图书馆经验旨在为用户创造身临其境的学习环境。通过这两项特色服务，商务图书馆将空间打造、资源集成、移动设备应用等进行了整合创新，为用户访问、检索和使用图书馆资源以促进学习和发现新知创造了良好体验，改变了传统图书馆作为自习室、阅览室的服务状态。

① 管理学大师。商务图书馆收藏着大量由杰出、知名的管理思想家撰写的管理类书籍。走进商务图书馆，用户则沉浸在著名管理大师的战略管理思想中。具体情形是：根据商务图书馆纸本图书书架的数量，定制 30 个与书架侧面相同尺寸的统一风格的白色亚克力装饰板。装饰板上印制的信息包括：当代某个商业管理思想家的观点概述、至理名言、大师漫画像、大师音频传记信息二维码、大师著作的纸本及电子馆藏的书目信息二维码。通过用智能手机、iPad 等便携设备扫描音频二维码，用户可聆听并沉浸于大师的思想和管理理念。扫描书目二维码可获得管理大师所发表的开创性作品清单及其馆藏链接，点击即可在数据库或者纸本馆藏中检索并下载或借阅文献。整个商务图书馆的纸本图书藏书区，借助书架

---

[1] 张玲. 新加坡南洋理工大学图书馆的空间，服务及其启示 [J]. 图书馆杂志，2018(10)：53-60.

侧面及墙面，形成了一场管理思想大师的展览盛宴。此种设计，充分利用书架侧面，以规格统一、风格一致的大海报形式揭示馆藏；海报中的二维码，有效地吸引用户使用移动设备发现并获取纸本和电子馆藏；与此同时，图书馆主页设立 Management Guru 栏目，以方便师生根据管理大师的姓名，查找相应的馆藏资源。此种做法和创意，不仅省去了专门摆放海报架及海报的空间，避免了单独制作海报待活动结束后海报即废弃的问题，而且巧妙地揭示了馆藏资源，并将资源推介与空间文化建设进行有机结合。对用户而言，也不失为一种"有趣"且便捷的学习方式。

② 管理学部落。商务图书馆订购了大量的高质量专业期刊和报纸，管理学社群将这些资源陆续装载进入商务图书馆内的 5 个专用 iPad。这些 iPad 端的杂志，或是单本期刊独立 APP（如 The Economist、Entrepreneur），或以 zno 格式装载到 Zinioa 电子杂志阅读器（如 Harvard Business Review）。现阶段，Bloomberg 数据库、金融时报《Financial Times》的 APP 均可以通过 iPad 访问。与此同时，商务图书馆纸本期刊阅览区旁配置了环形沙发、小茶几，方便师生使用 iPad 或浏览纸本期刊，从而在实体空间中营造管理学部落。在主页相关栏目处，实时通报各刊的纸本收藏情况、电子刊在数据库中的收录年限信息、在 iPad 中可访问的年限信息。一份期刊在纸质、电子和移动 3 种渠道的获取年限一目了然，方便师生根据需求进行选择。自 2012 年发展至今，《彭博商业周刊》《经济学家》《企业家》《金融时报》《福布斯》《财富》《哈佛商业评论》《国际先驱论坛报》《麦肯锡季刊》《麻省理工学院斯隆管理评论》《斯坦福商业杂志》《华尔街日报》等重要的期刊已可通过 iPad 浏览全文，极大地便利了用户对于电子资源的使用。[①] 基于上述服务，用户在商务图书馆中，不仅可以浏览、翻阅书架上最新的杂志、报纸，也可以在舒适的环境中通过 iPad 浏览电子资源。

二、韩国江原大学图书馆的阅读推广实践

为了提升大学生阅读意识、培养其阅读能力、提高其人文素质，韩国江原大学图书馆推出了毕业资格读书认证制度。毕业资格读书认证制度是一种颇有创意的阅读教育运营机制。该校的毕业资格认证分为外语认证、计算机认证、读书认

---

① Management Circle[EB/OL].[2012-11-25].http://blogs.ntu.edu.sg/lib-business/immersive/managementcircle/.

证 3 种。大学生毕业前必须自主选择其中的任意两个来修满学分。毕业资格读书认证制度要求大学生必须完成规定的阅读数量，或参加读书活动达到规定的积分点数，并在读书认证计算机评价室（Computer-Based Reading Test，CBRT）通过评价考试，获得认证后才能毕业。

1. 配备了完善的读书认证运营与管理制度

为了保证毕业资格读书认证的合理运营与管理，韩国江原大学成立了毕业资格读书认证运营委员会，同时出台了《毕业资格认证再实施管理条例》《毕业资格读书认证运营委员会运营规定》等配套规章制度。毕业资格读书认证运营委员会的最高责任者由具有丰富读者教育经验的中央图书馆馆长担当，具体工作由中央图书馆主管部署实施。毕业资格读书认证运营委员会主要工作包括：公布每年度读书认证推荐图书书目，保证推荐图书的等级分类、数量、质量，更新推荐图书的信息，负责读书认证计算机评价系统的开发和运营，举办各种读书指导活动，向新生宣传读书认证，完成读书认证等级确定及证书发放等与读书认证有关的工作。

2. 设置严格的读书认证计算机评价程序

韩国江原大学图书馆专门设有读书认证计算机评价室。其职责为运用计算机评价系统对选择读书认证的学生的阅读图书情况进行评价以及其他与读书认证有关的工作。韩国江原大学的学生在进入 CBRT 接受身份认证后，需撰写 1 000 字以上的读后感，待读后感通过评价后方可进入计算机题库系统进行客观题的答题。第一次评价考试未通过的学生可以在 15 日以后申请补考。在所有评价考试中达标者，方被认定为通过读书认证的全部评价考试。毕业资格读书认证制度可以激发大学生的阅读兴趣，满足大学生的阅读需求，积极地指导大学生的阅读行为，正确地引导大学生的阅读倾向，使阅读文化活动朝着科学、健康的方向发展，从而使高校图书馆更好地发挥教育职能。

三、英国伯明翰大学图书馆的阅读推广实践

1. 发起了"阅读起跑线"计划

1992 年之后，伯明翰大学图书馆与图书馆信托基金等组织联合发起了"阅读起跑线"计划，该计划最早的试点为 300 名婴儿。制订该计划的目的是为了实现

儿童早期的语言发展、情感发展等。此次阅读活动在推广过程中得到了众多儿童图书出版商的支持，试点的对象都能够免费获得图书。英国伯明翰大学图书馆的这一计划成为全球第一个服务于学龄前儿童的阅读指导服务计划。当前该计划已落实多年，英国的儿童都可以免费获得图书包。图书包主要有3种类型，依据儿童的年龄阶段进行设置。分别针对一岁以下的婴儿、一岁半到两岁的幼儿、三岁到四岁的儿童。而且这些图书包的款式不同，包装都是根据儿童的成长特点进行设计。此外，伯明翰大学图书馆还为视觉障碍以及听觉障碍的儿童设计了触摸图书包以及阳光图书包。

2. 发起了"阅读日代金券"以及"快阅读"活动

这是伯明翰大学图书馆阅读推广活动中最受青少年以及儿童喜爱的活动之一。在每年世界阅读日来临之前，伯明翰大学图书馆在政府的支持下向全国的青少年以及儿童发放购书代金券，面值为1英镑。在英国境内的3000多家图书馆或者书店都可以使用该代金券。而且，近些年来随着出版物电子化的发展趋势，伯明翰大学图书馆也已经推出了电子代金券，取代了传统的纸质代金券，方便了青少年以及儿童参加各种优惠活动。"快阅读"是伯明翰大学图书馆针对缺乏阅读动力的人专门举办的阅读推广活动。为了帮助这部分人更好地阅读，图书馆会挑选出具有针对性的书目，这些书基本上都是畅销书。在活动开展的过程中，伯明翰大学图书馆会与多家图书馆联合，共同陈列展示同样的书目。并且通过网站来宣传，很多书店也在同一时间将同类书目放置于书店促销区域中进行销售。90%以上的参与者认为他们的阅读能力比之前有明显提升，而且也变得更加自信，敢于在公众场合讲话，也更愿意为自己的孩子讲故事。

四、美国高校图书馆的阅读推广实践

1. "共同阅读"活动

"共同阅读"是美国大学的一类阅读活动的统称，其基本内容是一所大学每年选出一本书，学生在暑假阅读该书，并在秋季学期开展讨论、讲座等与阅读此书相关的主题活动。美国高校的"共同阅读"计划受"一城一书"（one city, one book）活动的影响至深，最初起源于美国的读书社区以及读者俱乐部，如今已经在美国各大高校发展得如火如荼。"共同阅读"计划具体是指美国大学或学院为本校学生指定能体现学校价值观的书籍，并开展阅读之后的内容讨论、写论文等活动。随着"共同阅读计划"在高校中推广蔓延，该项计划也慢慢演变成了两种类型：针对全校所有学生开展，学校为其指定书籍，并且制订相应的阅读计划，如"一本书"项目、校园阅读、共同阅读等活动；新生阅读体验项目，由学校给入学新生指定书籍，要求其在暑假期间完成阅读并写论文、开展读书讨论会等。因为不同高校之间办学理念有差异，美国各高校对"共同阅读"计划目标的描述也并非完全一样，但是总体来说其基本目标都是一致的。迈阿密大学是美国开展"共同阅读"活动较早的大学。2014 年，该校已经第 33 次开展该活动，活动名称为"暑假阅读项目"（summer reading program），面向大一新生。1997 年，阿巴拉契亚州立大学开展了第一次"共同阅读"活动；2000 年以后，开展"共同阅读"活动的大学越来越多，而且很多美国大学都是连续多年开展该活动。比如，纽约州立大学布法罗分校、杜克大学、东伊利诺伊大学首次开展该活动的时间分别是 2000 年、2002 年、2007 年。随着美国开展"共同阅读"活动的大学的数量不断增多，活动的名称也呈现出多样化，活动面向的读者群体也略有不同。"共同阅读"活动的其他名称主要有：共同阅读项目（common reading program）、共同的书（book in common）、一年级学生共同阅读（freshman common reading）、一本书项目（one book program）、一本书一个学院（one book one college）、一年级学生暑假阅读项目（freshman summer reading program）、校园阅读项目（the campus reading program）、一本书一个社区项目（one book, one community project）、校园社区图书项目（the campus community book project）、读者社区项目（community of readers program）等。此外，一些大学也以校名的一部分或校名的缩写作为活动名称中的词，如东伊利诺伊大学的活动名称为东读（eastern reads）、东肯塔基大学的活动名称为东肯大阅读（eku reads）。无论采用哪种命名方式，都是以书、共同、阅读等为核心词，体现了共同阅读一本书的主旨。

"新生共同阅读计划"是美国高校一种重要的阅读推广模式，是美国全民阅读推广活动的重要组成部分。这项阅读推广活动已经持续开展了许多年，并取得了不错的成效。"新生共同阅读计划"主要是指每年大学新生正式入学前的暑假，学校会给所有新生指定一本共同的阅读书目，要求新生在暑假阅读所选图书并积极思考，新生入学后，学校将围绕这本共读图书开展一系列的阅读推广活动，目的是培养学生的共同体意识，促进学生与教师及其他员工之间的交流互动，使新生能够尽快融入学校的学术氛围中。例如，华盛顿大学的"新生共同阅读计划"指出，通过新生共读一本书，分享研究经验，可以促进学生、教师及其他人员之间建立起联系，实现思想的碰撞，培养新生的共同体意识。再如迈阿密大学开展该计划的目的在于培养学生的批判性思维，促进学生、教职员工之间的交流互动，培养新生阅读、倾听、反思、交流、学习的能力等。"新生共同阅读计划"发展迅速，已成为美国高校新生第一年体验计划的重要组成部分，迈阿密大学、杜克大学、俄勒冈大学、华盛顿大学、伊利诺伊卫斯理大学、密西西比大学等都在开展此项活动。

美国高校都非常注重将共读图书与新生课堂内容相结合，通过课堂讨论、辩论、情景模拟以及论文写作等方式，使新生系统全面地了解所阅读的图书，也促进了学生之间、学生与教师之间的互动交流。例如，伊利诺伊卫斯理大学针对2018年的共读图书 *Becoming Nicole: The Transformation of an American Family*，提出了诸如"在学校由谁负责保护弱势学生？学校管理者、教师、家长、学生在其中扮演什么样的角色？"等10个问题，[①] 这些问题能够帮助新生更好地理解、分析图书内容，方便新生开学后尽快融入分组讨论环节。北卡罗莱纳州立大学2018年的新生共读图书是 *$2.00 a Day: Living on Almost Nothing in America*，作者 Kathryn J.Edin 和 H.Luke Shaefer 就针对每个章节内容提出了对应的思考问题，[②] 新生可以从中选择自己感兴趣的问题参与图书分组讨论。密西西比大学每年的新生共读图书都会成为"大一新生体验课程"的课堂用书；学生通过共读图书提炼书中所反映的各种社会问题或主题，以此为基础开展新生课堂讨论、课堂辩论、写作任务等；教师则通过解读共读图书尤其是重点解读书中映射的问题或主题来引导学生的个人行为，教给学生要理解和欣赏同龄学生之间的共性和特性，大胆表达自己的观点，并对他人的意见和观点给予尊重。[③] 此外，还提前公布活动日程，组织好演讲、比赛、展览等相关活动。密西西比大学2018年的共读图书是福克纳的《故事集》，学校网站会提前公布开学后的活动日程，如9月12日由密西西比大学的 Howry 教

---

① Illinois Wesleyan University.Becoming Nicole Guided Reading&Discussion Questions[EB/OL].[2018-07-17].https://www.iwu.edu/summer-reading/nicole.questions.pdf

② North Carolina State University.$2.00 A Day?Group Discussion Guide[EB/OL].[2018-09-06].https://www.two-dollarsaday.com/group-discussion-guide/.

③ The University of Mississippi.Common Reading Experience[EB/OL].[2018-07-17].http://umreads.olemiss.edu/edhe-105/.

授和 Jay Watson 博士作为演讲嘉宾与同学们交流，并举办签名活动；10 月 22 日举办福克纳作品《木偶》的戏剧表演；11 月 7 日还会举办主题为"福克纳的美洲原住民世界：小说与现实"的讲座等六项活动①。据此，新生可以很清楚地了解开学后的阅读推广活动内容。

"新生共同阅读计划"内容丰富，举办的活动多样，除了围绕图书内容的讨论外，还会开展诸如作者见面会、演出、展览、比赛等与共读图书相关的各种活动。由于许多高校选择的基本上是在世作者的图书，所以大多数高校都会邀请共读图书的作者到学校参加相关的阅读活动，这样就为读者提供了与作者面对面互动的机会，从而使学生进一步加深对图书内容的了解。例如，伊利诺伊卫斯理大学 2018 年秋季学期开学后，邀请了共读图书的作者 Amy Ellis Nutt 作演讲嘉宾，与新生面对面沟通交流，帮助新生更深入地理解作者的写作意图②。约翰霍普金斯大学的新生共同阅读计划始于 2007 年，该校每年都会举办一场"回应"比赛，比赛内容是新生需要在暑假期间通过提交论文或视频等方式来分享他们对共读图书的解释、批评和分析，比赛结果会在开学后的共同阅读主题演讲时公布。

2. 美国哈佛大学图书馆的阅读推广实践

（1）关注残疾读者，将阅读范围推广至所有社会用户

哈佛大学图书馆设有 90 多个分馆，很多分馆都面向所有社会用户提供自由开放、方便利用文献的环境。读者入馆后可以背着包随意到各楼层书库及各阅览处浏览所有藏书，使用图书馆内的各种设施，而且其中 32 个分馆为残疾读者提供服务，包括 Fine Arts Library（美术图书馆）、Law School Library（法律学校图书馆）、Chemistry and Chemical Biology Library（化工图书馆）等。这些分馆在建筑设计及服务设施配备方面充分考虑残疾读者的特殊性，配备了残疾读者专用的阅读设备。例如，卡伯特分馆配备了 6 个轮椅可达的工作站和网络打印机，霍顿分馆配备了笔记本电脑，罗卜音乐分馆配备了专门的听力设备等。这些都使残疾读者可以与其他读者一样平等地利用图书馆资源。

（2）陆续推出借阅直通服务、一对一咨询服务和移动阅读服务等多种阅读服

---

① The University of Mississippi.Common Reading Experience[EB/OL].[2018-07-17].http://umreads.olemiss.edu/e-vents/.

② 寇爽，杜坤.面向大学新生阅读推广策略研究——基于美国"新生共同阅读计划"的分析[J].图书馆工作与研究，2019（1）：100-105.

务模式

哈佛大学图书馆于 2011 年 8 月 29 日开通了借阅直通服务。借阅直通服务旨在使全校教师、员工、学生可以从布朗大学、哥伦比亚大学、康奈尔大学、达特默斯大学、宾夕法尼亚大学、普林斯顿大学和耶鲁大学等图书馆借阅在哈佛大学图书馆借不到的流通文献。读者通过借阅直通服务借阅的文献，一般可在 4 个工作日内到达其指定的获取点。哈佛大学图书馆设有专门的研究馆员，可为读者提供一对一咨询（Consulting One-on-One）服务。哈佛大学图书馆的研究馆员都会与读者进行反复磋商，以协助读者有效地利用图书馆各种资源，并制订研究项目的实施战略。

哈佛大学图书馆还与 Google 合作，把分散在 90 多个哈佛分馆的藏书数字化，并开通了移动阅读服务，使读者通过掌上设备在任何地方都能够搜索、阅读到电子书及预印本等电子资源，也使读者能够从关键字、作者和题名等角度检索图书馆的目录，获取 EBSCO 系列数据库中的 9 个移动数据库的资源。此外，读者还能利用电子邮件、即时通信工具或短信方式提交参考咨询问题。

（3）实施开放馆藏计划和在线阅读计划，无条件地为读者提供全文服务

哈佛大学图书馆于 2002 年启动了基于专题式数字化馆藏理念的开放馆藏计划（Open Collections Program，OCP）。OCP 得到了威廉和弗洛拉·休利特基金会（William and Flora Hewlett Foundation）和李思贝特劳辛慈善基金（The Lisbet Rausing Charitable Fund）的资助。随后，哈佛大学图书馆又推出在线阅读计划，使读者可以在线阅读由 25 万个网页构成的 1 200 本图书和手稿。该计划是 OCP 的延伸，由阿卡迪亚基金（Arcadia Fund）提供赞助。OCP 和在线阅读计划为读者利用哈佛大学图书馆馆藏提供了具有高度选择性的多样化视角。其数字馆藏的原始资料分别来源于哈佛大学图书馆和博物馆的历年馆藏、档案馆馆藏、霍顿图书馆（Houghton Library）的善本和手稿以及哈佛大学教育学院 Monroe C.Gutman 图书馆的历史教科书；其他则来自 Radcliffe 高等研究院的 Arthurand Elizabeth Schlesinge 图书馆中关于美国妇女研究的史料及世界闻名的 Harry Elkins Widener 纪念图书馆的人文和社会科学馆藏。对于全世界的互联网用户而言，开放馆藏计划和在线阅读计划所提供的图书和手稿等特藏的数字化内容，都是珍贵独特的史料，均全部免费向社会公众开放。

五、德国高校图书馆的阅读推广实践

德国有500多所高校图书馆，除了服务本校师生外，也向社会大众开放，其作用仅次于公共图书馆。德国的高校图书馆一般坐落于最方便、最繁华的位置，以便让在这个地方活动的人们，都能最直接、最方便地靠近它。这种理念也反映了阅读在德国人心目中的地位。各个大学的图书馆藏书量都十分丰富，虽然新书采购及时，不会存在明显的"贫富差距"，但也是术业有专攻，各具特色。高校图书馆馆际合作体系完善，通过图书馆联盟目录可以很方便地实现远距离借书服务。在德国各高校图书馆一般都可不限册借阅。在德国，图书馆电子化，电子化图书馆，早已相当普遍，在出门之前，就可以从网络了解到自己想要的书籍和期刊的相关信息。

德国比较著名的高校图书馆海德堡大学图书馆，是德国最古老的大学图书馆，藏书260万册，其中拥有6 000多册珍贵的手稿和古代印刷本，以及极为珍贵的14世纪手本。在世界顶级名校的图书馆中排在第5位。柏林洪堡大学图书馆被称作"无法打盹的图书馆"，建筑设计师把图书馆的阅览空间作为一个公共舞台，打破以独立空间为主的设计，采用层层退台的形式，宛如影剧院或者是音乐厅里面的坐席，而身处图书馆的莘莘学子，既是这出戏剧的"观看者"，同时也成为"表演者"。德国柏林自由大学图书馆，彰显了艺术气息，泡沫样的围栏，用符合人体工学的铝板结合起来构成阅览室的座位。室内半透明的玻璃灯光起到了聚灯光的作用，离散分布的开阔设计，可以让眼睛疲惫的读者透过头顶的天窗看到外面的自然光线和天空，书架设置在每层的中心，读书位围绕四周摆设。从上面往下看，整个内部结构弯弯曲曲，形态上很符合人们给它的昵称——柏林之脑。德国科特巴斯大学图书馆更像是一个现代博物馆，图书馆的建筑设计充分体现了导入新信息与媒体服务的革命性理念，城堡式的数字图书馆外形体现了传统与现代的完美结合，也是最美的图书馆之一。德累斯顿工业大学图书馆采用环保材料和自然采光系统，古典与现代相结合。

1. 服务方式快速便捷

在德国大学的图书馆里，一般没有对于借阅者一次借阅图书的数量限制，这就意味着所有借阅者都可以根据自己借阅图书的需要，无数量限制的在图书馆借阅图书。这样的无数量限制也就造成了在德国大学的图书馆里，经常会发生一个有趣的现象：借阅者提着大行李袋或是背着登山背包来借阅或归还图书。在德国大学的图书馆里，借书一般会通过以下三种途径：一是借阅者直接来到图书馆的书库内寻找所需要借阅的图书；二是通过书面预订，也就是先填写索书单，在索书单上填写书名、作者、出版社等信息，然后将填好的单子投入图书馆专设的预订箱内，那样过了几天之后就可以到图书馆的取书处取到所要借阅的图书。三是可以通过网上预订，借阅者只要将所需要借阅书籍的数据输入电脑中就可以。借阅者可以直接查询到所需图书是否已经借出，并查明借出的日期。在持书人还没有归还本册图书的时候进行预约登记。登记后如果该本图书回到了图书馆，图书馆也会发出通知告知借阅者。这种多样化的借阅途径大大地方便了借阅者，使他们能够更方便地借阅图书。在德国，除了这种多样化的借阅方式大大方便了借阅者，各个学校图书馆之间的合作也给借阅者提供了更大的借阅空间。每所德国大学的图书典藏实力都在伯仲之间，各个大学都能在州政府合理的管理和协调之下，秉持着相互合作的精神，建立以州为单位的图书资料库网络。通过这个网络，借阅者可以在本州境内的其他公立机构或者大学的图书馆通过以上三种途径找到所要借阅的图书，使用这项服务的借阅者只需要在拿到书之后缴纳些许的手续费即可。

2. 服务内容普遍电子化

在今天的德国大学图书馆里，图书馆电子化已经相当普遍。借阅者完全可以在家或者其他地方的电脑里通过网络或是区域网络查询所需书籍和期刊的目录，然后决定是否去图书馆借阅图书或者在网络上进行预订。如果所需图书已经被借走，那么也可以在网络上进行图书预借，等到该书归还到图书馆之后，借阅者会接到图书馆的通知，并到图书馆拿到预订的图书。同时，为了方便借阅者，德国大学的图书馆里也提供计算机，每位学生都会有一张专属的上机卡，可以凭借自己的上机卡在图书馆的计算机上登录网络，进行对图书的网络预订。德国图书馆的电子化不仅体现在图书借阅的方式上，德国高校图书馆也开启了图书的数字时代。在今天，每所德国大学的图书馆都拥有自己的电子图书，当然每个学校可提供查阅的电子图书数量不尽相同，每个大学电子图书的数量从一位数至五位数不等，但几乎所有的高校都决心大幅增加电子图书的存量。现在德国各个大学图书馆购买电子出版物的比重占其图书馆预算的60%～80%。当然每个学校电子图书购买的比重也是和本大学的专业设置有关。慕尼黑大学从2004年开始率先引进电子图书，目前其学校图书馆里可供借阅的电子图书能达到 1.7 万册。此外，慕尼黑大学还把 3 万册不涉及著作权的传统图书经过数字化处理后储存在本校的服务器上提供给学生借阅。[①] 电子图书的借阅量逐年增加，得益于这种新兴的媒体具有纸质媒体无法比拟的优势，比如电子图书不会出现其他借阅者的涂写痕迹，电子图书也不会藏到某个角落不易被找到，等等。图书馆的电子化彻底改变了以前传统的借阅图书的模式，更全面便捷的给借阅者提供了借阅平台，使借阅者可以不受时间、空间等因素的制约，更充分地利用图书馆的资源。

此外，德国大学的图书馆不仅对本校的大学生开放，也对市民开放。市民和学校的学生一样到图书馆里查找资料或者借阅报纸、期刊、杂志等，不用事先花钱办图书卡，也不用填写任何资料或者是抵押身份证件，在大学的图书馆入口，也看不到任何的感应装置或是栏杆，这样的大学图书馆，开放程度更广泛，也更有利于培育全民阅读的氛围。

以上所列举的这些国外高校图书馆其阅读推广工作各有自己的特点，并取得了成功经验，值得国内高校图书馆界学习、研究和借鉴。

第二节　国内高校图书馆阅读推广案例

相比国外高校的阅读推广活动，国内高校图书馆的阅读推广服务起步较晚。随着全民阅读立法列入国家立法工作计划，国内高校图书馆也将自己的工作重点转移到阅读推广上来，开展了丰富多彩的阅读推广活动。归纳起来主要有以下几种形式：第一种是以"读书节""读书月"形式开展的集中式阅读推广活动，如中南大学图书馆举办的"智慧人生，品味好书"读书月、武汉大学举办的"馨香阅读，激扬梦想"读书节等。第二种是以与学生互动、分享为主要形式的阅读推广活动，如上海交通大学图书馆的"鲜悦，活人图书借阅"、华中师范大学图书馆的"风雅"悦读会、南京理工的"心灵氧吧"读书沙龙等。第三种是以比赛、评比为主要形式的阅读推广活动，具体形式有征文大赛、书评大赛、摄影大赛、检索知识大赛等，如西安科技大学的"我与图书馆"征文大赛、西南交通大学图书馆举行的"我阅读"微书评大赛等。除了以上三种比较常规的形式外，还有很多国内

[①] 孙霖琳.德国高校图书馆特色简析 [J].科技视界，2015（4）：57.

高校图书馆开展了一些有特色有创意的阅读推广服务，如同济大学创建的"立体阅读"，通过对读者进行全方位的、多层次的导读服务，使读者在视觉、听觉、感觉都有所收获，在脑海中形成立体式的阅读体验，迄今为止已经开展了多个主题的"立体阅读"，如"粉墨中国""经典上海""中华记忆"等。再如四川大学图书馆创造的"微拍电子书"阅读活动，参加的学生通过自拍一分钟的短片来推荐一本电子书，该活动从读者的视角进行思考，把在学生中最流行的微视频融入图书馆的阅读推广服务中，使同学们更加深入地了解了图书馆的数字资源和移动阅读服务。还有北京大学图书馆的"书读花间人博雅"精选书目阅读摄影模仿秀，通过选定的 30 幅读书图，让读者模仿图中的人物进行摄像，而每一幅图片中的人物手中都拿着一本书，这些书就是北大图书馆为读者精心推荐的经典图书。该活动巧妙地将图书推荐与摄影结合在一起，吸引了全校师生的广泛参与，使校园的读书热情得到了极大的提升。

一、高校图书馆阅读推广活动的意义

教育和学习方式的改进从来不像今天这样受到如此的关注，建立"学习型"社会已经确立为我国全面建设小康社会的目标之一。现在，手机、电脑各种阅读媒介供人们选择，阅读快餐化、通俗化的现象越来越严重，对于纸质阅读依赖程度下降，静下心来阅读越来越难。学生对阅读的积极性下降。

高校图书馆开展阅读推广活动具有重要的意义，其发挥着图书馆的教育功能。高校图书馆是高等学校教育的重要组成部分，高校图书馆开展阅读推广活动，可以充分发挥图书馆读书育人、教育育人的服务功能，可以充分利用图书馆文献信息资源，促进大学生阅读能力的提高，完善知识结构，并最终实现大学生全面发展。大学教育是大学生人生教育的主要阶段，对提高其人生质量、文化水平有着决定性的影响。大学生的文化知识学习是大学教育的一部分，社会需要的是拥有多方面知识的复合型人才，即共性知识是人们进入社会所必需的。大学生相关知识必须通过图书馆来获得。高校图书馆作为大学生学习知识的主要场所，担负着阅读推广的主要责任，图书馆要围绕"人才培养、素质教育"广泛开展阅读推广活动，倡导大学生"多读好书，远离网吧"，促进大学生文化素质的提高。

高校图书馆开展阅读推广活动，有助于培养大学生良好的读书习惯。目前，大学生因为各种原因，使其阅读质量、数量、能力都有所下降，高校图书馆通过有效的措施引导大学生重视阅读，根据高校读者的类型和需求特点，有针对性的开展阅读推广活动，培养大学生坚持读书、用心读书的阅读习惯，对大学生的成长和成才有重要的意义。

高校图书馆阅读推广活动是全民阅读推广活动的重要组成部分。当今，人类已经走向"阅读社会"，世界上许多国家把阅读推广作为政府的重要职责，我国也已经开展全民阅读活动，把推进阅读社会的形成作为文化发展的主要任务和全面建设小康社会的目标之一。开展高校图书馆阅读推广活动对推进国家全民阅读战略有重要的积极意义。

二、高校图书馆阅读推广活动的现状

中国图书馆学会从2004年开始，每年都会确定不同的"世界读书日"活动主题，并从2005年开始将定于每年12月的"全民读书月"活动扩展到全年。在这种形势下，许多高校图书馆开展了各种推广阅读文化的实践活动。然而，随着国内高校阅读推广活动的全面开展，许多相关问题也接踵而至。如很多高校从观念上不重视阅读推广活动，缺乏对阅读推广活动的热情，阅读推广活动项目开展比率偏低。积极开展阅读推广活动的高校图书馆呈现出主题单调，缺乏新颖性，学生参加活动的积极性逐年降低等问题。还有一些高校的阅读推广活动缺乏资金保障，活动结束之后没有健全的评价机制，总结提升不到位。这些问题都在不同程度上制约了高校图书馆阅读推广的进一步发展。为此许多学者提出了自己的建议，比如，石家庄学院图书馆的苏海燕认为，高校图书馆应该建立自己的阅读推广模式，设立专职的阅读推广岗位，并积极开展联合阅读推广来改进现有的阅读推广活动模式。[①] 武汉大学图书馆的徐琼认为必须建立阅读推广的理论依据，以保证高校阅读推广活动能长效进行。[②] 广西大学图书馆的刘开琼提出高校图书馆应顺应数字化阅读趋势积极开展网络阅读推广活动以扩大阅读推广活动的范围。[③] 还有一些高校图书馆分别以问卷调查和网络调查的形式做了许多有关阅读活动方面的研究，如首都医科大学图书馆、同济大学图书馆、解放军理工大学图书馆、武汉科技大学图书馆、南方医科大学图书馆、江西农业大学图书馆、湖北工学院图书馆、信

---

① 苏海燕. 大学图书馆阅读推广模式研究 [J]. 山东图书馆学刊，2012（2）：52-55.
② 徐琼. 建立高校图书馆全方位阅读推广模式的探索 [J]. 新世纪图书馆，2013（2）：62-65.
③ 刘开琼. 高校图书馆阅读推广模式研究 [J]. 图书馆研究，2013（2）：64-67.

息工程大学图书馆、佛山科学技术学院图书馆及中山大学图书馆等分别对读者的阅读现况、阅读倾向、阅读心理与行为特点等进行了分析，希望从中发现规律和问题，以便找出相应的措施和解决办法。

1. 高校图书馆阅读推广活动的方式

在全民阅读推动下，高校图书馆一直致力于阅读推广工作，倡导高校读者多读书、读好书，致力于营造书香校园的良好读书氛围，高校图书馆积极探索推动阅读的各项举措和阅读推广方式。据调查，高校图书馆阅读推广活动的方式，主要有图书推荐、成立读书会、名家讲座、读书征文比赛、读书有奖知识竞赛、图书漂流、优秀图书展览、朗诵比赛等。

（1）图书推荐

图书推荐是高校图书馆最普遍采用的阅读推广方式。这种方式可以帮助大学生在茫茫书海中利用书评和图书简介来选择合适的图书，引导他们正确的选择图书。目前，高校图书馆通过图书馆网站、社交网络平台、馆内公告系统等方式推送优选的新入馆馆藏、专藏，在馆内设立专题书架、新书书架供读者选阅，通过各种方式和途径加强阅读宣传和指导。

郑州大学利用微博、博客、微信公众号等现代化的媒介，进行新书介绍、随时查看新闻数据库，有问题可以及时与图书馆的服务人员进行联系，他们将进行贴心服务。郑州大学图书馆入门处，利用手机微信扫描二维码下载图书，图书分类多样，历史、军事、人文、现代穿越小说应有尽有，能阅览和听阅。听阅图书能减轻学生们眼睛的疲劳，用听觉感受图书的乐趣。

兰州大学设立读者俱乐部网站，服务读者。兰州大学图书馆主页右下角的读者俱乐部，是专门为爱读书的人设立的。一方面，帮助在校学生进一步了解图书馆的信息资源，提高他们收集、利用信息资源的能力；另一方面，加强读者与图书馆的互动性，提升图书馆信息服务质量，促进校园文化建设。点击进入，兰州大学图书馆读者俱乐部的口号"读书人之家，服务你我他"映入眼帘，主要内容有俱乐部简介、最新动态、组织机构、研究生分会、本科生分会、链接六个部分，网页背景色彩以绿色为主，即清新典雅又保护眼睛。通过俱乐部简介了解到俱乐部成立于2008年，由校图书馆倡议、学生自愿组织的学生社团。在"最新动态"中能及时了解图书馆开展有关阅读推广活动的情况，能够积极加入其中。

重庆大学图书馆为了满足当代大学生需求，勇于开拓，与时俱进，根据亚马逊、当当畅销书榜,定期更新书库,将亚马逊和当当畅销榜上的图书压缩采编流程,能迅速地将畅销书上架借阅给读者。同时,第一时间在图书馆门户网站和微博微信上发布相关书目信息,用各种途径扩大畅销书籍的阅读推广活动。图书馆后台不仅密切关注借阅数量,还提供移动终端电纸书、超星学习本等免费服务,来满足畅销书籍电子版的需求量。读者书评、热销书籍会通过数字化设备展现出来,图书馆管理系统是数字化设备的后台;推广阅读书架终端,增加移动图书馆EPUB格式电子图书藏书量以满足泛在阅读、碎片化阅读等现代阅读需求。

(2) 成立读书会

郑州大学为了推动学校阅读推广活动,成立了读书会,"零会费"的门槛,得到许多大学新生的青睐,2014年招新人数超300人。"漂一本好书,遇一个知己,献一份爱心,得一份快乐"是读书会的口号。读书会各种形式的活动,让大学生不仅在阅读中寻找到乐趣,更在阅读中分享人生感悟。郑州大学读书会第一届海报大赛"书情画意",以对一本书某个典型人物、某个唯美场景、某个深情画面,某个特色建筑等有感而画,让大学生在读书的同时激发他们思考感悟生命。《读书声》是读书会创办的综合性期刊,每月一期,有聚集大学生活,感悟生活真谛的;有发表学术见解的;有品书感悟,吐露内心的;还有自创小说,以小窥大,揭露人情冷暖的。

重庆大学成立书友会以"书香溢满重大,心灵徜徉书海"为口号,倡导高校读者多读书、读好书,致力于营造书香校园的良好读书氛围,并且在读书交流中交流读书生活感悟、提高生活品质。书友会不仅建立实体的组织机构,还通过重庆大学图书馆门户网站,提供网络交流平台。为鼓励读者加入书友会,推出成为会员奖励积分,积分可以用于换取图书借阅权。根据图书评论、推荐书评等综合考虑,每学期按月评选三次"十佳书生"和每学期三名"最佳书生",奖品丰厚。读者的书评如果足够优秀和精彩,不仅会刊发在《砚溪》杂志和《书香》报纸上,或独立发表在图书推荐中,还有不定期的小礼品可以兑换。同时,会根据积分的多少,确定书斋排名:童生、秀才、举人、贡士、进士、状元等修炼等级,提升了活动的趣味性。书友会以这种积分激励方式促进阅读,从而提升阅读品味。在参加面对面的读书交流活动中,分享读书感悟与乐趣,通过网络进行图书评论、推荐书评积累虚拟的积分,取得相应的奖品。这样的活动方式,激励同学们踊跃参与,图书馆与读者之间的互动性也有所增加。

(3) 名家讲座

名家讲座也是各高校开展较多的阅读推广活动，邀请全国知名的专家学者来讲学，通过讲座的形式启迪智慧、传授知识。这种方式考虑到大学生心态浮躁、没时间阅读等特点，通过名家们生动形象地讲解，激发大学生的阅读兴趣，缓解学习压力。

清华大学图书馆根据大学生的学习需求，针对学习方面，定期开展如何在学术期刊上发表论文的讲座，邀请外国专家与学生面对面，从国际专家的视角出发，教导学生如何发表高水平的论文、如何选择合适的期刊等，专家可以和同学互动。另外，关于如何合理使用搜索引擎和核心数据库，讲座也会分系列定期讲解网络免费学术资源检索方法和技巧，包括利用搜索引擎进行高效搜索，利用 Google Scholar 开展学术搜索和研究等。同时，清华大学图书馆帮助大家利用图书馆资源提高外语能力和艺术修养，提升生活品味，也开展了各种讲座。例如，音乐赏析、美术剪辑等，全面介绍图书馆的多媒体资源，并重点演示多媒体资源管理与服务平台、新东方多媒体学习库、KUKE 数字音乐图书馆等的使用。为庆祝清华大学校庆，专门开展校庆讲座，为同学们讲述鲜为人知的图书馆故事。这些方式可以让学生了解清华历史，更好地展望未来。

(4) 读书有奖知识竞赛

读书获取的知识通过竞赛的方式来展现，不仅能够激发参与者某一方面素质能力的提高，还能激发同学们的参与热情，鼓励同学们发挥自己的特长。对于高校图书馆，举办一些读书知识竞赛，一方面能把同学们吸引到图书馆参与活动，另一方面也能促使同学们积极利用图书馆资源查阅相关资料，丰富自身知识。有奖的方式一方面能提高同学参与的积极性，另一方面也能激励学生去读更多更好的书。

"读书达人秀"活动是郑州大学又一醒目的品牌活动。每年鲜花盛开阳光灿烂的春天，学校都会举行此活动，此活动分为初赛、复赛、决赛三个环节，初赛涉及全方面的知识竞赛，复赛和决赛中有才艺展示、有问有答以及舞台剧多个环节，累计加分。形式多样，不仅丰富了校园文化，提升了师生素质，而且发现了校内的读书达人和会读书的达人，给阅读爱好者提供了一个施展才艺的舞台。

武汉大学每年 9—12 月是"书香珞珈，成才武大"的文化活动月，针对新入学的学生开展的珞珈新人堂，通过"拯救小布"游戏通关，了解图书馆的资源、服务，寓教于乐，使新生在玩游戏的过程中，潜移默化地接受图书馆的培训。珞珈互动园中"移动图书馆搜索大赛"通过客户端答题和现场答题的方式，穿插考试题目，提高学生的文献检索技能和自主学习能力。珞珈大展堂通过书展和图片展以图书馆员的视角反映武汉大学图书馆的人（读者和工作人员）、事（读者、工作人员发生的事）、物（建筑和物品），激发读者对图书馆的热爱。最有影响力的是珞珈读书会中的真人图书馆，每期都会请到4位有特殊经历或者实践经验丰富的嘉宾，嘉宾们以自己的亲身经历向同学们娓娓道来，同时到场的部分同学代表与嘉宾们的互动更把活动推向高潮，每期活动都会被录制下来，供同学们共同学习。

西安科技大学图书馆举办的大学生网络检索有奖知识竞赛活动，目的在于提高在校的本科生、研究生的信息搜集和信息处理能力，培养他们掌握基本的信息检索方法，以满足知识更替和科学研究的需要。

（5）多方合作的阅读推广活动

多方合作的阅读推广活动，不仅能充分发挥各组织机构的优越性，取长补短，也能扩大高校阅读推广活动在高校的影响力，号召更多同学参加。清华大学联合文化素质教育基地，清华大学图书馆推出"清华大学新雅书院（通识教育实验区）通识课程参考书架"。读史使人明志，阅读经典是通识教育的第一步。为了配合学校通识教育改革，通识课程参考书架上有《早期中国文明》（侯旭东教授）、《〈史记〉研读》（谢思炜教授）、《艺术的启示》（李睦教授）、《法律与文学》（赵晓力副教授），将经典文本进行集中展示，方便读者借阅。联合开展外文图书馆际互借优惠活动。在CALIS三期全国高校教学参考信息管理与服务平台项目（外国教材中心资源和服务整合建设试点）子项目的支持下，清华大学、复旦大学、东南大学三家外国教材中心联合开展外文图书馆际互借优惠活动，读者可借阅复旦大学外国教材中心（重点为数学类图书）、东南大学外国教材中心（重点为土建和工程力学类图书）的原版外文图书。在此期间，读者借书费用全免，全校师生积极提交借书申请，免费获取所需要的图书文献。联合人人网，清华大学图书馆在人人网上第一个图书馆俱乐部——清华大学图书馆书友会，推送图书馆信息服务："动态消息""专题培训日程""新书通告"，图书馆推出以上三个功能模块，方便读者了解图书馆最新活动、开展的专项主题讲座、新书展示，并且在网络上通过人人网也能快捷方便搜索到图书馆的资料。智能机器人是虚拟图书馆的管理员，它不仅可以与读者们互动，提供信息咨询，还能帮助读者进行书籍检索，如果读者对回答不满意，还可以对它进行训练。

东南大学图书馆联合多个组织，探索建设书香校园。营造书香校园是图书馆的一项重要目标，与学校的其他组织和部门合作举办书展、读书沙龙，是书香校园建设实践的有益探索。东南大学图书馆积极发动全校各组织围绕阅读推广开展各项活动。例如，东南大学第一届"向经典致敬"诵读竞赛，校团委图管部、善渊读书会、文学院至善人文小分队、东南风文学社、爱心书屋协办的全校性学科竞赛活动比赛中，海外留学生、少数民族生及中国学生的文化交流组将现场气氛从一个高峰推向了另一个高峰。创办图书馆杂志，分享阅读乐趣。《书乐园》杂志是由东南大学图书馆创办，集有声电子版、网络版和纸质版三位一体的阅读推广平台，其充分利用图书馆馆藏资源、区位和科研优势，结合丰富多彩的阅读文化活动，使读者感受"阅读分享智慧，阅读分享快乐，阅读让生活更美丽"的办刊理念，培养读者阅读、思考和写作的书香范儿。《书乐园》杂志充分发挥了善渊读书会、享悦读创意空间、蒲公英社团、东南风文学社、图管部等学生社团和组织的作用，与多项校园文化活动形成互动，并与多所兄弟院校及公共图书馆杂志构建了交换刊，并获得了"2014中国图书馆阅读推广类十佳内刊内报"荣誉表彰。《书乐园》为建设"书香校园"不断贡献着自己的智慧与力量。

重庆大学图书馆联合学校各个组织，在学校里把阅读活动开展得有条不紊。重庆大学里的"五个一"工程有学生自行组织的图书管理委员会来负责《书苑》的编写，在校内网站民主湖论坛专门设置让师生交流的"好书赏评"版块。同时，在逸夫楼定期开办讲座、名师讲坛，启迪智慧，传授知识。根据新生具体的问题，提供专项解答，让新生在新学期不再迷茫。门户虚拟的"书友会"，激发大学生阅读的乐趣。这些活动以一个开放的环境，实现了学生时间的不统一，但可以互相交流奉献的愿望，这些活动的常规化、制度化，为学生开展阅读推广活动奠定了基础。让学生参与其中释放压力，得到精神的慰藉，获得不小的收获。

2. 高校图书馆阅读推广活动的特点

（1）地方特色性

图书馆的品牌就是图书馆利用自己的某种特性，如信息产品或特色服务，在同行业中形成的一种差别优势。在市场营销中，有一个基本战略决策就是品牌战略，就是组织使用一个名字、短语、设计、标志或者是其组合来明确产品并让自己的产品从竞争中脱颖而出。从根本意义上说就是一套有意义的管理系统，它述说着消费者的情感和直觉，创造出一种亲和力和情感关系。在高校图书馆阅读推广活动中，大多打造属于自己的阅读推广品牌，品牌活动不是一朝一夕建立的，而是通过创造强劲的、受同学们喜爱的、独特的读者联系和品牌体验的活动精心培育出来的。大部分图书馆采取了各自独特的品牌阅读推广，如清华大学的"爱上图书馆"项目、郑州大学图书馆的读书达人秀和读书会、东南大学的《书乐园》杂志、兰州大学的读者俱乐部、重庆大学图书馆的读书会。阅读推广活动品牌化，不仅可以连续传承保证活动的质量，还能有稳定的用户群体。同时，活动开展也要与时俱进，新颖性中又不失品牌活动的精髓，这就对图书管理员的管理、营销能力提出了严峻的考验。

（2）参与主体多元性

众人拾柴火焰高。如果只依靠高校图书馆的一方力量来进行阅读推广活动，人力方面是不够的。因此，只有联合校内的各个组织，如社团、各个院系、学校宣传处等，才能促使活动的顺利开展。例如，清华大学联合文化素质教育基地开展活动，郑州大学联合校内的读书会、学生素质教育基地开展推广活动，兰州大学图书馆联合学生工作处、宣传部、艺术与文化素质教育部、大学生读者协会开展阅读推广活动，重庆大学图书馆联合重庆大学研究生会、读书者协会等部门开展推广活动。

（3）推广手段先进性

当代大学生对于网络的依赖性越来越强，微博、微信等社交网络的加入，能激发大学生们点击进入的热情，拉近读者与图书馆的距离。清华大学的"小图"是图书馆卡通形象机器人，具有一定的交互能力，以这个卡通形象去面对青年读者，更能吸引他们眼球，拉近与图书馆的距离。郑州大学图书馆开通微博账号，其内容多为书籍的推荐、微书评、经典美文分享、格言箴言分享以及图书馆活动通知、公告，除了有文字展示，还有许多图片和多媒体文件展示，吸引大学生眼球。为了更加贴近学生，会使用一些网络语言，亲切感倍增。东南大学开通微信服务，通过微信发布最新公告，利用交互功能与读者沟通，通过开发端口与图书馆管理系统对接，实现读者自助查询服务。

（4）推广活动人性化

在阅读推广活动中，物质奖励是最基本、最容易、最直接的，物质奖励能让读者心情愉悦。同时，大部分大学生经济还未完全独立，参加活动获得奖品使他们自信心倍增，成就感更强，活动参与积极性更高了。清华大学为了吸引读者使用本校移动图书馆服务平台，并积极参与移动图书馆用户情况有奖调查活动，评选出一二三等奖，奖品有阅读器、小米移动充电器以及 SD 卡。重庆大学图书馆每月评出的阅读达人和每月书生都会每人奖励面值 50 元的购书卡 1 张，还有"注册移动图书馆，赢千元购书卡"活动。剑桥期刊在线有奖问卷活动，奖品有蓝牙耳机、路由器、购书卡等。郑州大学图书馆开展有关认知调查，凡参与者都有奖品，另有 2 名幸运大奖。东南大学开展的集印章赢礼品——"艺术与自然"联合书展，参加在线图书馆优秀文章推荐大赛，都能赢取丰厚奖品。这种物质上的奖励，能极大提高学生参与活动的热情，同时丰富了他们的物质和精神生活，奖品的设立让活动更有纪念意义。

3. 高校图书馆阅读推广活动存在的问题

（1）国家尚未出台高校图书馆阅读推广活动规范

高校大学生作为未来社会的中间力量，是整个社会的阅读主体，他们求知欲望强烈、学习能力强。在美国，政府先后推出关于大学生阅读推广政策，如"美国大学生阅读挑战""美国大学生阅读项目"等，还制定了一项《不让任何人掉队》的教育改革方案，以提高大学生阅读能力。与国外相比较，我国目前还没有出台明确的高校图书馆阅读推广活动政策，导致我国高校图书馆阅读推广活动开展不仅连续性差，而且质量不高，关注参与人数较少。

（2）高校图书馆没有形成阅读推广活动的常态化

高校图书馆开展阅读推广的目的，是让阅读成为大学生生活中必不可少的一部分，真正把阅读变成一种习惯。而高校开展阅读推广活动大部分集中在 4 月，因为 4 月 23 日是"世界读书日"，而且活动娱乐休闲的意义大于阅读推广意义，同学们也只是阅读兴趣高涨一阵子，这与高校图书馆阅读推广的目的大相径庭，只有长期有效的机制才能将活动贯穿整个大学生活。在组织机构上，高校图书馆几乎没有高校专门成立阅读推广机构，缺少专业的人才。高校图书馆开展任何有意义的活动，都离不开专业人才的帮助，更何况在当前国家大力推崇阅读推广的今天。在理论上，缺乏专业方面理论的支持。虽然这几年关于高校图书馆阅读推广的研究取得了一定的成果，但这些研究都缺乏系统性，很多成果非常关注阅读推广活动的参与人数、人员的年龄层次、性别比例等，缺乏深入对阅读推广活动有效性的考察，很少深入研究发达国家及地区高校阅读推广之所以成功的深层次原因。

（3）高校图书馆缺乏阅读推广活动评价和奖惩机制

国家在阅读推广活动中，尚没有建立相关的活动评价机制，使各高校图书馆的阅读推广活动开展得零零散散、随意性很强。互相模仿、借鉴，过分追求形式上的新颖，内容却单调乏味，实效难以衡量。评价机制的建立，使各高校图书馆可以了解自己的阅读推广目标是否合理，活动组织方法、手段运用是否得当，发现造成学生阅读推广难以开展的原因，也可以了解学生阅读状况以及与其他高校的差距，从而调整活动策略，改进活动开展的措施，有针对性地解决存在的各种问题。

（4）数字资源阅读推广存在着障碍

文献资源利用涉及数字资源方面和纸质文献，以前一谈到高校图书馆阅读推广，就会想到纸质文献的阅读推广，但是随着网络技术的更新换代，网络资源的迅速增加，各种电子产品的普及与应用，数字资源的应用越来越重要。数字资源方便快捷的优势弥补了纸质资源体积大、查阅麻烦的缺陷，能更好地为读者服务。

目前我国高校虽然数字资源的阅读推广也在开展，但是还有很多不足，需要进一步强化。一方面，数字资源文献检索课程开设普遍性不够，该课程一半是作为选修课而非必修课开设，学生信息检索方面的知识欠缺，大多数读者利用数字资源的技巧和能力有待提高；另一方面，数字资源的文献会有不同的格式和阅读软件，这也为数字资源阅读推广造成一定阻碍。例如，中国期刊网仅支持CAJviewer或者是Adobe Reader，而对于超星电子书则需超星阅读器才能阅读电子图书。此外，关于数字资源使用地域范围问题。高校图书馆在允许读者使用高校图书馆时，存在地域限制。只能是本校学生在学校校内网的情况下，才可以下载使用数据库文献，不使用校内网就限制权限，这样会影响数字资源的访问量和下载量，学生难以享受高校图书馆数字资源，影响学习效率。

（5）忽略读者的主观能动性

图书馆是阅读推广活动的组织者、引导者与合作者，是知识的传播者、指导者；学生则是学习活动的主体。现有的高校阅读推广活动，都是以一种管理者的态度来开展活动。图书馆角色定位根深蒂固。本位主义、一厢情愿、不调查了解读者的阅读需求心理动机和阅读行为，不能清楚地确定读者的求知愿望，进而无法采取有针对性的合适有效的阅读推广方式。同时，没有读者的参与反馈，形成不了图书馆与读者的灵活互动，图书馆的阅读推广活动也达不到预测的效果。目前，高校图书馆开展阅读推广活动，只是在国家全民阅读背景下的一种被动行为，忽略了高校读者参与和主观能动性，直接影响了高校阅读推广活动的效果。

三、高校图书馆阅读推广案例

近年来，我国高校图书馆相继推出了阅读推广计划、服务项目，开展了各种形式的读书活动。例如，西北师范大学图书馆启动了"全民阅读活动"计划，宁波大学园区图书馆启动了"亲子阅读"服务项目，中南大学图书馆、淮北师范大学图书馆、沈阳理工大学图书馆、湖南师范大学图书馆、湘潭大学图书馆、南京师范大学图书馆等开展了图书漂流、心灵氧吧、再续前缘逾期使用费减免、优秀图书推荐、影视名著名篇赏析、公益讲座等读书月或读书节活动。这些丰富多彩的读书活动和多种形式的阅读计划或服务项目从多方面培养了读者良好的阅读习惯，打造了优秀的阅读文化。我们分别从综合性院校、师范类院校和医学类院校三个方面进行案例介绍。

1. 综合性院校图书馆阅读推广案例

（1）北京大学图书馆的阅读推广实践

大学校园生活十分丰富多彩，社团活动、专家讲座、各种竞赛等让人应接不暇，学生们的"注意力"成为一种稀缺资源。因此，既要在阅读推广活动的内容方面下足功夫，也要通过各种手段增强活动的吸引力，提高活动的影响力。

① 关注读者需求，"量身定做"活动主题。千篇一律、毫无特色的阅读推广活动很难激发读者的兴趣。要想使活动真正具备吸引力，就需要根据读者的不同需求进行有针对性的阅读指导。具体来说，就是要事先调查读者的阅读兴趣，了解他们的阅读习惯，充分考虑活动选题与读者需求是否匹配，力争引领读者的阅读趣味。

一方面，大学生的阅读倾向和规律因其所处年级以及知识积累程度的不同有着明显差距，应面向不同阶段的群体开展有针对性的阅读指导。比如，刚进校园的新生，他们在对大学生活充满好奇和期待的同时，可能也会有离家的不适应感。因此，北京大学图书馆在举办秋季迎新推荐书目展时，就充分考虑新生的阅读需求，围绕"认识北大、热爱北大""适应北大、享受北大""游目书林、学海骋怀""走近大师、提升素养""延伸阅读、知识无涯"等主题，精选了一批适合新生阅读的书，收到了很好的反响。而对于毕业生，既要照顾到他们的离愁别绪，也要体现对于未来的憧憬，所以图书馆选择了部分杰出校友推荐的书目，作为送给毕业生的温馨"礼物"。另外，大学生在平时的学习、生活中或多或少会遇到一些心理问题，为此，北大图书馆精选了一批治愈系图书，举办"读书读出好心情"推荐书目展，该活动主题让人耳目一新，立刻引起读者们的强烈兴趣，收到了很好的推广效果。

另一方面，大学生一般较为关注社会上、校园里的新闻头条、热点事件，因此馆员可对上述信息保持较高的敏感度，遇到合适的选题即可选择某个切入点进行相应的阅读推广。比如，北京大学图书馆在莫言先生获得诺贝尔文学奖之后，马上在当期的读者报上刊登了诺贝尔文学奖获奖作品的推荐专辑；在泰戈尔荣获诺贝尔文学奖100周年之际，图书馆与北京大学东方文学研究中心、北京大学印度研究中心、北京大学研究生会等联合举办"泰戈尔荣获诺贝尔文学奖100周年纪念日图文展"，展出有关泰戈尔的图书与影视作品等。

② 拒绝一成不变，适当创新活动形式。以往的阅读推广多通过展板介绍图书的基本信息和主要内容，一成不变的形式很容易让读者产生审美疲劳。因此，应不断尝试新颖的活动方式，通过阅读摄影展、经典电影选映、讲座视频点播等多样化的形式，丰富读者的观展体验。比如，2013年世界读书日活动期间，北京大学图书馆举办了"书读花间人博雅——北京大学图书馆2013年好书榜精选书目/阅读摄影展"（以下简称"书目/摄影展"）在推荐30本好书的同时对应展出30幅模仿西洋读书图的摄影作品。这些摄影作品的拍摄者和模特都是北大在校学生，以"阅读的少女"为主题，通过优雅宁静的读书场景传递"书读花间人博雅，腹有诗书气自华"的寓意。该活动富有创意地将好书推荐与优雅的阅读摄影相结合，以读者喜闻乐见的图片模仿秀形式进行展现，推出后吸引了众多读者的目光，活动的人气和受关注度大大提升。2017年北京大学图书馆举办的"密室逃生"活动已开展到第四季。活动共分为三个大关，前两关为开放式谜题，多组同学同时进行而不限时，而通过前两关的同学可以最终进入由读者研究箱改造的密室来挑战最后一关，每个密室同一时间只能有一个小组进入并且每次尝试限时60分钟。[①]

[①] 兰晶.图书馆时尚阅读推广的探索——以北京大学"密室逃生"阅读推广为例[J].四川图书馆学报，2017（5）：36-66.

无论是场景的选择，还是剧情与谜题的设计，都巧妙地融入各种图书馆元素，让学生在参与活动的过程中，潜移默化地了解、熟悉了很多之前尚未接触甚至是从未知晓的图书馆资源与服务，拉近了图书馆与读者的距离，为其在校期间的学习与科研工作提供了帮助，也为其以后的阅读开阔了视野，并最终引导读者走近阅读。

在活动的载体选择上，除了传统的馆内实体展览，还可以通过图书馆的官方社交媒体账号举办线上线下活动。比如，书目/摄影展就是采用线上线下相结合的展览方式。活动期间，北大图书馆利用官方微博、微信账号，每天在线推出"一书一图"的网上微展览，短文配好图，符合网民的信息阅读习惯，受到了极大欢迎。

③ 邀请读者参与，重视互动交流。要使阅读推广活动真正引起读者共鸣，就需要放弃以图书馆为中心、"自说自话"的行为模式，从读者的角度思考问题，重视与读者的交流，强调活动的参与性、互动性与分享性，使读者从纯粹的围观者变成参与者。比如，将图书推荐的主动权交给老师和同学，请他们分享自己喜欢的书；邀请本年度的"未名读者之星"分享读书治学或者利用图书馆方面的心得、经验；或者在做图书推介的展板时，在每本书的介绍下预留出一些空白，供读者发表评论。

另外，网络社交媒体也是与读者互动交流的一个极佳的平台。北京大学图书馆2014年举办的书目/摄影展就在官方微博上设置了相应话题——"'书读花间人博雅'阅读摄影微展览"，实时跟踪活动进展，积极参与该话题引来网友纷纷点赞，不少网友还给予了热情回复，如"美！读书美！""好有一种'凌晨四点醒来，发现海棠花未眠'的感觉""各种有创意的想法，希望国人能越来越重视阅读"等。

④ 线上线下结合，为活动宣传造势。除了在活动内容和形式方面做足文章，适当的宣传也是必不可少的。北大图书馆在每次开展活动时都会利用综合媒介与社交网络，进行全方位、立体化的宣传造势。一方面，设计精美的纸质宣传品，并通过张贴海报、放置藤、分发宣传折页和纪念书签等方式，为活动攒人气；另一方面，贴近读者的信息获取习惯，积极扩展网络宣传渠道：在北大新闻网、未名BBS、图书馆主页以及图书馆官方微博、微信等平台上发布活动预告，并通过微博等实时报道活动进展，与参与者互动，图文并茂地呈现活动成果。通过线下

线上的立体化宣传，增强阅读推广活动的影响力。

（2）武汉大学图书馆的阅读推广实践

① 营造校园文化环境。武汉大学图书馆一直致力于为全体师生营造良好的校园文化环境。作为校园文化的建设者和传播者，武汉大学图书馆精心打造良好的馆舍环境，将传统意义上的图书馆打造成"图书馆+博物馆+艺术馆+展览馆"多功能于一体的现代文化体验图书馆。

武汉大学图书馆为了营造良好的阅读氛围，更好地为广大师生服务，在图书馆网站上开展了"我爱我的图书馆"系列活动，邀请同学们参与喜欢图书馆的"十大理由"和图书馆里你最反感的"十大行为"评选。同学们用自己的方式阐释对图书馆的爱，或是一张照片，或是刹那间的心灵感悟，或是一段《Love In Library》的主题电影。

武汉大学图书馆还专门设计了卡通人物小布作为图书馆的虚拟咨询员，同时造型很萌、很有心又充满正能量的小布也是武汉大学图书馆的形象代言人，在图书馆的每个角落都会看到小布关于爱惜图书、爱护阅读环境的温馨提示，不仅如此，小布还会为入学新生做入馆培训。

② 引导校园文化活动。武汉大学图书馆在阅读推广活动中，在策划上秉承资源与服务并举、人文与科技兼容的理念。在内容上，寓教于乐，轻松氛围，快乐阅读。在设计上，口号响亮，统一风格。在组织上，积极联合多方组织，合作共赢。在宣传上，传统现代相结合，密切联系学生的服务理念，开展了一系列内容丰富、形式多样的阅读推广活动。

世界读书日期间，武汉大学举办了主题鲜明的读书节活动，并开展了中国书史展、名师读书荐书、真人图书面对面、读书征文大赛、微书评大赛等12个专题活动。活动内容异彩纷呈，为武汉大学营造了浓郁的阅读氛围，受到同学们的响应和欢迎。比较有特色的活动是"真人图书馆"和"珞珈阅读广场"，其中，真人图书馆是武汉大学独创的一个新品牌活动，活动一经推出就引起了强烈的反响。真人图书馆每期请到4位有着丰富实践经验或是特殊经历的人给大家讲解他们的真实故事，每个人的每一段经历都像是一本书。现场请同学与"真人图书"进行互动和提问，图书馆还会将活动过程制作成视频提供给没能到现场参加活动的同学们。

"珞珈阅读广场"是一个供读者分享阅读感受、思考和鉴赏人文艺术作品、培养读者人文素养的阅读交流平台。活动包括"珞珈开卷""影像阅读""音乐空间"三个内容形式，在学生中间极受欢迎，每次活动对同学们来说都是一场艺文盛宴。每年10月结合新生入馆培训，武汉大学图书馆还会开展图书馆文化活动月活动，其中包括展台宣传、参观图书馆、图书馆摄影比赛、移动图书馆培训等活动。

③ 拓展校园文化宣传。武汉大学图书馆与学生组织一起开展各种合作共赢的阅读推广活动。学生组织主要通过主题活动竞标、勤工助学、学生组织协作管理、学生自创活动申请等方式与图书馆建立合作关系。学生组织可以更好地利用图书馆的海报平台、展览空间、数字标牌等多种资源进行阅读推广活动。

多渠道立体化宣传平台，通过对学生们进行问卷调查，找到最容易被同学们接受的宣传方式，从而进行最有效的宣传。武汉大学图书馆除了自己的官方网站、微博、微信公众号、移动图书馆外，还主要通过武汉大学未来网、武汉大学自强网、珞珈山水BBS、武汉大学广播台和众多学生组织平台进行主题化的合作性宣传。

根据武汉大学图书馆主页发布的2018年图书馆年度报告[①]显示，武汉大学图书馆全年入馆人次498.8万、借还图书90.3万册、中文主页访问量508.9万次；移动图书馆APP新增注册用户2.7万个、微信关注7.7万用户、微博粉丝约3.5万人；开展各类文化活动202场，参与人次超过31万，完成5.8万次咨询，8.95万次培训（含网络在线培训）。可见，阅读推广效果显著。

（3）东南大学图书馆的阅读推广实践

东南大学图书馆与阅读推广学生社团相互配合，形成了具有鲜明特色的品牌活动，使得东南大学阅读推广活动开展得有声有色。另外，东南大学还采取多种推广平台和空间相结合的手段开展阅读推广活动，起到了很好的宣传推广作用。

① 与学生社团相配合。学生社团是校园文化建设最坚实的基石，也是高校阅读推广活动最重要的执行者。目前，活跃在东南大学的阅读推广学生社团有：东南大学团委图管部、东南风文学社、青年志愿者协会——爱心书屋、至善人文小分队、外国语学院——海洋工作室、善渊读书会、享悦读创意空间、勤工助学图书馆团队、机械学院工作团队，见表3-1。其中，勤工助学图书馆团队由勤工助学同学组成，外国语学院——海洋工作室和机械学院工作团队是东南大学图书馆与院系共建的。9个团队都有自己的理念、工作章程。每个社团都有自己的阅读推

---

① 2018图书馆年度报告[EB/OL].[2019-01-06].https://dwz.cn/i9ZS1Xb3.

广特点及品牌活动栏目。社团之间相互合作，以"阅读分享智慧，阅读分享快乐"为总目标，以"阅读，让生活更美丽"为宗旨。

表3-1 东南大学图书馆学生社团阅读推广品牌活动

社团名称	品牌活动
1. 东南大学勤工助学图书馆团队	各类主题书展、新书通报、书库管理、节日图书馆
2. 东南大学团委图管部	周末主题影院、朗读会、三行情书、读者意见反馈
3. 东南大学善渊读书会	围炉夜话、书天堂、主题读吧、书话
4. 东南大学至善人文小分队	负责有丰文苑的阅读推广、各类阅读推广讲座
5. 东南大学志愿者协会——爱心书屋	书的漂流、"阅过无痕"修补行动、捐书活动
6. 东南大学文学社	文心报、趣味文学竞赛
7. 享悦读创意空间	知识银行、《书乐园》美工制作、图书馆空间布置
8. 外国语学院——海洋工作室	朗读会海外留学生专场、孔子学院相关业务
9. 机械学院工作团队	分管机械类图书

② 多种推广平台和空间相结合。《书乐园》是东南大学图书馆流通阅览部和东南大学情报所教研室主办的一本推广阅读杂志，享悦读创意空间社团负责杂志的美工，该杂志有电子版、网络版和纸质版三个版本供学生阅读。此外，《书乐园》微博还可以用来宣传推广。《书乐园》电子杂志样式新颖、交互性强，受到了同学的喜爱，《书乐园》中的"发现书架"为同学推荐的图书不仅包括书名、作者，还包括该书在图书馆的索引号，方便同学到图书馆查找、借阅。另外，网络版《书乐园》上的推荐书目都有电子书链接，可以供学生免费下载。

校园文化展示基地是东南大学为各学生社团开展阅读推广活动提供场地和开办各种展览而建设的，其中，东南大学图书馆联合艺术学院成立的毓秀文化沙龙非常突出，它专门用作各种艺术作品展、图片展。还有，专题书展空间用于各种专题图书展览活动。东南大学图书馆"知识银行"的策划主旨是提高图书馆在大学校园文化建设中发挥作用的广度和深度，让图书馆成为真正具有学习性、人文性、学术性的学习工厂。如银行一样，"知识银行"进行知识的建设，也给读者提供知识资本，读者也可以将自己的知识储备交给知识银行并赢得积分，进而可以享受图书馆的相关积分奖励，未来还将给予相应的学分。"知识银行"的口号是"把知识传给未来"，这项活动大大提高了阅读在大学生心中的地位。

东南大学图书馆专门开辟了"享悦读 Zone"供同学阅读休息，明亮的灯光、温馨舒适的沙发、干净的茶几上摆放着鱼缸，"享悦读 Zone"为同学提供了安静优雅的阅读环境，让学生在阅读的同时身心也得到了放松。

③ 开展有针对性的活动。开展目标明确、具有针对性的阅读推广活动也是东南大学图书馆的一大特色，重点从青少年阅读、传统经典阅读、新型阅读、时事阅读、阅读氛围五个方面开展阅读推广活动。另外，东南大学图书馆还积极进行阅读推荐学术理论研究和阅读实证研究，为阅读推广活动提供理论上的指导和调查实验数据。

在关注青少年阅读方面，主要邀请专家学者给同学做阅读方面的专题讲座。如邀请中国阅读学研究会会长徐雁教授做"文学阅读与心灵给养"讲座。邀请袁曦临老师做"阅读的策略""阅读与大学通识教育"讲座等。还邀请一些专家学者与读书会的会员一起探讨阅读感受，交流读书心得。

在关注传统经典阅读方面，除了邀请专家学者给同学做经典阅读讲座外，还举办了各种传统经典图书展。《书乐园》杂志 2011 年第 4 期创办以历史文化为主题的专刊，2012 年第 3 期创办以古都南京为主题的专刊。东南大学的学生社团"善渊读书会"举办了针对经典名著的"围炉夜话"活动。

在关注新型阅读方式方面，东南大学图书馆内实现了 WiFi 全覆盖，还配备了大量 iPad 和超 Pad 供同学使用，并给同学做《将图书馆放进口袋里》专题讲座，推广移动阅读。2018 年打造了《东南荐读书单》[①]，通过初选国内高校各类推荐书单、国内知名图书馆借阅排行榜、亚马逊和当当网近三年图书排行榜、豆瓣热门书单、BBS 读者推荐等 12 种书单来源，汇集 2 800 多种图书。共历时四个月，经多伦遴选，最终整理成文学、哲学、艺术、历史、经济、社会政治、心里健康、科学素养八个板块，共计 500 种图书，每周三在图书馆微信公众号和网站上同步推出，作为图书馆奉献给东大学子的通识阅读大餐。

关注重大社会事件相关阅读，是根据重大社会事件开展相关的延伸阅读，引导学生进行深度思考。比如，2012 年莫言获得诺贝尔文学奖后，东南大学图书馆的《书乐园》杂志就开展了"2012 诺贝尔文学奖解码"专题征文。面对现如今我国严重的环境问题，《书乐园》还开展了"非典十年"之反思专题征文。

在阅读文化氛围的营造方面，东南大学图书馆联合各学生社团开展了多种阅

---

① 东南荐读 [EB/OL].http://www.lib.seu.edu.cn/do/descipt.php?fid=366/.

读推广活动，如举办东南大学读书节、淘书节活动，与南京市其他高校读书会进行交流活动，与社会图书馆联合开展活动，善渊读书会举办"书·天堂"之"风、花、雪、月"和"春、夏、秋、冬"系列答题竞赛活动，举办朗读会比赛，图书漂流活动，举办《书乐园》和读书节吉祥物征集活动等，为校园营造了浓郁的阅读文化氛围。

另外，南京地区其他高校图书馆的阅读推广活动特色鲜明，见表3-2。

表3-2 南京地区部分高校开展阅读推广活动基本信息（截至2013年12月）

序号	学校	活动名称	时间	主题	主要活动
1	南京大学	读书节（13届）	始于2006年，每年9月或10月开幕，每届历时30到40天	每届主题各有不同： 1. 走进图书馆，多读书，读好书 2. 读书丰富人生 3. 读书·分享·传递 4. 书香仙林·数字未来 5. 阅读·传承·超越 6. 书行天下，分享智慧 7. 读文化经典，建书香校园 8. 放飞梦想·悦读人生	名家讲座、图书馆知识讲座、图书馆知识竞赛、主题征文、摄影比赛、"优秀读者"评选、"唤醒沉睡的借阅卡"活动、电子阅览室免费开放、书展、主题展览、读者调查、图书荐购、读者座谈、社团活动（好书推荐、修补图书等）、优秀志愿者/勤工助学者评选等
2	东南大学	读书节（10届）	始于2009年，每年4月开幕，每届历时一个月	无主题	朗读会、书展、征文比赛、名家讲座、评选"金牌读者"、电影展播、《书乐园》社标征集等
3	南京航空航天大学	读者服务节（12届）	始于2008年，每年10月或11月开幕，每届历时一个月，2013年后改为4月开幕	每届主题各不同： 1. 图书馆就在您身边 2. 信息引领未来，成功在你手中 3. 关注读者需求，协助读者研学	"唤醒沉睡的图书"超期免罚活动、优秀读者评选、图书分享推荐、读者培训讲座、电影展映、爱心图书漂流、主题征文、名家讲座、原创作品大赛、检索竞赛等
4	南京农业大学	读书月（10届）	始于2009年，每年4月开幕，历时40天左右	单一主题： 腹有诗书气自华	摄影大赛、主题讲座、优秀读者评选、读者培训、主题征文、馆员讲堂、"我最喜爱的图书"评选、优秀影片展映等

续表

序号	学校	活动名称	时间	主题	主要活动
5	南京理工大学	读书节（10届）	始于2008年，每年4月开幕，历时10天左右	单一主题：经典与我同行，书香溢满校园	名家讲座、主题征文、名著影视赏析、主题书展、"优秀书目"推荐、"学生阅读明星"评选、读书沙龙、图书漂流等
6	南京师范大学	读书节（8届）	始于2011年，每年4月开幕，历时40天左右	每届主题各有不同：1.引领读书热潮，服务同学老师，打造文化精品，营造书香校园 2.播撒阅读种子，传承百年文化，畅享世纪书香 3.大兴学习之风，助推全民阅读，营造书香校园	敬文讲坛、主题摄影大赛、书展、主题征文、图书募捐、发布"年度图书借阅排行榜"、限量颁发"南京师范大学图书馆荣誉借阅证"、真人图书馆、微评书等
7	河海大学	读书月（11届）	始于2007年（2008年未举办），每年10月或11月举办，历时一个月	无	主题征文、专家讲座、十大"读书之星"评选、读者座谈、世界名著影视欣赏、专业培训讲座（读书协会办）、主题摄影比赛、读者调查、捐书、修补图书、读书会等
8	南京医科大学	读书月（9届）	始于2010年，分为"春季读书月""秋季读书月"，春季于每年3月举办，秋季于每年10月举办，两种"读书月"都历时一个月	春、秋"读书月"主题均有不同：1.2010春：阅读、成长、幸福 2.2012秋：秋韵·书香 3.2013秋：书缘、成长、科幻	读书报告会、图书展销、读书交流会、好书评选与交换、爱心捐助、书签设计、名家讲坛、图书漂流、"知行合一"实践活动、知识竞赛、"书香宿舍"评比、好书推荐、经典吟诵等

续表

序号	学校	活动名称	时间	主题	主要活动
9	中国药科大学	金秋读书节、读书周（14届）	始于2004年，分为"春季读书周""金秋读书节"，春季于每年4月或5月举办，历时一周；秋季于每年11月举办，历时两周	无	"春季读书周"：新书推荐、"优秀学生读者"评选、书展、图书馆/数据库使用培训等 "金秋读书节"：书展、旧书漂流、读书沙龙、图书馆/数据库使用培训、新书推荐、电影观摩、主题展览、讲座、图书馆知识问答等
10	南京林业大学	读书节（6届）	始于2012，每年3月活动开始，历时一个月	单一主题：书香校园、悦读无限	图书展销、摄影大赛、"南林读者之星"评选、"唤醒图书证"活动、人文讲座、读者座谈会、数据库使用培训、资源推广服务等

（4）郑州大学图书馆的阅读推广实践

① 阅读推广活动的整体思路。学生既是阅读的主体，也是阅读活动的主体。学生自己策划出来的活动一定是他们最想参与、最能接受、有效果的活动。郑州大学图书馆放手让学生自己策划、组织阅读活动，取得了不错的效果。为了更好地培养大学生的读书兴趣、开展阅读推广活动，郑州大学图书馆组织学生成立了读书会，并将读书会作为阅读推广活动的主要阵地，开展长期的阅读推广活动。同时，向全校师生广泛征集阅读推广活动方案，集思广益，既宣传了阅读，又调动学生主动参与阅读活动的积极性，从而达到阅读推广的目的。

② 三个阅读推广品牌活动。除了传统的讲座论坛、征文大赛等传统阅读推广活动外，郑州大学图书馆主要有三个品牌活动：图书漂流、读书交流会和"读书达人秀"。

郑州大学的图书漂流活动由读书会的学生自主经营管理，从图书的征集、整理到活动的策划，从图书的借阅、漂流到读书心得的分享都是同学自己动手，图书馆只负责提供场地和资金，但效果却非常好。图书漂流模式自由，操作简单，吸引了大量学生参加。另外，读书会的同学还自己制作了漂流卡、漂流签和漂流墙供同学晒出自己的想法，分享读书心得。

郑州大学的读书交流会贯彻自主阅读的理念，采取部分同学着重讲解并与现场同学互动探讨相结合的方式，先由几名同学将其事先准备的读书感悟分享给大家，并与现场同学进行互动，共同探讨读书过程中遇到的问题，在分享阅读心得的同时还能激发大家阅读的兴趣。

郑州大学图书馆推出了全新的阅读推广品牌活动——"读书达人秀"。一经推出就受到了全校师生的广泛关注，该活动需要考查表演、心理素质、知识储备、文学素养等多方面的技能，以全新的阅读推广形式向大家展示阅读的魅力，"读书达人秀"不但为喜欢读书的学生提供展示自己的机会，也使阅读推广活动的形式更加丰富多彩。

③"读书达人秀"活动介绍。郑州大学第一届"读书达人秀"活动始于2012年4月的"世界读书日"活动期间，活动创意主要来自学生阅读活动方案的征集，经过讨论、融合最终形成了新的"读书达人秀"品牌活动。

"读书达人秀"采取了近年来流行的选秀节目形式，采取淘汰制。通过提交作品的方式进行海选，海选分为初赛、复赛和决赛三个阶段。初赛是知识竞赛，复赛要求学生在拥有丰富知识储备的基础上能够进行即兴表演和演说，是对大学生综合素质的全面考查，决赛是选手们的巅峰对决，不但要求学生具有良好的表演能力还要求选手具有自己独到的见解和创新思维。为了体现公平公正，复赛和决赛都采取现场打分的方式，除了邀请老师作为评审外，还邀请现场观众作为大众评审参与评分。

"读书达人秀"活动的开展充分发挥了学生社团的作用，既保证了图书馆活动的顺利开展，也锻炼了学生社团组织阅读推广活动的能力，将学生社团的活动与图书馆读书活动进行融合，增强活动间的关联性，既提高了读书活动的表演性和观赏性，又加强了各组织间的配合度。

2. 师范类院校图书馆阅读推广案例

（1）北京师范大学图书馆的阅读推广实践

2007年，北师大以"世界读书日"为契机，开展了"尊重版权，崇尚知识"的读者服务宣传周活动，发起了"好书伴我行，学海任我游"的倡议书，利用海报、网页、展览、横幅等方式宣传"世界读书日"和"全民阅读"主题，正式拉开了全校阅读推广活动的序幕。此后，图书馆与学校均围绕"全民阅读"和"世界读书日"，组织一系列活动，开展阅读推广服务，不断丰富内容，拓展形式。

① 阅读推广的内容与形式。北京师范大学在全校范围内开展了内容丰富、形式多样的阅读推广活动，主要活动包括大学生喜闻乐见的图书推介、专题书展、读书征文及专家讲座等。北京师范大学的阅读推广活动呈现以下特点：

第一，可持续性。多项活动连续举办，如"对我影响最大的好书——京师学者书目推荐活动"自2007年持续至今，并通过推荐平台形成了具有本校特色的推荐书目库。《专家讲座》是由北京师范大学图书馆举办的大型公益性学术讲座，面向本校师生及社会读者，邀请国内外各学科领域著名专家学者主讲。讲座内容兼顾学科前沿及社会热点，自1990年起延续至今，每年举办10余期，截至2018年12月，举办专家讲座317场次。①受到校内外师生及媒体的关注和肯定。此外，读书讲座、专题书展和读书征文也连续开展。

第二，创新性。近几年，北京师范大学将阅读推广的重点放在深化和拓展主题，在持续的基础上追求创新，保持阅读推广活动在校内的影响力，吸引不少读者连续数年参与。除连续开展的读书征文、专题书展、专家讲座外，又增设了读者之星评选、经典图书影展和移动阅读等项目，并适时开展了"读懂时间，读懂二十四节气之美"、校庆系列活动、2016我与图书馆的诗意时光等活动。②从形式和内容上进行创新，形成了北京师范大学阅读推广品牌和校园文化品牌。

第三，学校特色。作为教育特色鲜明的师范院校，北京师范大学校党委主办的"师生共读一本书"活动精选了《平凡的世界》《苦难辉煌》《邓小平时代》《幸福的七种颜色》等经典、热点、时代特征鲜明的书籍向师生赠阅，并配套举办同一主题的讲座和征文，促进师生深阅读，通过阅读净化心灵、感悟历史和思考人生。

② 阅读推广的组织与宣传。面对网络环境下的当代大学生，阅读活动必须适应时代发展，以多种形式、多媒介来指导和组织，否则难以在纷繁的校园文化氛

---

① 北京师范大学图书馆——专家讲座 [EB/OL].[2018-12-20].http://www.lib.bnu.edu.cn/content/zhuan-jia-jiang-zuo/.

② 北京师范大学图书馆——阅读推广活动 [EB/OL].[2018-12-20].http://www.lib.bnu.edu.cn/bnusites/2018ydtg-hb/index.html/.

围下吸引大学生参与。北京师范大学在开展阅读活动时精心组织、多方宣传，力求向师生全方位、多层次地宣传馆藏、推广阅读和服务，传达全民阅读活动主题和世界读书日宗旨。在组织机构方面，图书馆成立了跨部门的活动小组。由主管领导担任组长，借阅部和办公室主任协助，成员来自借阅部、参考咨询部、数字化部、系统部等。小组分别承担活动策划、文件起草、图书布展、网页与海报设计制作、联络协调、评审总结等工作。在实施过程中，成员通力合作，各司其职。在宣传途径上，充分利用馆内外、校内外渠道，除了宣传单、展柜展板、横幅和海报等传统手段，还利用专题网页、电子屏、E-mail、BBS 以及微博、微信等新载体，有针对性地开展宣传推广，将活动主题和内容直观且立体地展现给读者。在活动设计中，独具匠心地融合了联合国教科文组织"世界读书日" Logo 及当年海报元素、全民阅读 Logo 和本校 Logo，将纪念"世界读书日"、开展全民阅读统一到"品味经典·沐浴书香"的主题活动中。精简的启动仪式在校内外也产生了广泛影响，引起了一大批读者的关注。在活动过程中，图书馆不断探索合作方式，在校内先后与校团委、校党委宣传部、马克思主义学院、文学院和生科院联合；校外与国家图书馆、中国图书馆学会、阅读与心理健康委员会及大学生阅读委员会合作，扩大了参与群和受益面。活动通过校报、校电视台、十月出版社、中国教育报社、新浪网等媒体以及学生社团报进行全方位宣传报道，使阅读活动和阅读理念深入读者群体，拓展了图书馆的服务内涵。

（2）阅读推广的成果与效益

北京师范大学的阅读推广活动围绕"书、读者、阅读"来策划，结合当年"世界读书日"及"全民阅读"主题来组织。比如，征文是鼓励读者参与阅读的一种好形式；"京师学者"推荐书目可说是北京师范大学人阅读倾向的一种体现；专家讲座反映了读者对读书问题的关注与思考；"共读一本书"活动则是北师大人读书爱书的缩影；文明阅读与"损毁书展"的数百条留言不仅达到使读者进行自我教育的目的，还增加了图书馆与读者交流的机会；问卷参与者的答案也体现了读者对图书馆阅读推广活动的期许。连续数年的阅读推广系列活动，从内容到形式不断创新，既结合全民阅读和世界读书日主题，又充分突出本校主题特色和读者特点，使北师大图书馆不仅成为学校阅读推广的核心，也在全国高校产生积极的影响。

从外部影响分析，活动产生了三方面的效果：一是促进了"世界读书日"和

"全民阅读"的推广，不少读者因此而了解这两个概念。二是形成了校园文化品牌，扩大了图书馆在读者中的认知度。三是获得了业界的认可，多次被中国图书馆学会评为"全民阅读先进单位"。

从内部效果及服务创新的角度而言，阅读推广活动发挥了积极作用：一是加深了读者工作的内涵，更新了读者工作的体系与理念。二是"活动小组"锻炼了人才，形成了团队。三是拓展了研究视野。在实践的基础上，"阅读推广"陆续成为校级课题、图工委课题、硕士论文的研究领域，构成图书馆界阅读推广研究的一部分。四是阅读推广理念逐步深入人心。

举办阅读推广活动不仅获得图书馆界更多的共识和关注，使传统的"图书宣传与阅读辅导"工作散发出信息时代的魅力，也获得了学校、社会的赞同和支持，这也正是高校图书馆开展阅读推广服务的价值所在，是图书馆核心价值的一种体现。

（3）浙江师范大学图书馆的阅读推广实践

自 20 世纪 90 年代以来，浙江师范大学图书馆一直坚持将阅读推广作为校园文化的重要组成部分，积极发挥图书馆教育职能作用，并在校内外产生广泛的影响。浙江师范大学图书馆在进行阅读推广的过程中积极吸取其他高校图书馆阅读推广活动的经验并结合自身条件和基础打造出富有自己特色的阅读推广服务体系，为同学们构建了全方位、多元化的阅读推广活动。浙江师范大学图书馆主要从六个方面进行阅读推广的实践活动。

① 发现需求，科学规划。为了掌握大学生的阅读现状，了解他们在阅读过程中遇到的问题，推动书香校园的建设，浙江师范大学图书馆对针对学生的阅读情况进行了问卷调查，在调查分析的指导下有效地开展阅读推广活动。在调查分析后，进行了科学合理的规划。以"夯实阅读文化底蕴，打造和谐书香校园"为目标，传统阅读与数字阅读推广并驾齐驱，各部室协同推广，多措并举，构建科学的阅读推广服务体系。

② 一品一刊，提升影响。"一品"是指浙江师范大学将读书节系列活动作为校园文化活动品牌。在 2013 年浙江师范大学印发的《浙江师范大学文化建设纲要（2012—2020 年）》中，将读书节活动作为学术文化的重要内容，同时也是校园文明提升行动的重要活动内容。2018 年，浙江师范大学读书节已成功举办十届，本届读书节以"阅读点亮初心 书香浸润校园"为主题，同期举办中华经典美文诵读

大赛、二十一天经典阅读之旅、主题书展、"读者之星"及"阅读明星"评选、最美读书笔记、"十佳书香寝室"评选、"云·上书房"线上读书沙龙、文化展览、征文比赛、关注"浙师图文"微信公众号享受超期免罚等一系列活动，旨在倡导读书明理，读书求知，读书成才的理念，培养大学生多读书，读好书，好读书的品格，推动校风建设和为校园文化建设搭建平台，为校园文化繁荣发展注入活力。①

"一刊"是指浙江师范大学图书馆馆刊《图文资讯》。为了宣传图书馆的资源与服务、分享阅读，浙江师范大学 2010 年 12 月创办了《图文资讯》，主要栏目有："馆藏撷萃""文库视界""资讯热点""学海回望""博士、教授荐书""关注阅读""书林清话""书香校园""年度书榜扫描"等，成为广大师生发表阅读感悟、分享读书体验的平台，同时也将大量高水准、具有学科基础性、前沿性的书籍展现在了学生的面前，扩大了学生的阅读视野，更为学生提供了良好的阅读方法。截至 2018 年 12 月，《图文资讯》已连续发行 33 期。②

③ 阵地推广，多措并举。以图书馆为阵地开展多种阅读推广活动。浙江师范大学图书馆每个月都会举办主题书展，针对不同专业学生的阅读期盼和知识结构，搜集相关的馆藏资源，向读者推荐专业相关图书，从而达到引导读者阅读，提高图书馆文献资源利用率的目的，满足了学生不同的阅读需求。比较有代表性的是"三月最美女人花""做更强自己""六月盛夏放飞梦想"图书展等。

邀请专家做阅读专题讲座，积极推广阅读理念，引导学生阅读经典，倡导学生多读书、读好书，享乐阅读，在阅读中学会思考、领悟人生的真谛。新书快递，在图书馆大厅内侧设置"新书介绍"栏，进行新书信息的宣传、报道和展示工作，选择一些好的新书定期向读者推出，每个月一期。

④ 数字推广，与时俱进。数字时代，阅读对象、阅读结构、阅读规模和阅读方式都在变化。为顺应大学生阅读的变化，浙江师范大学图书馆也开始应用新媒体进行阅读推广。其中，图书馆官方网站就是浙江师范大学图书馆进行阅读推广的重要平台，主要有新书通报、读者荐购、书刊捐赠、外借排行等阅读推广服务，全面系统地向读者揭示每批新书的情况，推荐给读者选阅和使用。

---

① "阅读点亮初心，书香漫润校园"——浙江师范大学第十届读书节隆重开幕 [EB/OL].[2018-04-25].http://lic.zjnu.edu.cn/2018/0425/c2197a241090/page.htm/.

② 浙江师范大学图书馆——图文资讯 [EB/OL].http://lib.zjnu.edu.cn/263/list.htm/.

利用网络社交媒体进行宣传，以博客、微博、论坛、社区网站为首的社交媒体给人们带来全新体验。浙江师范大学图书馆利用博客、微博、论坛等社交媒体进行图书推荐、好书介绍、讲座和书展等阅读推广活动宣传。在社区网站留言簿开设"阅读沙龙"板块。推荐好书，进行理性、真诚的思想碰撞与讨论。目的在于借助新媒体时代的优势，把阅读推广和阅读交流变得更加常态化。

开展数字资源利用和阅读培训。浙江师范大学图书馆联合超星公司，开通移动图书馆服务，实现移动图书馆和本馆电子资源的挂接，通过短信平台向读者推送新书信息、通知讲座和提醒服务等内容。

⑤ 合作推广，稳中求进。随着数字阅读的不断推进和读者需求的不断变化，作为知识中介的图书馆开展阅读推广服务面临着日益严峻的挑战，如何加强与读者的互动，建立与各环节的长效合作机制，是图书馆开展阅读推广活动的必然选择。为此，浙江师范大学图书馆联合各学生社团组织、学校各职能部门、出版社、书商等，合作推广阅读。

浙江师范大学图书馆与学生社团合作举行读书征文大赛、"阅读"微博随手拍、读书节 Logo 设计大赛等活动。与浙江师范大学非洲研究院、就业研究院和儿童研究院等机构联合举办"浙师大文库"成果展。与书商、出版社举行图书展销会，在展销活动的同时，针对部分重点学科专业，图书馆邀请优秀的专业教师根据各自教学科研需要向图书馆推荐经典书目。图书馆还专门设置了"漂流书架"进行图书漂流活动，同学们只要在登记本上进行相应登记后就可拿走图书，阅完后自觉将图书漂回，并分享自己的阅读心得。

⑥ 延伸推广，因需而生。浙江师范大学图书馆根据本校教师群体的特点，与校工会合作在"教职工之家"建立"尚书吧"，专门供教师们进行阅读。另外，图书馆还开办了读书咖啡屋，为师生营造了良好的休闲阅读空间，充分体现了"读者在哪里，图书馆的服务就延伸到哪里"的服务。

（3）南阳师范学院图书馆的阅读推广实践

① 以学生社团为中心，辐射带动全校。南阳师范学院图书馆成立学生社团——绿茵读书会，并由图书馆的老师专门指导其开展读书活动。"以点带面，辐射全校"，开展了一系列卓有成效的阅读推广活动。28 年来，绿茵读书会以培养德、智、体、美全面发展的创新型人才为原则，成功举办了绿茵讲坛、书香文化广场、大学生读书节、最美的阅读瞬间摄影比赛、文学沙龙、征文比赛、学术报告、读

书经验交流会、演讲比赛、诗歌朗诵会、辩论赛、读书笔记征展、读书问卷调查、文艺晚会、创办会刊《绿茵文苑》、举办文化公益活动等。以丰富的读书活动吸引和带动学生参与读书活动，使绿茵读书会真正成为校园阅读的领头军，成为校园阅读文化的一面旗帜。

②明确读书主题，广泛开展活动。南阳师范学院图书馆以绿茵读书会为载体，围绕"阅读文化经典，建设书香校园"这一中心，每年都紧密结合国家、当地和学校形势，精心为读书活动确定主题。2009年南阳师范学院首届大学生读书节以"传播南阳文化诵读名家经典"为主题，举办了南阳作家群作品展、赏析征文比赛等活动。2010年以"弘扬中原文化品读传统经典"为读书主题，举办了"我最爱的一本书"为主题的读书交流活动，举办经典影视赏析等活动。2011年以"沐浴书香健康身心"为主题，在4月23日"世界读书日"举办首届大学生图书漂流活动。2012年以"读书提升专业素质求知成就卧龙学子"为主题开展系列读书活动，并承办了全国"悦读青春"专题研讨会。2013年读书主题是"共建美丽新馆同创书香校园"，举办了我的中国梦原创征文比赛、演讲比赛、2012年影响力图书展读活动和创作与读书专题报告会等。2014年以"拓展新馆功能，阅读伴我成长"为主题，举办了好书推荐与交流活动、第二届中华汉字听写比赛、第二届道德经典诵读等系列活动。2015年以"阅读修身，书香致远"为主题，举办了第五届图书漂流活动、佳片赏析、绿茵讲坛、《绿茵文苑》原创征文比赛等系列活动。2016年以"读文化经典，扬正学精神"为主题，举办了第六届图书漂流及书目征集活动、"最美的阅读瞬间"摄影比赛、第四届中华汉字听写比赛、第四届道德经典诵读系列活动、第三届读书笔记征展大赛等系列活动。2017年以"品国学经典，扬中华文化"为主题，开展了"最美的阅读瞬间"摄影大赛、国学经典知识竞赛、好书共读、国学经典征文、联合南阳医专读书会举办绿茵讲坛、图书漂流及经典文学知识竞猜、利用微信平台发布好书推荐，"扫码看书 百城共读"活动，组织绿茵读书会会员到福利院为残疾儿童朗诵经典故事，举办读书笔记展等系列活动。2018年以"博览群书，修德求真"为主题，举办了首届挑战阅读极限活动比赛、"你荐书，我买单"和好书推荐等系列活动。

③悉心探索规律，创新导读模式。南阳师范学院图书馆经过多年实践，探索出了专题导读、网络导读等多维一体的阅读推广活动模式。专题导读主要通过每年的读书主题开展阅读导读活动，并结合国家政治、文化、经济形势和学校的教

学、工作重心进行导读。如开展南阳作家群作品推荐书目展、专业教师推荐书目展等。层次导读主要是根据学生不同阶段的实际需求进行导读。如心理健康导读，重视阅读疗法，开展阅读与心理健康讲座和咨询，编制阅读疗法推荐书目。网络导读是通过网站及博客进行新书推介、图书点评、科普导读。同时链接了数十位国内著名的阅读学专家的博客和优秀读书网站。专家导读是邀请社会及外校专家、学者为学生作导读报告，来提高大学生阅读水平和综合素质。

④ 完善活动机制，借助科研推动实践。读书活动领导小组是南阳师范学院图书馆专门成立的阅读推广主体机构，领导小组每年根据实际情况制订不同的读书活动计划，并根据计划将读书活动作为图书馆的日常工作来抓。积极吸取其他高校阅读推广活动的宝贵经验，结合自己学生的实际情况，在活动中不断总结创新，形成了较为成熟的长期活动机制。近年来，南阳师范学院图书馆发表大学生读书活动研究论文40余篇，出版《新阅读论》《论语解读》《高校图书馆知识服务体系研究》等多部专著，完成相关的省地级科研项目20余项，在同级院校阅读研究中处于领先水平。另外，南阳师范学院图书馆允许读书会的学生参与到图书馆阅读研究的课题中来，让学生在实践和研究中感受阅读带来的快乐。

⑤ 创新读书形式，广开阅读之门。在全民阅读活动中，南阳师范学院图书馆积极探索读书活动的新形式、新载体，除了举办传统的读书征文比赛、读书经验交流会、图书推荐之外，还举行了特色鲜明的绿茵论坛、绿茵文化广场、绿茵Party、创办会刊《绿茵文苑》、举行书模表演等一系列活动，活动形式新颖、内容健康充实、特色鲜明，受到了全校师生的欢迎，师生参与阅读的热情高涨，取得了较好的阅读宣传作用。南阳师范学院绿茵读书会创新策划的经典诗文朗诵与书模表演相结合的形式一经推出，立刻受到河南电视台的关注并进行了宣传报道。

南阳师范学院图书馆广开阅读之门，与社会各单位和部门联合开展各种形式的阅读活动。如与报社举办诗会、和邮局举办集邮展、与书店举办新书展等。活动以读书和文化宣传为依托，通过与社会多方合作，使阅读活动不仅遍及校园，而且走向社会，使阅读成为开放性的活动，不仅开阔了大学生的眼界，而且更进一步锻炼了大学生的社会实践能力。

3. 医学类院校图书馆阅读推广案例

医学院校图书馆不仅是医学生的信息中心，同时也是医学生的文化传播中心，更是阅读推广的重要阵地。近年来，随着普通高校阅读推广活动的全面开展，很多医学院校图书馆也开始积极开展阅读推广活动，提升整个校园的阅读氛围。

（1）首都医科大学图书馆的阅读推广实践

首都医科大学图书馆于 2013 年 3 月开通了微信公众平台，昵称是"小图"，定位为：有趣的图书馆，"小图"能够向读者解答任何关于图书馆的问题，如借还书、个人荐书、图书馆的最新消息和相关讲座信息等。图书馆微信公众平台为读者开通的是一种全新的阅读推广服务方式，该方式一改图书馆往日的书目推荐的单一表单方式，同时把图书的书封、相关图片甚至是相关视频都显示出来，还可以和读者随时互动，拉近图书馆和读者之间的距离。通过该微信平台，首都医科大学图书馆先后推出了"跟教授一起阅读"系列、"你必须知道的数据库冷知识"系列等推荐专辑，将图书馆的资源生动地呈现在读者面前。

（2）北京大学医学图书馆的阅读推广实践

北京大学医学图书馆开展了许多阅读推广的实践活动。首先，开展"医学人文沙龙"，图书馆在一层文艺报刊阅览室开辟了一个空间，通过定期举办人文讲座以及经典共读活动，营造一个轻松互动的阅读环境，引导在校师生对人文关怀、人文素养、医学伦理的关注和讨论。人文系列讲座定期邀请知名学者，带领读者共同品鉴各类文学作品，从伦理、哲学、历史等角度对医学现象和事件进行剖析，极大地提高了学生的医学人文素养。其次，组织"经典共读小组"，该小组由学生自行组织，组队成功后便会在医学人文沙龙中对一些经典著作进行共读共赏，并对涉及到医学人文情怀的部分展开小组讨论。在主页上设有"教育部外国教材中心"的链接，对相关的国外医学专业书籍进行评估和推荐，从 2007 年至今已经陆续推出了《医学生物化学外国教材评介》《病理生理学外国教材评介》《药学外国教材评介》，对医学专业书籍的推广起到了积极作用。其他阅读推广的服务还包括新书推荐、图书网上展示、借阅排行榜和电子教材专栏等。

（3）南方医科大学图书馆的阅读推广实践

南方医科大学图书馆最有特色的阅读推广服务是"阅读分享会"，该活动于 2012 年 11 月开始举办，目前已经成为其阅读推广服务品牌项目。负责阅读分享会活动策划实施的主要是其馆内的青年馆员，整个活动分为四个环节，分别是报名征集、活动预告、分享交流以及活动总结。通过阅读分享会的举办，创新了其阅读推广服务方式，扩大了阅读的影响范围。同时，南方医科大学图书馆还在主页上开设了新书导读专栏，不定期进行新书推荐。每一期新书推荐由 20～30 本图书组成，以 PPT 形式呈现，配以优美的图片和动人的音乐，让读者增添阅读好书的欲望，近期推出的专辑有《轻松怡情》《成长与修身》等；为了促进大学生的深度阅读，组建了阅读兴趣小组，以集体汇报的方式来展示其深度阅读活动的成果。阅读小组的成立，为读者搭建了进行深度交流和团队合作的平台。

（4）泰山医学院图书馆的阅读推广实践

泰山医学院图书馆在阅读推广方面最有特点的举措是阅读疗法的开展。图书馆于 2001 年设立了阅读治疗阅览室和阅读治疗研究小组，积极开展大学生心理问题阅读疗法研究与实践活动。2006 年在新浪网成功开办"书疗小屋——大学生健心房"博客，实现交互式网络阅疗，探索网络阅读疗法新领域。多年来，泰山医学院图书馆以科学严谨的态度和对学生的关爱精神，不断深入开展阅读疗法的实践活动，并创立了阅读疗法、音乐疗法、同伴辅导法、心理咨询法四法合一的心理健康教育模式。同时图书馆还成立了文明共建小组、同伴辅导小组、阅疗小组，让 500 多名有心理障碍的学生融入集体，以书交友，体验读书的快乐。

（5）大连医科大学图书馆的阅读推广实践

①"文化月""文明月"活动。大连医科大学图书馆每年举办 2 次集中式的阅读推广服务——上半年的"文化月"和下半年的"文明月"，每届"文化月"和"文明月"活动的策划和实施都由图书馆的横向管理小组"青年小组"负责。首先确定一个活动主题，如以传统文化为主的"知识共享，文化传承"、以品读经典作品为主的"盛世传经典，书香伴和谐"等，根据主题确定相关的活动。具体的活动内容由三部分组成，第一部分是一些常规的与图书馆借阅相关的表彰活动，包括优秀读者表彰和参加图书馆活动获奖学生表彰等；第二部分是图书馆"文化月"和"文明月"的一些传统活动，如书签设计大赛、真人图书馆、好书大家读书评大赛、读书报告会等；第三部分是根据当年主题确定的一些随机性的活动，如国学知识大赛、经典诵读、"数据库之星——检索达人"竞赛和医学人文读者沙龙等。通过这一系列的活动，实现了和学生读者的互动，使图书馆更加贴近学生的生活，极大地提高了图书馆在学生中的人气，也为校园营造了快乐的读书氛围。

②书签大赛。书签，作为图书的附属品，已经拥有悠久的历史，虽然学生对书签极为熟悉，且鉴赏能力很高，但却很少有机会能自己设计书签，对于在校大学生来说，用电脑设计书签已没有技术上的障碍。书签设计大赛，可以将图书、艺术、设计、竞赛等学生关注的元素巧妙地融合在一起。大连医科大学图书馆的

书签设计大赛活动就为读者提供了这样的舞台，活动总体分为以下几个步骤：第一步，赛前宣传。多渠道、全范围、大力度地对活动进行宣传。具体形式有使用网络，在学校网站、图书馆主页、图书馆微博、微信发布活动消息；设计海报，在校内各教学楼、宿舍楼、活动中心等学生常去场所张贴；院系口头传达，联系各院系辅导员向学生宣传。通过网络、海报、"口口相传"这三条交织在一起的网同时进行活动的赛前宣传。第二步，作品征集与评奖。参赛作品进行征集之后，进入评奖阶段，评奖实行多角度综合评比。从第一届书签设计大赛开始，就邀请本校艺术学院教师参与作品的评奖。他们从专业设计的角度，给出专家的评选意见。图书馆评选小组成员就原创性、创新性、贴合主题性等方面进行投票，得出馆内评选意见。综合两方面的评选结果，对作品进行综合性评比。第三步，获奖作品展示。图书馆每年都会对获奖作品进行不同形式的展出。首先进行书签制作，将获奖作品批量印刷制作成书签，作为图书馆有代表性的纪念品，在图书馆举办的各项活动中作为纪念进行发放；其次在馆内进行展览，评选活动结束后，参赛作品被统一加工后制成展板，在图书馆一楼大厅展出；最后是网络展示，所有参赛作品都在图书馆的主页上进行展示。

书签设计大赛自 2008 年第一次举办以来广受读者的欢迎，每一届比赛都涌现出许多优秀作品。评选方式为网络投票与专家评选相结合，以保证评选的公平客观性。截至 2008 年已经成功举办了 5 届，受到了全院师生的广泛关注和参与，该活动已经成为校内颇具规模和影响力的品牌活动。

③ 书评大赛。书评，简单的理解就是对书的内容进行分析或评价。书评对引导读者阅读，优化读者服务，提高图书的利用率，扩大阅读的影响范围都有着积极的作用。因此，在阅读推广中开展书评活动具有极其重要的意义。

大连医科大学图书馆自 2012 年开始进行书评大赛，现已经进行了 7 届。通过几届书评大赛的举办，我们发现当代医学生不仅仅是只会学习、只会做实验，大部分医学生的文笔也相当不错。大学生书写的书评虽然不像专业书评人撰写的那么严谨，但是却往往流露出更加真挚的情感。在大学生群体中举行书评大赛，可以让学生更好地抒发自己的感情、表达自己的主张、阐明自己的观点。因此，每一届书评大赛都是图书馆"文化月"活动的重头戏。同时书评大赛的形式也在不断地创新，最初是由学生们手写进行提交，接着尝试了自建提交平台和利用博客、微博进行书评提交的方式。在奖励方面也尝试创新，从最初的最佳书评奖和优秀书评奖，扩展到命名新颖的最佳笔迹奖、最具文采奖、最有感情奖等，而且还准备将积攒的优秀书评编辑出版。

④ 真人图书借阅。真人图书借阅是指把人作为图书进行借阅，借阅方式则是与作为图书的人进行面对面交谈。真人图书借阅与传统的图书借阅不同，它扩展了图书借阅的内容和方式，以为读者提供多样化的交流为主旨，让读者感受全新的阅读体验。国内高校比较有特色的真人图书借阅案例有上海交通大学图书馆的"鲜悦Living Library"活动和同济大学图书馆的"分享新知Living Library"活动等。

大连医科大学图书馆于2010年开始开展真人图书借阅活动，一般每次有6~9本图书提供外借。第一步，真人图书的征集。真人图书的征集是该活动能否成功的关键，在选择真人图书时要尽量选择学生感兴趣的话题，如英语学习、临床实习、出国留学等。同时还应该扩大选择的范围，包括在校老师、学生、附属医院的医生，甚至一些社会人士。在接受图书报名的时候还应该重点选择那些有着特殊经历的图书，以此来吸引学生进行借阅。第二步，真人图书的编目。真人图书在进入流通前还需对其进行编目处理，即对每本"书籍"进行分类和标引，具体来说就是为每一本图书取一个名字并写一段简单的文字介绍。取名的原则是该名字能够最大限度地体现该本"图书"想要与读者分享的内容，但是不能透露该"图书"的真实姓名，例如，《留学大医》《美丽人生》《我的摇滚之路》等。文字说明则要用最简单的语言对该书进行介绍，同时用该"图书"的真实照片作为图书的封面。第三步，真人图书的流通。真人图书编目加工完毕后，即可上架供读者借阅。大连医科大学图书馆的真人图书借阅原则是"预约借阅"，如果读者对某本图书感兴趣则向图书馆提出借阅申请，然后由图书馆老师安排借阅。

⑤《发现》导读平台。大连医科大学图书馆于2010建立了名为《发现》的导读平台，该平台设有5个主题栏目，分别是好书悦读、影视回眸、心灵小屋、外语视界、书缘讲坛，为读者进行多角度立体式的图书馆导读服务。"好书悦读"板块是每周推出一本或者两本图书，配以小编独特的点评，同时把该书的相关书评也罗列出来，供读者们参考和讨论。"影视回眸"会定期推出过往的优秀电影，配以精彩的电影海报和影评供同学欣赏和评论。"心灵小屋"会定期推送能够解决同学学习、生活困惑的箴言和图书，目的在于帮助同学们建立乐观向上的生活观。"外语视界"会不定期发布一些国外留学的信息、国外生活趣闻和学习英语的有效方法，提高同学们学习英语的兴趣。"书缘讲坛"会把图书馆举办的每一次讲座的

内容都罗列出来，有的还会配以相应的视频资料，供同学们参考。通过该导读平台的建立，实现了馆内资源的二次组织和展示，形成了立体式的导读体系，提高了馆内"隐身"图书的利用率。

⑥读者沙龙。沙龙是具有同种爱好的人形成的一个群体。读书沙龙就是爱读书的人形成的一个能够自由谈论、相互交流、各抒己见的一个群体。大连医科大学图书馆从2012年开始平均每个学期举行1~2次读者沙龙，具体的形式有：传统型的大家围坐在一起讨论自己读书心得的读书沙龙，有品鉴经典作品的经典名篇朗诵会，还有演讲形式的读书报告会。通过不同形式沙龙的举办发现，传统型的读书沙龙最受学生喜爱，因为其最大的特点和优势是充分互动，学生们可以在沙龙中自由发言、寻找具有相同读书兴趣的朋友。图书馆可以借助读书沙龙把不同的读者群吸引到图书馆来，进而实现阅读推广的隐形导读价值。

⑦独立阅读空间。良好的阅读环境可以提高读者的阅读效率，增加读者的阅读情趣，基于此，大连医科大学图书馆对馆内阅读环境进行了改造，建立了3个相对独立的阅读空间。即原一楼的VCD试听点播区改造为"学习共享空间"并命名为"知学苑"；原二楼服务台东侧的图书借阅区改造为"医学人文与艺术阅读中心"；原三楼服务台西侧的学位论文区改造成"留学生文化阅读中心"。

"学习共享空间"为同学们配备了无线平板电脑、投影仪、条形会议桌。建立了知学苑网站，将馆内的考试相关资源进行了整合，并将知学苑的活动进行公布，同学们可以随时预约，来参加自己感兴趣的活动，同时馆内的真人图书借阅以及读者沙龙都在此进行。学习共享空间的建立主要为同学们搭建了一个相互交流、学习的实体平台，为图书馆进行阅读推广相关活动提供了有力的空间支持。"医学人文与艺术阅读中心"是把馆内与艺术、医学人文相关的图书进行集中放置，并把馆内新建的"大医文库"纸本展示区和旅顺文化展示区一并放入该区域内，使得该区域体现出一定的艺术气息和人文气息，并通过大量的医学人文书籍的导读，加强医学生的人文素质。"留学生文化阅读中心"是把一些有关中国传统文化的双语书籍和汉语考试的相关书籍集中放置，并在墙面上粘贴宣传中国传统文化的相关英文海报，让留学生能够充分了解中国的风土人情，为他们提供了一个相互交流的平台。

4. 台湾地区高校图书馆阅读推广实践及经验

我国台湾地区的阅读推广活动较大陆地区有着更为丰富的经验，但目前业界在这方面的研究并不多,且主要集中在公共图书馆及读书会等具体实践上,缺少对高校图书馆阅读推广实践的研究。我们重点介绍一下台湾地区高校图书馆(以下简称"台湾高校馆")的阅读推广实践活动及其特点,并在此基础上总结了一些有益的经验,以期能为高校图书馆开展阅读推广活动提供借鉴。

(1)主题书展

书展是台湾高校馆阅读推广最常见的活动之一。这些定期或不定期举办的书展一般有一个明确的主题,主题可以是人、事、物、节日等,围绕主题展出图书影音、举办演讲、开展小游戏等活动。主题书展的特点有:第一,主题广泛,书展并不局限于推荐好书,还涉及诸如吃喝玩乐睡等多个主题。如就阅读而言,既有"一生必读的100本书""超人气预约书",也有从未被借出的"罕用书展"。仅以阳明大学近几年的书展为例,主题遍及好书推荐、运动健康、睡眠、饮食安全、职场、电影、疾病防治、理财、旅行等,可谓包罗万象。第二,贴近生活,围绕大学生活设计展览主题,主题虽然广泛但都与用户密切相关,如荐书、恋爱、职场、饮食等均为常见主题,台湾大学图书馆还将365位学生的日记接力制作成书以供展览。第三,形式新颖,书展活动不只是展出图书,还有开幕式表演、演讲、抽奖等活动环节,如台湾中山大学举办的绿力植物书展就包含赠礼券、送盆栽、做书签、答题抽奖、植物学堂等活动,与单纯的书展相比,这种形式显然更具吸引力。第四,持续性,书展在台湾地区是一项长期的推广活动,往往有专人负责书展展出及其后续工作,如长庚大学图书馆的书展活动有展出时间、主题、指导老师、负责人、配合节日等详细计划,台湾大学、台湾清华大学、台湾逢甲大学等多数图书馆也都有年度书展计划与总结。

(2)推荐书目

书目推荐是促进阅读最为久远和常用的途径之一。为了使书目切实发挥其效益,台湾高校馆在推荐图书时添加了一些新鲜元素,改变只列出书名的传统做法,吸引了更多的用户。这些做法包括:第一,与用户互动,用户也可以参与到图书推荐活动中来,如台湾交通大学的"好书赞出来"活动让用户对喜欢的书贴便利贴,辅仁大学的"阅读100,分享有礼",鼓励用户分享自己喜欢的图书。第二,形式多样,除常见的排行榜以外,还有馆员推荐、师长推荐、院系专业书单等方式,如台湾清华大学图书馆的"读步水木间"栏目下有多种类型的书单,包括清华书房(热门预约图书)、嗜读推荐(主题书单)、新书通报、每月新书、热门排行榜、优良政府出版品、开卷好书、科普主题书单等多个推荐书目。第三，深度化，即推荐的书目不只简单的书名罗列，不少高校图书馆的网站主页显示着"每月一书"或"新书选介"等内容，较详细地评介一本书或延伸到其他图书和电影，如台湾成功大学自2006年起就发起的"每月一书及名人书香讲座"活动，由全校师生在线票选出各月图书并邀请票选图书作者或其他名人与大家交流，而且还对票选图书的使用情况进行统计。

（3）世界书香日

4月23日国际阅读节，在台湾地区通译为"世界书香日"。在世界书香日期间，与大陆地区高校馆相同的是，台湾高校图书馆也会以此为契机掀起阅读推广的一波浪潮，一些图书馆还成立了世界阅读日小组来策划与总结每年的"4.23"推广活动，如淡江大学图书馆；不同的是，台湾高校馆的世界书香日活动较大陆地区少，据吴静对南京高校馆读书节活动的调查发现，各校开展的活动多达30种左右，而台湾各高校馆举办的活动一般少于10种，[①] 这也许是因为其阅读推广持续在每个学年的各个阶段，是图书馆的常规工作，所以并不会集中在世界书香日进行。活动类型也主要集中在展览、"4.23"当日借书送礼品、讲座、借阅达人、图书或电子资源推广、吸引用户参与的小游戏等，这些活动富有特色，精彩纷呈。

（4）图书馆周

图书馆周起源于日本，1923年日本图书馆协会将11月1日至7日定为"图书馆周"，目的是鼓励民众学习新知，以对抗欧美列强国家。之后，亚洲及欧美国家也纷纷效仿。在台湾地区，中国图书馆协会与国立中央图书馆（国家图书馆前身）于1970年联合发起图书馆周活动，并把每年的12月1日至7日作为图书馆周的固定日期，营造全国民众的读书风气。高校图书馆往往在12月配合图书馆周举办丰富多彩的活动，阳明大学、慈济大学、静宜大学、长荣大学、国立暨南国际大学等很多图书馆网站上都有专门的网页介绍每年的图书馆周活动。高校馆的图书馆周活动各具特色，如静宜大学每年的图书馆周活动有不同的主题，依主题开展各式各样的活动；中原大学图书馆每届活动基本固定，延续性较好；更多的图书馆则会每年加入一些新颖有趣的活动。总的来说，活动类型也可以归纳为展览、电子资源推广、借阅达人、电影、游戏等。

---

① 潘秋玉.台湾地区高校图书馆阅读推广实践及经验 [J].图书馆，2016（4）：92-96.

（5）新生入馆教育

新生入馆教育是高校图书馆阅读推广工作的重要一环。在台湾地区，为吸引大学新生的关注，各高校馆各显其能，主要目的是使大学新生尽快熟悉图书馆提供的资源与服务、图书馆利用方法与规则、关注图书馆 Facebook 和 Twitter 等粉丝团账号、下载图书馆 APP、在大学期间多参与图书馆活动等。常用方法主要包括：第一，图书馆导览，即馆员带领新生参观并讲解图书馆可利用的资源与服务。第二，借书有礼，借书即送小礼品或在一段时间内累计评选借阅达人，鼓励新生阅读的同时帮助他们了解图书馆的使用方法。第三，集点兑奖，按照图书馆要求完成任务即可集点，集到一定点数便可兑奖或抽奖，一般是关于图书馆利用规则、关注图书馆账号、借阅等较为简单的任务。第四，"大学新鲜人"主题书展，展出有关快乐、自信、未来规划等方面的书籍。第五，图书馆利用课程，分为讲座与在线课程。第六，新生游戏，多为线下游戏，如台湾大学"LIB 星际大冒险"、静宜大学"寻找失落的图龙刀"、台北大学"书海寻宝"、东吴大学"双城记"等。第七，其他。除此之外，各馆还有许多有趣的创意，如台湾师范大学图书馆迎新系列活动"I see U@lib"，还包括创意留言、新生比赛、挖书矿、漂书、二手书大放送、夜游图书馆等。

（6）电子书推广

为顺应网络阅读的趋势，各高校馆因势利导，寻求合作积极推广电子资源。根据推广活动举办单位，这些措施可分为三类：第一，与厂商合作举办的活动，如华艺电子书主办的"世界阅读日，阅读阅开心"、HyRead 电子书主办的"动动手指借书趣"活动等。第二，台湾学术电子书暨资料库联盟推行的活动，该联盟是由台湾大学、成功大学、台湾师范大学图书馆联合发起的，主要负责电子书需求调查、办理采购电子资源及后续推广事宜，时常配合台湾地区高校馆举办电子书使用推广活动。第三，图书馆活动，除了电子书推荐等比较传统的推广方式外，图书馆为推广电子资源别出心裁，如台湾师范大学推出的"电子资源推广之名侦探守则"活动、国立暨南国际大学的"动手制作电子书"活动、台北教育大学让学生参与的"E 书推广微影片"活动等。此外，台湾高校馆还有许多鼓励阅读的措施，如读书会、开卷节、晒书节、台湾阅读节、你选书我买单、好书交换、馆际借阅卡等。

第三节 案例分析及启示

对比国内外（地区）高校图书馆推广阅读文化的具体实践，结合目前我国图书馆的现状，从高效地打造"传承文化"的角度来看，我国图书馆需要加强以下几个方面的工作。

一、重视阅读推广的长效性，构建阅读推广的长效机制

1. 建议加强阅读推广立法，设立国家读书节

美国的阅读推广活动之所以成效显著，与其建立了相关法律法规有很大的关系，比如，克林顿政府时期的《2000年目标：美国教育法》、小布什政府时期的《不让一个孩落后》教育改革法案。除此之外，在全球其他国家也有类似的教育法案，如韩国的《读书文化振兴法》、日本的《儿童读书活动推进法》、俄罗斯的《国家支持与发展阅读纲要》等，都旨在让阅读推广工作有章可循、有法可依。政府应该以其较强的权威性和影响力，成为国民阅读推广的主要力量，推动和策划各项立法、阅读活动的开展。通过一系列政策法规的制订和实施，切实将国民阅读推广活动纳入社会发展规划和国民经济发展中来，让国民阅读推广活动获得长期而稳定的推动力。

美国阅读推广活动早在1977年就得到了立法支持。韩国江原大学图书馆得到了学校长期的政策支持和专业领导管理。而我国教育部印发的《普通高等学校图书馆规程（修订）》只规定了高等学校应该通过编制推荐书目、导读书目、举办书刊展评等多种方式进行阅读辅导服务。我国阅读推广活动大多通过活动指导文件、通知的形式发给各高校图书馆，并未从法律角度对高校图书馆开展阅读推广活动作出规范。因此，我国相关的政府部门应完善高校图书馆阅读推广活动的法律法规，对高校图书馆的阅读推广活动作出具体的规定，同时为高校图书馆阅读推广活动争取政府财政支持。

从美国读书节以及其他国家的国家读书节成效来看，设立国家读书节能够有效推动国民阅读活动。据统计，我国18～70周岁国民认为开设阅读节和阅读推广活动很有必要，而国内朱永新等学者自2003年起也多次提出了设立"国家阅读

节"的提案，他们认为设立"国家阅读节"能够唤醒民众的阅读意识，推动全国阅读活动的开展。

2.注重阅读推广的长效性，保持活动的吸引力

美国绝大多数大学的"共同阅读"活动都是坚持开展了多年，我国大学也应重视阅读推广的长效性。第一，建议成立学校阅读推广委员会。大学的阅读推广需要由专门的机构来负责，这是保证阅读推广具有长效性的前提，因此建议大学成立阅读推广委员会，专门负责阅读推广的策划、组织工作，阅读推广委员会的委员既应该包括学工处、团委、校长办公室、教务处、各教学院系、图书馆等部门的工作人员，也应该包括学生委员。第二，制订阅读推广活动细则。每一项阅读推广活动都应该有具体的活动细则，以保证有序开展，比如，对于大学图书馆目前开展的征文比赛，大学图书馆应规定征文的选题范围、公布优秀征文的评选标准、制订奖励措施等，使每个环节都能规范地实施。第三，建立阅读推广反馈机制。大学阅读推广工作的长效发展，需要建立反馈机制，及时系统地了解读者对活动的感受、评价以及具体建议，以便于下一次活动更加贴近读者的需求。比如，在阅读推广活动结束后，通过问卷调查、读者访谈等方式了解活动的成效及不足，并及时制订改进措施。

营造良好的阅读氛围是一项长期工程，阅读推广应当与采编、流通等工作一样成为图书馆的基本业务。整体规划推广活动，制订五年规划或年度计划，使其具有良好的延续性，是阅读推广取得成效的保障。趋同、单调的活动类型无法吸引用户参与推广活动，图书馆应探索如何以生动活泼的形式推广阅读，例如，可适度使用网络流行词增加亲和力，可细分目标群（新生、毕业生、本科生、研究生、教师等）或每学年的不同阶段（开学、考试周、面试季等）人群，了解目标群的特点和每个阶段的差异性人群需求，从而使活动类型多元化、活动形式多样化。

3.建立促进阅读基金会，推动阅读活动持续发展

建立国家阅读基金可以为阅读推广活动提供强大的财政支持，资金不仅可以用来修建阅读设施，如农家书屋、基层图书馆、社区图书馆等，还可以为贫困地区或弱势群体的阅读需求买单，另外也可用于阅读推广活动的活动经费，为实现全民阅读提供强有力的资金支持。德国促进阅读基金会在全国组织了9 000多名读

书志愿者，在推动德国全民阅读方面做了大量卓有成效的工作。美国不仅设有国家阅读基金，还设有很多私募基金和公益基金。为了推动书香校园阅读活动，建议我国成立类似的促进阅读基金会（合作团体），从多方位解决我国公益性阅读资金的筹措问题。我国高校图书馆应学习和借鉴国外图书馆多种资金募集的方式，通过建立促进阅读基金会及与各种社会团体合作的方式吸引更多的资金赞助者和支持者，从而在经费上保证高校阅读推广活动的顺利开展。这样不仅可以增加高校图书馆的知名度，还能获得更多的捐赠，同时壮大阅读基金会，形成良性的互动。

二、积极推动阅读推广活动，发挥图书馆的引领作用

1. 设立阅读推广机构，制订阅读推广计划

高校馆应成立专门的推广部，或在读者服务部、图书馆营销部下设推广小组，并指定推广部门业务范围以及推广馆员的具体职责，而非在世界阅读日等大型活动期间临时抽调其他馆员负责，使阅读推广活动的计划与实施有制度保障，并不断向国内外图书馆考察、学习、反思，探索出适合本馆的阅读推广活动。总之，设置推广部门不仅有利于高校馆阅读推广活动的稳定性、有序性和持续性，也能够保障图书馆其他业务的平稳运转。

在国民阅读推广中，图书馆应该起到引领作用。通过各种途径推广阅读活动的开展，制订相关的阅读推广计划，在激发人们阅读兴趣的同时，帮助民众培养起良好的阅读习惯。另外，图书馆还应加强与政府、企业、学校、媒体等机构的合作，组织多元化的阅读推广活动，以协办、合作的方式共同推动阅读推广事宜。以美国为例，美国国会图书馆的阅读推广合作伙伴有100多个，包括家庭阅读合作组织、国际阅读协会、美国出版者协会、全国儿童教育协会等。这种多元合作在发挥图书馆优势的基础上，还能吸引更多的民众加入阅读行列，同时解决阅读推广活动的经费问题。

2. 联合开展阅读推广活动，加强馆际协调，扩大阅读推广范围

比如，我国大学也可以与美国大学开展"共同阅读"的活动，由学工处、团委等部门为发起者，而大学图书馆可以发挥自身的优势，参与到这类阅读活动中来。大学图书馆可以为学工处、团委等部门介绍美国大学"共同阅读"活动的组

织模式和实施细则,协助上述部门拟订活动计划书,并在活动实施环节积极配合。大学图书馆还可以与教务处合作,提升图书馆讲座、研讨会等活动的推广空间。大学图书馆可以规划讲座、研讨会的内容,由教务处与专业任课教师联系,将这类活动以2个学时的形式加入到教师的课程中,使学生在学习专业知识的同时,掌握获取专业文献的途径。

高校图书馆是建设阅读文化的重要组成部分。《普通高等学校图书馆规程(修订)》第4章第21条"读者服务"中明确规定,"有条件的高等学校图书馆应尽可能向社会读者和社区读者开放"。高校图书馆应走面向包括残疾读者在内的所有社会用户服务之路,创新高校图书馆的阅读推广模式,从而创立高校图书馆的独特服务品牌,并进一步吸引社会公众了解、利用高校图书馆。我国大陆地区高校馆虽然也为推动阅读采取了各种各样的措施,但一般都是各自为政,很少采用合作的方式。图书馆可以学习台湾地区高校图书馆的做法,加强馆际协调,提供跨校借书证等,使合作馆用户可以共享图书、电子书、讲座等资源,也可以共同举办阅读推广活动,增加活动的趣味性,扩大影响范围,使之产生联动效应,甚至带动全城读书风潮。

3. 吸纳学生参与阅读推广的组织与实施工作

大学阅读推广的主要对象是学生,学生的实际需要与兴趣是阅读推广工作的切入点,美国大学的图书遴选委员会都有一定数量的学生,因此建议吸纳学生参与阅读推广的组织与实施。第一,建议在阅读推广活动的策划阶段,邀请2~3名学生参与,通过他们了解学生层面的实际需求及兴趣,发挥他们的创造性。参与策划工作的学生应热爱阅读、对图书馆资源比较熟悉、善于与同学交流、乐于参与这项工作,可以在学校网站公开招聘,也可以请院系推荐。第二,建议在阅读推广活动的实施阶段,应邀请热爱阅读、阅读积累深厚的学生参与,通过他们感染身边的同龄人。比如,邀请爱好阅读的大学生为其他同学推荐优秀书籍,作为阅读倡导者参加读书活动等。第三,建议广泛征集对阅读推广活动的建议。应事先划定阅读推广活动的主题,然后邀请学生就这一主题提出建议,比如,图书的选定、面向的阅读群体、与读书会相关的具体活动等。也可以制订奖励措施,对于采纳的建议给予一定奖励,以调动学生参与的积极性。辅仁大学"阅读100,分享有礼"计划,鼓励学生阅读并分享,实际上形成了图书推荐的二次传播;中正大学让学生做主角分享自己的想法、心得,图书馆协助宣传,这是深层次的用户参与。这种用户参与活动既可以激发学生兴趣和潜能、提高用户的主体意识，也能在互动中增进图书馆与用户的相互了解，为以后实施更符合用户需求的推广活动打下基础。

4. 着力开展面向大一新生的阅读推广活动

美国大学的"共同阅读"活动多是面向大一新生，通过这种活动使大一新生有共同阅读的经历，搭建新生之间、新生与教师及工作人员交流的平台。目前，我国的教育体制使得高中生拼命学习，课外阅读量普遍较低，升入大学后放松对自己的要求，主动阅读的意识比较淡，因此我国大学非常有必要针对大一新生开展阅读推广活动，使大一新生在刚入学时就能感受到学校浓厚的阅读氛围，意识到阅读的重要性。第一，建议在面向大一新生的迎新周开展读书活动，选一本优秀文学作品，以班级为单位开展读书活动，既可以在固定场所由参与者轮流诵读书中的部分章节，也可以让学生业余时间自行阅读，然后以班级讨论的方式进行讨论。第二，建议以院系为单位组建新生读书会，作为大一新生的一种课外实践活动，每学期选择2本图书，组织学生阅读和讨论。第三，建议开展面向新生的推介图书馆活动。大学图书馆可以在新生开学的第一个月集中向新生推介图书馆的资源与服务，这里所说的推介图书馆应与新生入馆教育区分开来，以介绍图书馆的资源与服务为主。在推介图书馆的方式方面：第一，大学图书馆可以制作宣传板，展放于学生宿舍楼、食堂、教学楼等场所，使新生在不经意间了解图书馆；第二，大学图书馆可以制作关于图书馆的微电影，在学校各楼宇的LED屏上播放，使新生更好地了解图书馆；第三，大学图书馆可以以院系为单位，为每个院系的新生配备一名联络馆员，联络馆员参加各院系或各班级开展的新生交流会等活动，在会上为新生推介图书馆，现场解答新生关于图书馆利用方面的问题，并将馆员的联系方式告知每一位新生，欢迎新生就图书馆的问题咨询联络馆员，从而拉近图书馆与新生的距离。

5. 充分利用先进的传媒技术与手段开展阅读推广活动

高校图书馆实施阅读推广活动的目的是让读者多读书、读好书、好读书，努力构建书香校园、书香社会，营造和谐的文化氛围。我们认为，高校图书馆应积极借助新技术开展各种阅读推广活动，如建立读书会、书香套餐、学生素养读书认证、掌上阅读、移动阅读、书疗小屋、好书交换及专题讲座等，激发读者利用高校图书馆的热情,使其通过掌上设备就可以享受传统图书馆和数字图书馆提供的阅读资源,大胆进行阅读推广创新,力争引领和培养读者的阅读趣味和阅读体验,并通过朋友网等社交类网站及豆瓣网等SNS(Social Network Service,社会性网络服务)社区类网站进一步做好阅读主题的推广与宣传活动,从而让高校图书馆逐步进入多元阅读时代。

6. 探究评估方式,建设阅读调查数据库

国内阅读推广活动虽然开展地如火如荼,但却疏于对活动成果的评估,或者只是简单地统计活动次数、参与人次等数据。科学的评估有利于图书馆总结经验、吸取教训,为以后的推广活动提供参考,因此,制订一套行之有效的科学测评体系势在必行。目前国内的研究成果还比较少,如王波指出,可以从基于推广活动本身和基于读者两个方面着手,[①] 胥迅等提出从内部和外部两方面进行评估,[②] 淳姣等引入营销学领域的 CBBE 模型等。[③] 图书馆还应不断探究,找出适合本馆的评估方法,使阅读推广活动走向规范化、科学化。

目前我国的国民阅读调查数据主要来自中国出版科学研究所组织的一项国家级阅读调研工程。其实,地方也应该开展类似的调查项目,建设阅读调查数据库,以开展有针对性的阅读推广活动。中国出版科学研究所组织的国民阅读数据调查迄今为止已经进行了15次,数据相对完善。高校图书馆也应该建设类似的、功能完善的、系统的阅读调查数据库,为阅读推广持续发展提供有力的数据支持。

三、紧密联系出版业,让出版业助推阅读推广

出版为阅读活动提供重要来源,而阅读也是出版业得以发展的重要源泉。在国民阅读推广中,出版业应该起到不可替代的重要作用。

1. 引导出版业积极参与阅读推广活动

积极组织和参与国民阅读推广活动。出版界应该积极组织和参与国民阅读推广活动,引导民众参与到阅读推广的具体环节中,让人们爱上阅读、爱上书,与此同时,阅读活动的发展也能很好地促进出版业的蓬勃发展。

---

① 王波. 对促进图书馆阅读推广活动的十大建议 [J]. 公共图书馆,2015(4):4-11.
② 胥迅,姚敏. 公共图书馆阅读推广活动评估初探 [J]. 大学图书情报学刊,2013(1):45-47.
③ 淳姣等. 图书馆阅读推广评估引入 CBBE 模型研究 [J]. 图书馆论坛,2015(1):48-53.

2. 注重数字出版，满足读者多方位阅读需求

实现出版行业的转型升级。传统的纸质图书出版已经越来越难以满足民众的阅读需求，出版行业应该加速转型升级之路，尽快步入以手机、互联网、手持阅读器等终端数字设备为媒介的全媒体出版时代。

3. 打造精品图书，为读者提供优质阅读内容

打造更多阅读精品。作为图书内容的生产者和审查者，出版机构和企业应该致力于提升图书的内容质量，提高出版物内在的文化品位，不断推出更好的作品，以吸引国民参与阅读。在出版业，内容为王的时代早已来临，只有质量上乘的佳作才能刺激国民的阅读兴趣。

总而言之，受教育理念、文化关系、经济发展等因素的影响，我国在阅读推广方面与国外还有相当大的差异。我国虽然有着几千年的灿烂文化，但在阅读推广方面的经历却远不如其他国家，因此需要吸取其先进的阅读推广理念和技术，为我国的全民阅读推广提供参考依据。阅读不仅关系着每个国民的文化素养和职业技能，更影响整个国家和社会的人文风气、经济发展与未来脉络，需要全社会的各个组织、机构以及个人都积极参与，并加入到阅读推广活动中来。阅读是每个人最基本的文化权益。在全社会的共同努力和科学引导下，希望大家都成为高校图书馆阅读推广活动的志愿者，让更多的人因阅读而成长，因阅读而成才，从而提升整个民族的阅读文化水平。

第四章　安徽省高校图书馆阅读推广情况

　　根据第十五次全国国民阅读调查报告，2017 年，我国成年国民上网率为 79.1%，比 2016 年增加了 5.3 个百分点，其中 18～29 周岁人群占到 34.6%。有 72.0% 的人表示上网主要从事"网上聊天／交友"的活动，69.7% 的人上网主要从事"阅读新闻"的活动，阅读书籍报刊行为的占比偏低，只有 21.7%。[①]2018 年 4 月，中国青年网校园通讯社就"大学生阅读情况"这一话题，对全国高校 454 名大学生展开问卷调查。调查结果显示，近 90% 的学生喜爱阅读，但是超 50% 的学生每天阅读时间不足一小时；"手机免费阅读"为学生主要阅读方式，超 50% 的学生喜欢在宿舍内阅读；小说散文、文学艺术和动漫幽默为学生最喜欢阅读类型，超 40% 的学生每月看 1～3 本书，"增长见识，提高文化修养"为学生阅读主要原因；超 50% 的学生认为自己的阅读量较低，近 60% 的学生认为因"沉迷手机电脑等电子产品"导致阅读量的缺乏。[②]这两份调查报告较为客观地反映了当代大学生的阅读状况。大学生把大部分时间用于上网，上网的时间超过了读书的时间；超 60% 的大学生阅读的主要目的是满足兴趣爱好；他们喜欢阅读文学名著，知道阅读的重要性，但又困惑于不知道读什么书和不知道怎么去读书。

[①] 第十五次全国国民阅读调查成果发布 [EB/OL].[2018-04-18].https://www.sohu.com/a/228649938_154345/.
[②] 大学生阅读调查：超 5 成每天不足 1 小时，多用手机看 [EB/OL].[2018-04-23].http://baijiahao.baidu.com/s?id=1598525441312369999&wfr=spider&for=pc/.

第一节　安徽省大学生阅读行为调查分析

一、调查的目的、方法和对象

本次调查的目的是了解安徽省高校大学生的阅读状况与图书馆进行阅读推广的情况，并在充分掌握大量原始数据的基础上对数据进行统计分析，尝试充分了解当前大学生在阅读方面以及图书馆在阅读推广方面的情况及其存在的问题，试图从提升图书馆服务能力、培养大学生阅读习惯养成的目标出发，并结合图书馆在阅读推广方面存在的问题，提出相关建议。

1. 调查的方法与过程

本次调查主要采用问卷调查法。问卷的设计本着准确、清晰、简洁的原则。本问卷涉及 30 个问题，包括两个部分：第一部分主要针对安徽省高校大学生的阅读状况进行调查；第二部分主要针对安徽省高校图书馆开展的阅读推广活动情况进行调查。答案具有选择性与针对性，并兼顾全面。被调查者还可以根据实际情况手写答案。问卷具体内容如下：调查的范围、阅读的场所与时间、阅读的方式与方法、阅读的内容、阅读的目的、到馆频率、获取图书的途径、阅读活动选择方式、阅读活动开展方式、是否开展阅读行为研究、读者阅读辅导方式以及读者对图书馆开展阅读推广活动的建议等。为确保调查问卷的质量，每份调查问卷都附有调查问卷注意事项和填写的详细说明（问卷调查见书后附件）。

2. 问卷的发放与时间安排

本调查自 2016 年 10 月初开始到 2016 年 12 月底结束，用近 3 个月的时间完成调查报告。据《安徽统计年鉴—2015》数据显示[①]：2015 年度安徽省共有普通高等学校 119 所，其中本科学校 33 所，专科学校 64 所；在校学生总计 102.3 万，其中本科生 552 299 人，占 53.99%，研究生 44 351 人，占 3.69%，专科生 470 734 人，占 39.13%。本次调查本着覆盖广，并在保证全面的基础上进行有针对性的调查。在发放问卷前，我们经过仔细分析，选取了 8 所本科、2 所专科共 10 所院校进行调查，包括安徽大学、中国科学技术大学、合肥工业大学、安徽农业大学、安徽

---

① 安徽省统计局.《安徽统计年鉴—2015》[M]. 北京：中国统计出版社，2015.

师范大学、安徽财经大学、安徽医科大学、安徽理工大学、安徽职业技术学院和安徽电气工程职业技术学院。选择这10所院校的理由是：一是这10所院校中既有"985"工程大学和"211"工程大学，也有普通的省属高校，既包括重点本科与一般本科院校，也涉及专科院校；二是这10所院校的类型较为多样，既有像安徽大学这样的综合性大学，也有专业性较强的大学，如中国科学技术大学、合肥工业大学、安徽农业大学、安徽师范大学、安徽财经大学、安徽医科大学和安徽理工大学等。本次调查在每所院校发放问卷100份，共计1 000份。

3. 材料的整理

针对调查中掌握的资料都是零散、原始的原因，我们设计了一套数据录入系统，将问卷涉及的30个问题进行归类统计，对原始信息进行二次提取，获取具有实用价值的资料。在对收回的问卷进行审核，确定数据的真实性和有效性后，逐一将有效问卷的数据录入系统。录入完毕后，将数据导入SPSS（Statistical Product and Service Solutions）进行数据统计，共计录入27 750条。

二、调查的分析

1. 安徽省高校大学生阅读现状调查的结果分析

本次调查共发放问卷1 000份，收回965份。经核对分析后，有效问卷共925份，其中本科生问卷433份，研究生问卷397份，专科生问卷185份。调查范围覆盖了除军事学外，高校开设的主要学科门类，包括工学、理学、哲学、医学与管理学等11个学科。我们对获得的原始数据进行有序的分类整理、科学的统计分析，最终根据具体统计结果，得出如下结论：

（1）课余阅读情况不容乐观

现代大学生的课余时间利用情况发生重大改变，上网成为打发课余时间的主要方式。虽然有51.5%的学生选择阅读，但与91.4%的上网比例来比较（见表4-1），相差甚远。

表4-1 课余时间利用情况

类别	阅读	上网	锻炼身体	游玩	其他
填写份数	476	845	458	308	112
所占比例	51.5%	91.4%	49.5%	33.3%	12.1%

大学生上网的目的虽然各不相同，但大部分都是在玩游戏、网购、管理微博等，用于阅读电子书的比例不到15%，查找资料只占40%多（见表4-2）。

表4-2 上网目的

类别	看新闻	收发邮件	管理微博、博客	网购、玩游戏等	查专业资料	阅读电子书	其他
填写份数	405	304	684	556	397	137	234
所占比例	43.8%	32.9%	73.9%	60.1%	42.9%	14.8%	25.3%

随着科技的发展，网络、影视等多媒体资源充斥着大学生的生活，吸引着大学生花更多的时间在"娱乐"上，而用于阅读的时间越来越少，这对大学生个人能力的提高与发展明显不利。大学生的课余时间相对宽松自由，很大一部分学生对课余时间的利用存在迷茫与放纵的心理。对此，图书馆可以开展一系列活动，吸引读者到馆，开展指导性阅读，促进学生养成自觉阅读的良好习惯，使其课余时间的利用更加合理与科学。

（2）图书馆是大学生最喜欢的阅读地点

在调查问卷中，选择到图书馆进行阅读的有816份，将近90%（见表4-3）。可见，大部分学生在进行阅读时，首先想到的是图书馆。

表4-3 阅读地点

类别	图书馆	教室	宿舍	其他
填写份数	816	542	375	225
所占比例	88.2%	58.6%	40.5%	24.3%

对大学生到图书馆的频率统计，经常去与每个月都去图书馆的占将近90%，偶尔与从不去图书馆的也占有12%（见表4-4）。

表4-4 进图书馆频率

类别	每天	每周	每个月	偶尔	从不
填写份数	235	263	308	104	15
所占比例	25.4%	28.4%	33.3%	11.2%	1.6%

在涉及通过什么途径进行阅读的问题时，选择图书馆借阅的占 75% 以上（见表 4-5）。

表 4-5 阅读途径

类别	自己购书	图书馆借阅	网络阅读	移动阅读	其他
填写份数	175	702	613	545	21
所占比例	18.9%	75.9%	66.3%	58.9%	2.3%

虽然现在大学生的阅读时间越来越少，但选择不阅读的不到 5%。在对不经常阅读因素的调查中，选择不喜欢阅读的也不到 14%（见表 4-6），大家更多的是没有养成好的阅读习惯。

表 4-6 不经常阅读因素

类别	功课太忙没时间	社团活动太多	因玩没时间	没习惯阅读	不喜欢阅读	不知道该读什么	找不到感兴趣的书	其他
填写份数	23	21	55	102	45	35	26	16
所占比例	7.1%	6.5%	17%	31.6%	13.9%	10.8%	8%	5%

大学生最喜欢的阅读地点是图书馆，主要有以下几个因素：一方面，图书馆具有良好的人文环境。现代图书馆集学习与休闲于一体，从环境布置到服务管理都处处体现着人文关怀，为读者营造了舒适、优雅的学习和研究环境。在调查中，有近 70% 的学生对图书馆的环境给予了充分肯定。因此，良好的阅读环境对吸引学生到馆有积极的作用。另一方面，图书馆信息资源丰富，能够满足读者多元化的阅读需求，在调查中，对图书馆信息资源的满意度达 80% 以上。

（3）数字阅读成为大学生阅读的重要方式

同以往的调查不同，随着科学技术的发展，数字阅读已占据了主流地位。调查显示，现代大学生选择数字阅读的范围已达 100%，他们在日常学习生活中，都会或多或少的选择数字阅读，经常性数字阅读的近 70%，偶尔性数字阅读的也超过 30%（见表 4-7）。

表 4-7 选择数字阅读方式

类别	经常	偶尔	不会
填写份数	604	321	0
所占比例	65.3%	34.7%	0

如今,在大学校园内,通过手机、手持阅读器等移动设备阅读的现象随处可见。移动阅读主要是借助数字通信技术,以上网、彩信、Web、Java下载至终端等方式,供读者阅读图书、报刊等资料。与传统纸质媒介相比,移动阅读具有携带方便、存储空间大与检索方法便捷等特点,可以不受时间、地域和阅读物理介质的任何限制,方便读者随时随地阅读。移动阅读在数字阅读中已占据重要的地位,对读者选择浅阅读的方式有重要影响(见表4-8)。

表 4-8 数字阅读媒介选择

类别	网络在线阅读	手机阅读	手持阅读器	电子词典	其他
填写份数	554	525	352	165	87
所占比例	59.9%	56.8%	38.1%	17.8%	9.4%

在图书馆所有的电子资源中,大学生们偏爱电子期刊与电子报纸,对电子图书资源的选择较少,不到30%(见表4-9)。

表 4-9 图书馆电子资源阅读选择

类别	电子期刊	电子报纸	电子图书
填写份数	369	654	258
所占比例	39.9%	70.7%	27.9%

现在选择传统的、深阅读方式的大学生逐渐减少,喜欢深阅读的不到10%(见表4-10)。

表 4-10 阅读方法选择

类别	深阅读	浅阅读	二者兼有
填写份数	87	333	505
所占比例	9.4%	36%	54.6%

数字阅读的流行，推动了浅阅读的盛行，越来越多的读者喜欢快餐式、碎片式的阅读方式。在所有的调查对象中，有 80% 以上的大学生喜欢生活休闲类图书。在阅读目的上，30% 以上的大学生为了做作业，撰写毕业论文而选择阅读，40% 以上的大学生为了就业做准备而选择阅读，85% 以上的大学生是为了应付考试而选择阅读，80% 以上的大学生纯粹是为了娱乐消遣而选择阅读，真正喜欢阅读的不到 20%（见表 4-11）。

表 4-11 阅读的目的

类别	做作业，撰写毕业论文	获取新知识，增强个人修养	应付考试	为就业做准备	娱乐消遣	其他
填写份数	322	123	789	396	741	31
所占比例	34.8%	13.3%	85.3%	42.8%	80.1%	3.4%

随着图书馆事业的发展，高校图书馆也在积极推广数字阅读。虽然数字阅读在深阅读与浅阅读之间存在明显的偏向，但数字阅读是获取信息、训练思维、解决问题的媒介，已成为大学生阅读的重要组成部分。对此，高校图书馆可以从推广阅读的目的出发，将深入细致的传统阅读与快速获取信息的数字阅读二者结合起来，取长补短，促进大学生养成良好的阅读习惯。

（4）高校图书馆开展阅读推广活动还有很大的拓展空间

在对世界读书日了解情况的调查中，有超过 10% 的大学生不知道有世界读书日这一活动（见表 4-12）。

表 4-12 世界读书日调查

类别	知道	不知道
填写份数	822	103
所占比例	88.8%	11.1%

在图书馆开展的有关世界读书日活动方面，有 14% 以上的学生不知道，知道但是不参与的占 50% 以上，知道并参与过的不到 30%（见表 4-13）。

表 4-13 世界读书日活动参与情况

类别	知道，且参与过	知道，但从不参与	不知道
填写份数	264	529	132
所占比例	28.5%	57.2%	14.3%

在图书馆电子资源利用情况方面，有超过 17% 的大学生对图书馆的电子资源不熟悉或者不知道如何使用（见表 4-14）。

表 4-14 图书馆电子资源利用情况

类别	不知道有	不知道如何使用	没有合适的资源	上网不方便	有其他资源可以替代
填写份数	13	52	43	11	246
所占比例	3.6%	14.2%	11.8%	3%	67.4%

在大学生获得图书信息的途径调查中，选择图书馆推荐目录的超过 80%（见表 4-15）。大部分学生希望图书馆能够通过推荐书目、新书书目、馆员书评、与读者互动等方式来辅导他们进行阅读。

表 4-15 图书馆辅助阅读方式

类别	推荐书目	新书书目	馆员书评	互动活动
填写份数	751	574	654	685
所占比例	81.2%	62.1%	70.7%	74.1%

还有占 30% 以上的大学生对图书馆工作人员的态度表示不是很满意，这是导致他们不愿意去图书馆的一个重要原因（见表 4-16）。

表 4-16 不去图书馆原因

类别	找不到想要的书	开放时间不便	环境不好	图书馆工作人员态度不好
填写份数	105	43	154	286
所占比例	11.4%	4.6%	16.6%	30.9%

由此可见，图书馆在加强世界读书日宣传、资源推介、提升服务态度等方面

还有很多工作可以做。高校图书馆作为学校的文献信息资源中心,是大学生进行阅读的重要场所,应积极发挥教育与文化传播的重要职能,着力推广阅读实践活动,引导大学生培养自觉阅读的良好习惯,为提升大学生的阅读能力与个人素养发挥重要作用。

2. 安徽省高校图书馆阅读推广状况调查的结果分析

(1) 阅读推广活动概况

针对问题"您所在学校每年世界读书日(4月23日)有举行相关活动吗"(见表4-17),有近30%的大学生选择"知道,且参与过",近60%选择"知道,但从不参与",还有近15%选择"不知道"。

表4-17 您所在学校每年世界读书日(4月23日)有举行相关活动吗

类别	知道,且参与过	知道,但从不参与	不知道
填写份数	264	529	132
所占比例	28.5%	57.2%	14.3%

面对问题"您所在的学校举办阅读活动吗"(见表4-18),有超过60%的大学生选择"每年都有",30%多选择"有,不定期"。阅读活动的宣传主要通过发放传单、张贴宣传海报、通过网络媒体发布新闻及动态等方式。

表4-18 您所在的学校举办阅读活动吗

类别	每年都有	有,不定期	没有
填写份数	610	305	10
所占比例	65.9%	33%	1.1%

上述两项调查数据说明虽然还有部分学校图书馆没有开展阅读活动,部分对宣传力度不够,但大部分图书馆已经认识到阅读推广的重要性,积极通过各种途径来扩大宣传阅读活动影响力,并开展系列阅读推广活动。

(2) 阅读推广活动方式

高校图书馆开展阅读推广活动的方式主要包括:读书征文比赛、图书推介、名家讲座、图书捐赠、图书漂流、名著影视欣赏、名著名篇朗诵、评选优秀读者等。

在针对问题"您所在的学校在阅读活动中采用的方式有哪些"(见表4-19),有近30%的大学生选择了"其他"选项,他们希望图书馆开展阅读活动的形式能够更加多样化,具体还可以从读书有奖知识竞赛、精品图书展览、经典视频展播、读书箴言征集、馆徽设计征集等方面进行拓展。虽然一些活动不能经常性开展,但具有较强的影响力,如"馆徽设计征集"与"诗歌朗诵会"等。一方面,高校图书馆要充分发挥学生的积极性、主动性,让学生成为阅读活动的主人;另一方面,要加强活动宣传力度,除了通过传统方式如发放传单、张贴海报等宣传外,还可以充分利用新兴媒体如微博、微信等手段加强图书馆与大学生之间的联系,吸引、推动大学生参与到阅读活动中来。

表4-19 您所在的学校在阅读活动中采用的方式有哪些?

类别	读书征文比赛	图书推介	名家讲座	图书捐赠	图书漂流	名著影视欣赏	名著名篇朗诵	评选优秀读者	其他
填写份数	905	895	850	825	726	564	325	648	268
所占比例	97.8%	96.8%	91.9%	89.2%	78.5%	61%	35.1%	70.1%	29%

由表4-19得知,高校图书馆开展阅读推广活动的最主要方式包括:读书征文比赛、图书推介、名家讲座和图书捐赠活动。读书征文比赛显示了学生参与活动的积极性和主动性,同时突出了阅读活动的文化性和时代性,安徽大学等高校图书馆把每年的读书征文比赛优秀作品编印成书,也加强了学生的荣誉感和阅读推广活动成果的纪念意义。图书推介成为阅读辅导的主要形式,在知识丰富的馆员或专家学者的指导下,进行图书目录或图书原文(电子形式)推介,可以减少大学生对于读何种图书的困惑。名家讲座中,可以有计划、系统化的播放名家视频,拉近大学生与名家的距离。图书馆还可以邀请相关学科的知名专家教授现场为大学生做报告,真实感强,学生亲身感受到了知识氛围和学术素养,效果同样显著。

(3)阅读行为研究

关于问题"您所在的学校有没有进行过阅读行为研究"(见表4-20),选择肯定答案的大学生不及30%,选择否定答案的超过70%。由此可见,虽然大部分图书馆都在积极开展阅读推广活动,但是对读者阅读行为的研究却很少,没有深入分析读者类型、阅读范围、阅读内容、阅读方式选择与阅读目的等因素,阅读推广虽然存在普遍性特点,但针对性不强。

表 4-20 您所在的学校有没有进行过阅读行为研究

类别	有	没有
填写份数	265	660
所占比例	28.6%	71.4%

(4) 阅读推广建议

针对问题"您希望图书馆采用何种方式来辅助您的阅读"(见表 4-21),大部分大学生希望图书馆能通过推荐书目、新书书目、馆员书评与互动活动,如读书活动、座谈会、邮件交流等多种途径来辅助他们进行阅读。[1]

表 4-21 您希望图书馆采用何种方式来辅助您的阅读

类别	推荐书目	新书书目	馆员书评	互动活动	其他
填写份数	726	564	325	648	268
所占比例	78.5%	61%	35.1%	70.1%	29%

针对问题"您认为图书馆在阅读推广中哪些方面还需加强"(见表 4-22),在资源建设方面,虽然大部分大学生都认为本校图书馆的资源比较丰富,能够满足自己的阅读需求,但也有近 30% 的大学生认为还需要加大资源建设力度;在活动宣传方面,有超 80% 的大学生认为宣传力度不够,很多学生反映在对活动的主题、活动的内容、活动的开展进度等还没有详细了解的情况下,图书馆组织的阅读活动已经结束了,部分大学生希望图书馆能在主页上设立专门的阅读活动模块,及时介绍阅读推广活动的内容,并与读者建立联系,加强互动,以吸引更多的读者来了解阅读活动,并积极加入到活动中来;在活动组织方面,80% 以上的学生认为形式可以更多样化、强化针对性,可以吸引不同类型的学生参与到活动中来,扩大活动的影响力;还有近 40% 的学生认为图书馆还可以在互动、交流与活动创新等方面加强。

---

[1] 陈斌华. 基于问卷调查的高校图书馆阅读推广活动分析 [J]. 图书馆论坛, 2012(3): 140-143.

表 4-22 您认为图书馆在阅读推广中哪些方面还需加强

类别	资源建设	活动宣传	活动组织形式	其他
填写份数	255	764	742	352
所占比例	27.6%	82.6%	80.2%	38.1%

三、阅读推广问题解析

通过上述调查分析发现,安徽省高校大学生在阅读方面具有以下特点:阅读目标明确化,功利性阅读明显;阅读方式多样化,电子阅读比重增加;阅读内容宽泛化,呈休闲娱乐、快餐式文化倾向;阅读程度的"肤浅"化,缺乏"深阅读";阅读习惯的欠缺性,缺乏阅读指导等。[①]

1. 安徽省高校图书馆阅读推广方面存在的问题

安徽省高校图书馆虽然在阅读推广方面已积累了不少经验,但还普遍存在一些问题。因此,很有必要对高校图书馆的阅读推广活动进行梳理,分析存在的问题,以便高校图书馆更好地开展阅读推广活动,提升阅读推广活动的效果,打造阅读文化品牌。

(1) 对阅读推广的重视程度不够

部分院校尤其是专科院校对图书馆重视不够,给予图书馆的建设经费不多,不仅在硬件设施、人文环境方面存在不足,而且在资源方面也相当匮乏。馆领导将更多的时间花在经费问题上,没有投入更多的精力在推广阅读活动上,即便是有也是为了应付。没有专门的阅读推广部门和阅读推广人员,每次开展的大型阅读推广活动,都是由各个业务组协调完成,人员也是从各业务组抽调,活动一结束,人员也就回归到自己的部门,无人对此次的阅读推广活动进行总结、归纳与分析,更没有相应的阅读推广评估机制,因此也就不能从中吸取经验和教训,不利于阅读推广工作的系统化、持续性开展。

---

① 徐雁. 纸老,书未黄 [M]. 深圳:海天出版社,2013.

(2) 阅读推广活动针对性不强

各高校图书馆所开展的阅读推广活动虽然形式多样，但主要是讲座系列、展览系列、书评系列、竞赛系列等，各高校之间雷同率较高。阅读推广活动缺乏长期性、延续性及整体性规划，活动内容与形式大同小异。有的图书馆在举办阅读推广活动时存在盲目跟风、照搬照抄其他图书馆活动项目的现象，有的图书馆只把上一年度的活动方案稍加改动就进行发布，而缺少根据读者阅读现状策划活动项目这个重要的环节，追求活动项目的数量而不是质量，这样一来，举办的活动由于缺乏新颖性，很难吸引读者前来参加[1]，特别是很多高校图书馆在策划活动时，往往依据惯性思维，没有事先认真调查学生的阅读兴趣和实际需求，与读者沟通不足，用户体验偏少，欠缺双向深层次交流，导致所策划活动的参与者较少，阅读推广活动收效甚微。如安徽大学图书馆2013年邀请专家开展的知识讲座活动，由于讲座主题与内容没有引起学生的共鸣，加上活动宣传不够，导致参会的读者很少，没有达到预期的效果。

(3) 数字资源阅读推广不足

目前，大部分图书馆都侧重于纸质资源阅读推广，数字资源阅读推广工作虽然也正在开展，但更多的只是邀请一些数据商对数据库进行推介，缺乏对整个数字资源进行系统介绍和利用推荐，导致很多数字资源利用率不高。另外，数字资源文献检索课程开设普遍性不够，同时该课程一般是作为选修课而非必修课开设，学生涵盖面窄，大多数读者利用数字资源的技巧和能力有待提高；很多高校也未能有效建设服务于教学的优秀精品课程数字资源，将阅读推广直接嵌入课堂教学；数字资源阅读空间环境设计不够温馨舒适，无法更好地吸引读者来图书馆利用数字资源。

(4) 阅读推广宣传力度不够

从问题调查中可以发现，相当一部分大学生认为图书馆在阅读推广宣传方面还应该加强力度。虽然有部分图书馆凭借敏锐的意识，积极将新技术应用到阅读推广活动中，如网上推广平台、手机移动平台等，但大多数高校图书馆在阅读推广活动中，还是过于拘泥于讲座、展览等传统方式，阅读推广媒介形式与国外高校相比显得比较单一[2]。另外，在图书馆网站建设中也未能给予阅读推广足够的重

---

[1] 贲鸥.阅读推广实现模式研究 [J].图书馆学研究，2012（22）：25-27，37.
[2] 黄健.高校阅读推广活动的影响因素及其评价 [J].大学图书馆学报，2013（2）：93-96.

视，没有将阅读推广活动内容整合成一个专门栏目或网站，缺少与读者互动交流、阅读推广活动跟踪报道、活动总结等重要内容。

（5）阅读推广合作机制不健全

阅读推广合作机制不健全，主要表现为：一是阅读推广馆际合作不足。很多高校图书馆开展阅读推广活动时过多注重校内相关部门、社团组织的合作协调，较少有与同城高校馆或公共馆联合开展阅读推广活动的情形出现，各高校图书馆之间未建立协调机制，从而无法形成阅读推广活动的规模和联动效应，极大地限制了阅读推广活动的影响力。二是阅读推广馆社合作不足。美国等国家不仅设有国家阅读基金，还设有很多公益基金和私募基金，而我国大多高校图书馆在阅读推广活动中未能充分利用各种社会力量，与出版社、媒体、企业或其他社会机构合作，结果是既未能获得社会机构经费支持，又未能有效地扩大阅读推广活动的影响力。[①]

2. 阅读推广问题对策分析

上面的分析对安徽省高校图书馆在阅读推广方面存在的一些问题作了总结。针对这些问题，我们提出如下改进建议。

（1）提高对阅读推广工作的重视程度

只有图书馆充分认识到阅读的重要性，才会尽全力去推动阅读推广活动的开展。第一，建设舒适优良的馆舍环境和阅读环境。图书馆为读者提供优良的馆舍环境、舒适的阅读空间、良好的阅读环境，可以使读者对阅读产生浓厚的兴趣，由心而发的想要在图书馆这个舒适、美好的环境里阅读。而图书馆里浓厚、愉悦的阅读氛围，会让更多的人对阅读产生兴趣，也是图书馆所要营造的环境目标。图书馆良好的设计和布置会使人们产生遨游书海的欲望，使图书馆成为人人向往的美好天地。第二，丰富馆藏资源建设。馆藏资源不仅是图书馆的立馆之本，也是开展阅读推广活动的基本条件，图书馆要结合自身的特点及其所面对的读者的阅读倾向，建立合理的文献资源配置体系，保证其藏书量能够充分满足读者的阅读需求。另外，由于各个图书馆的自身所处位置不同，因此其办馆条件也不同，购书经费也多寡不均，但无论多寡，图书馆都要有效地利用购书经费，购置满足

---

① 吴高，韦楠华.我国高校图书馆阅读推广所存在的问题与对策研究[J].图书情报工作，2013（3）：47-51.

最大数量读者需求的书刊，使书尽其用，充分发挥每本书刊的每一分价值。同时，图书馆还应将数字资源建设放在图书馆发展的突出位置，重点对待，加大对数字资源的开发与建设的投入，以便更好地为读者提供更广泛更快捷的文献资源。通过网络平台，实现对网络信息资源的整合、开发及共建共享，为读者提供更加全面综合、更加容易利用的文献资源。第三，培养全方位阅读推广人员。强有力的人力资源队伍是开展阅读推广活动的强力助推器。根据各类型图书馆阅读推广活动面对的对象不同，图书馆应培养面对各类型读者的专业的阅读推广人员，全面地指导并服务于读者阅读。第四，完善阅读推广效果的评估工作。阅读推广活动结束后，要详细记录备案活动的全过程，总结推广活动成败的原因，并通过科学的测评手段评估阅读推广活动，为今后更好地开展推广活动积累经验。图书馆可以通过问卷调查、电话访问、读书报告会、读者书评、阅读水平认证方案等方式评估阅读推广工作的效果。如日本 Soka University 于 2007 年启动的一项阅读水平认证方案，就是通过学生提交的书评和评论来认证学生的阅读水平。[1] 韩国江原大学图书馆实施毕业资格认证之读书认证制度，将阅读提到与外语、计算机同等重要的高度并纳入毕业资格认证管理运营机制，选择读书认证的学生要阅读认证规定的最基本的阅读数量基准或参加读书活动达到规定的积分点数基准并在 CBRT 室（读书认证计算机评价系统）通过评价考试后才能毕业。[2] 这种将阅读推广、大学阅读教育纳入高等教育体系，营造大学良好的阅读风气，推动大学生阅读教育持续发展的做法，值得借鉴推广。

(2) 丰富阅读推广活动内容，加强阅读推广针对性

丰富阅读推广活动内容是推进高校图书馆阅读推广活动的核心内容。第一，继承传统活动内容，合理设计活动周期。虽然众多学校都开展了内容与形式大同小异的活动，如读书会、书展、好书评论、图书推荐等，但这些活动由于年复一年地重复，形式陈旧，新意不足，读者参与积极性并不高，故此，对于一些优秀的传统推广活动形式，如专家讲座、征文大赛等，还是应根据本校读者的需求和兴趣爱好，结合当期阅读推广活动主题，继续有选择地保留并不断更新发展，并

---

[1] Ishiyama, Mitsuaki.Development of Reading Movement in Soka University[J].Journal of College and University Libraries，2008（84）：36-46.

[2] 王慧秋，陈明华，孙志梅.大学生毕业资格读书认证制度及其运营——一种颇有创意的大学生阅读教育促进机制 [J]. 图书馆杂志，2008（11）：43-45.

且合理策划阅读推广的活动周期,针对不同专业学生,制订个性化的阅读推广计划,保证活动开展的针对性、稳定性和延续性。第二,不断丰富活动主题,挖掘新型活动形式丰富活动主题。挖掘出有创意的、促进图书馆与读者互动交流的、新型的阅读推广活动形式,是吸引读者广泛参与的根本。有的高校图书馆在这方面进行了很好的尝试,可供借鉴。如同济大学图书馆开展的立体阅读推广活动[1],浙江工商大学图书馆开展的读书趣味知识竞赛和"我看书,我表演"名著改编话剧大赛[2],潍坊学院图书馆开展的建立"我读书、我快乐、我推荐"阅读交流栏[3],南京师范大学图书馆举办的真人图书馆活动[4],清华大学图书馆开展的"图书馆,我想对你说"有奖征言活动。[5] 第四,加强阅读推广活动的策划。策划的基础是加强读者阅读习惯、兴趣等的科学调研与管理,只有真正了解、掌握了读者的阅读情况,才能策划出吸引读者的活动;策划的难点是策划出有创意的主题阅读活动,只有找准了阅读推广活动定位和内容,才能策划出有创意、满足读者需求的阅读活动;策划要善于利用各种媒介和契机。针对不同读者群选择适当的推广渠道,全方位地策划推广,利用无处不在的契机策划阅读推广活动。

面向不同读者,有针对性地开展阅读推广。大一新生刚刚从题海中走出,面对自由的大学生活有着无数的憧憬和彷徨。学生对图书馆的利用知识尚极度缺乏,这使他们的阅读带有较大的随意性和不确定性,主要是进行消遣性、无目的的阅读。"授人以鱼,不如授人以渔",为培养新生自我学习的主动性和积极性,养成良好的阅读习惯,图书馆可以举办实践类的推广活动,如进馆参观,图书排架实践,优秀图书交流,学生互助组等,既可满足新生强烈的参与欲望,又可以从中体验阅读的快乐。对于大二、大三的学生来说,他们已经适应了大学的生活,有了自己的学习模式。专业课的增加、课外知识的拓展、各种资格考试的压力使学生们对专业类书籍的需求大增。图书馆可以提供环境,让同学们在民主的氛围中交流阅读心得,分享阅读体验,从而获得知识和满足互动的需求。如小型读书会、学术交流会、好书推荐会、新书荐购会等,充分发挥学生的主动性,让他们体会

---

[1] 郭骥,章回波.立体阅读——图书馆服务的新形式 [J]. 图书馆杂志,2010(4):38-39,67.
[2] 朱小玲.校园文化品牌活动构建和阅读推广 [J]. 大学图书馆学报,2011(2):31-37.
[3] 郭海明.高校图书馆阅读推广服务机制构建 [J]. 图书馆建设,2012(5):51-54.
[4] 教育观察:高校真人图书馆里体验"多元" [EB/OL].[2012-09-25].http://edu.enorth.com.cn/system/2012/09/19/010023896.shtml.
[5] 方俊琦.阅读文化传播:高校图书馆阅读推介创意探究 [J]. 图书馆杂志,2012(3):110-113.

到学习的乐趣，养成良好的阅读习惯。即将毕业的大四学生，他们阅读的目的带有明显的功利性，主要集中在毕业论文、择业和考研、考公务员上，图书馆应为其有针对性地开展文献检索、信息咨询和职业规划座谈等服务。而研究生属于学科中的专业人才，图书馆可以配合指导老师做好专业文献的检索、查新等服务，组织专家讲座、提供网络文献拓展服务、建立读书论坛等方式调动研究生的积极性，使他们在忙碌的科研活动中获得阅读的乐趣。[①]

（3）积极推广数字阅读，提升数字阅读能力

随着数字资源在图书馆资源体系中所占的比例越来越大，数字资源的阅读推广也成为图书馆阅读推广工作的重要组成部分。第一，优化数字阅读空间。高校图书馆应为读者提供优良的数字阅读环境，吸引读者走进图书馆享受数字阅读，这是数字阅读推广的重要一步。如新加坡南洋理工大学2008年建立了学习共享空间，配备了录音室、触屏影视墙、多屏显示器、电子报纸以及课件触屏阅读机等设施，弥补了传统纸质图书阅读模式的不足，满足了数字阅读需求。又如上海交通大学、中国人民大学等均建设了综合使用互联网、计算机软硬件和各种信息资源及服务的信息共享空间。第二，加强数字资源指导利用。高校图书馆应加强与院系合作，开设阅读指导课或文献资源检索课，讲授阅读信息获取、阅读工具使用、数据库检索方法、网上资源检索技巧等内容，通过系统化的课堂训练，充分提高学生的数字阅读能力。第三，高校图书馆还可联合博物馆、美术馆开展视觉经典阅读活动，或者结合数字资源特点举办数字资源搜索大赛，以提高用户数字阅读能力。

（4）加强阅读推广活动宣传力度，拓展阅读推广渠道

扩大宣传力度，营造书香校园的氛围。通过强大的宣传，使读者认识到阅读的重要性及阅读给大家带来的好处，从而使读者主动地参与阅读活动，营造出良好的书香校园氛围。一是积极加强阅读推广网站建设。[①] 高校图书馆应该在阅读推广网站设置统一的阅读推广栏目，开辟读者推荐专栏和互动交流区，开设经典阅读导读和读者网上书评栏目，设立网络资源导航，开展知识挖掘、智能推送、个性化定制等特色服务。如香港公共图书馆充分利用已经建立起来的共建共享基

---

① 郭文玲.高校图书馆阅读推广策略分析与研究[J].图书馆论坛，2012，(11)：53-56.

础，建立阅读推广资源共建共享机制①，集各种阅读推广内容于一体，设立统一的服务网站，网站上详细介绍共同举办的阅读活动，也专门设立"分馆活动"的栏目，介绍各馆各自举办的推广活动，让各个图书馆在统一的活动中又保留了自己的特色。广州地区高校图书馆充分利用"广州地区高校图书馆联盟"②建设联合阅读推广网站；依托广州市教育系统"书香羊城全民阅读"活动及市属全体高校开展的"书香校园"活动，联合建立高校读书专题网站，并在各图书馆网站上自动弹出阅读广告来推广活动以及运用图书馆徽标（Logo）或学校徽标（Logo）来推广阅读。② 高校图书馆应积极运用新一代的阅读推广方式——阅读2.0。③ 引入阅读2.0，应用OPAC2.0，实现海量资源的一站式检索，让读者的阅读搜索更加便利，并充分应用发挥RSS、博客、微博、维基、浏览器图书馆工具条等，吸引大学生参与网上阅读，保持高校图书馆阅读大本营的地位。如剑桥大学图书馆网站将Facebook、Blog、Twitter以及RSS进行混搭运用④，上海交通大学图书馆将RSS、Blog、Tag、IM、Toolbar进行混搭运用。二是主动开展移动阅读推广服务。当前随着手机上网用户的不断增多，手机成为阅读的新终端，移动图书馆服务成为未来阅读新的增长点。因此，图书馆有必要建设移动数字图书馆，开展移动阅读推广服务，方便读者在手机等移动终端设备上实现对书刊的查询、预约、续借以及全文文献信息的检索、查询。如新加坡的南洋理工大学图书馆就一直推行"口袋图书馆"理念⑤，开展移动阅读服务。同时高校图书馆还可通过举办手机阅读论坛、博客征文大赛、微博有奖征言等活动，进一步调动大学生的阅读热情。

（5）完善阅读推广合作机制

单个图书馆，单类图书馆，甚至图书馆界的力量毕竟是有限的，许多事情是单靠图书馆无法完成的，因此，就需要加强各种类型的图书馆之间，乃至图书馆与各相关职能部门或机构之间的有效合作，整合各种力量，共同开展阅读推广活动，加强各类型图书馆之间的馆际合作与协调。扩大阅读推广活动的受众范围，让更多的人能够参与到阅读推广的活动中来，使阅读推广活动的开展能够取得最

---

① 梁培之.穗港公共图书馆阅读推广活动调查分析 [J].中山大学研究生学刊（社会科学版），2007（2）：103-114.
② 广州地区高校图书馆联盟 [EB/OL].[2010-7-12].http://www.th.superlib.net/.
③ 谢蓉，张丽.阅读2.0：新一代的图书馆阅读推广 [J].大学图书馆学报，2009（6）：16-20.
④ Cambridge University Library[EB/O].[2012-09-25].http://www.lib.cam.ac.uk/.
⑤ 程文艳等.国外高校图书馆推广阅读文化的实例及启示 [J].图书馆建设，2012（5）：47-50.

大的效果。一是大力创建阅读推广馆际联盟。高校图书馆联合开展阅读推广活动，能大大提升阅读推广活动效果，而高校图书馆基于地域因素在各高校馆之间或高校馆与公共馆之间成立馆际联盟，联合开展阅读推广活动是比较理想的选择，目前国内联合开展阅读推广活动的案例不多，据公开资料介绍，目前只有海南桂林洋大学生读书节、南京城东高校图书馆联合体读者服务月[①]等。高校图书馆创建阅读推广馆际联盟，① 应成立联盟阅读推广委员会作为联盟阅读推广工作的专门委员会，引导联盟成员馆科学地开展阅读推广活动；② 要制定联盟阅读推广制度，对成员馆合作开展阅读推广活动的时间、内容、负责单位、经费分担以及场所安排等作出明确规定。[②] 二是积极推进阅读推广馆社合作。我国高校图书馆阅读推广活动的资金来源主要依靠财政拨款，而我国并未从法律角度对图书馆开展阅读推广作出规定，因此经费来源并不稳定，受各高校的重视程度和财政拨款的影响很大。美国不仅早在 1977 年其国会就立法通过成立国会图书馆阅读中心[③]，支持开展阅读推广活动，而且还设立了国家阅读基金、私募和公益基金，从经费上保证阅读推广活动的持续开展。如哈佛大学图书馆的阅读推广活动得到了威廉与弗洛拉·休利特基金会（William and FloraHewlett）等许多基金会的支持。我国高校图书馆一方面应充分利用各种社会力量，与企业、媒体和其他社会机构合作，共同举办读书节活动，或为企业提供从图书资讯、书目筛选到图书配送的"一站式"个性化服务，扩大影响力；另一方面要学习和借鉴其他国家的经验，成立促进阅读基金会，吸引更多的赞助者和支持者，从经费上保证阅读推广活动的顺利开展。

第二节 安徽省高校图书馆阅读推广案例

阅读推广是安徽高校图书馆界一项传统的读者服务形式，在安徽大学、中国科技大学、合肥工业大学、安徽师范大学、安徽农业大学、淮北师范大学等高校开展了多年，取得了很好的反响，得到其他各高校的充分肯定。安徽大学图书馆馆长、安徽省高校图书情报工组委员会秘书长储节旺评价安徽高校阅读推广时说：

---

① 段梅等.南京理工大学图书馆的阅读推广创新 [J].大学图书馆学报，2011(4)：86-89，115.
② 鄂丽君等.高校图书馆基于区域图书馆联盟开展阅读推广的探讨 [J].图书馆建设，2012(6)：55-59.
③ 陈颖仪.美国阅读推广活动的实践经验分析及启示 [J].图书馆理论与实践，2009(5)：97-99.

"随着数字资源和信息系统建设的不断推进,阅读推广在组织体制、阅读策略、阅读载体、活动开展、评价验收等方面需要与时俱进,安徽省高校图工委积极履行阅读推广的职责,组织阅读推广研讨会,并借助数字化阅读平台,发动大学生阅读活动,取得了积极的社会效应。"[①]

一、安徽大学图书馆

安徽大学图书馆的阅读推广活动内容丰富,形式多样,注重经典阅读,逐步形成"阅读经典"系列品牌,2013年10月,安徽大学图书馆开通官方微博,在微博上发布各类阅读活动信息,并与读者展开互动,深受广大师生欢迎。

1. 阅读推广机构建设

安徽大学图书馆建立的学生管理委员会(简称安徽大学图书馆学管会),是专门协助图书馆进行各项服务的学生组织。学管会设秘书处、活动部、资源建设部、宣传部、综合服务部、信息学术部六个部门,它是联系图书馆与学生读者之间的桥梁与纽带,其中活动部主要负责策划面向全校的与读书、文化相关的活动或比赛和对外的联络工作。宣传部负责对图书馆举办的各项活动进行线上或线下的宣传,如制作海报等。综合服务部负责参与读者的各项信息咨询活动。

2. 阅读推广资源设备建设

在馆藏资源方面,安徽大学图书馆除了丰富已有的纸本文献资源外,近些年还为读者开通和购买各类数字资源数据库,极大地方便了读者的查阅和使用。根据安徽大学图书馆主页显示:目前图书馆纸质文献总量约250万册,各类电子文献数据库115个,包含中外文全文电子图书230.74万册,中文电子期刊约1.61万种,外文电子期刊约2.29万种。[②]

在图书馆资源设备方面,全馆内设有 WiFi 可无线上网,图书馆每层的图书阅览室都配有电脑,供读者快速查找所需图书,图书馆还购置了中文在线移动图书馆和超星移动图书馆,读者在屏幕上找到所需图书,下载客户端,扫描图书二维码,就可直接下载阅读,方便快捷。

[①] 王笑寒. 安徽省高校图书馆阅读推广研究 [D]. 合肥:安徽大学,2015.
[②] 安徽大学图书馆 [EB/OL].[2018-12-21].http://www.lib.ahu.edu.cn/.

3. 阅读推广内容建设

安徽大学图书馆注重经典阅读,联合图书馆学生管理委员会举办各类精彩纷呈的阅读推广活动:图书漂流活动、阅读经典系列活动、"文典大讲堂"讲座活动文典阁三行诗大赛、爱心募书活动、"书归原处,智归学儒"大赛、"读经典,讲故事"比赛、经典阅读知识竞赛、"点点滴滴读文典"摄影比赛等。

针对不同的时间段和读者群,推出相应的活动,在学期开始,组织读者为图书馆荐购图书活动,针对准备考研的学生读者举办"惠研"讲座等。每年的"4·23"世界读书日期间,集中开展多种阅读推广活动,如在2013年的世界读书日期间,以"读书·博学·成长"为主题,开办征文比赛、讲座、图书漂流、微电影创作比赛、摄影比赛等一系列的阅读活动,其中有些活动延续成为图书馆的常规阅读推广活动,定期举办。安徽大学图书馆一贯奉行活动在精不在多的理念,通过长期开展、精心打造,目前有两种活动具有广泛知名度,已经成为安大图书馆的品牌活动:"文典大讲堂",以人文性、科学性、学术性和创新性为特色,是高端学术交流平台、创新人才培养课堂和校园文化建设窗口,截至2018年12月,已经开展了96次。"阅读经典"系列活动,以"读书·博学·成长"为主题开展系列精品阅读推广活动,截至2018年12月,已经举办了121场[①],邀请作家、教授、校友等各行业精英人士为学生读者呈现一场场精彩的讲演。内容主要包括作品征集、专家讲座、文典沙龙、阅读推荐、图书漂流等,旨在激发师生读书热情加强校园文化建设,促进文化传承与创新。安徽大学图书馆还注重打造媒体品牌,通过新媒体的力量扩散影响力。图书馆的微信、微博都由志愿者协助管理。志愿者建有QQ号,身兼咨询答疑与新闻传播的功能,其QQ空间划分为"典·意""书音""江淮名人秀场""馆藏导读""舌尖上的阅读"等多个专题定期发布动态,其中"典·意"栏目曾获校新媒体联盟评选优秀作品。志愿者QQ空间发布的动态常引来众多转发,单条动态浏览量普遍在2 000余次,最高曾超过4 000次,俨然是校内师生获取信息的重要渠道及与图书馆沟通的桥梁。[②]

安徽大学图书馆不断推陈出新,通过创新活动内容与形式,拓展服务内涵及图书馆的功能与定位,吸引更多的读者走进图书馆,利用图书馆的资源和服务。

---

① 安徽大学图书馆[EB/OL].[2018-12-21].http://www.lib.ahu.edu.cn/.
② 柯丹倩,杨栎,张蓓蕾.基于志愿服务的高校图书馆阅读推广模式探索与实践——以安徽大学图书馆为例[J].农业图书情报学刊,2018(8):130-134.

首届创新创业大赛于 2016 年启动,以"双创时代,我更精彩"为主题,包括研究生在内的所有学生通过自由组队的形式参赛。共计 19 个团队历经 3 个月的激烈角逐,经过初赛、复赛、决赛层层选拔,经过校内外各部门专家的联合评审,"馨音小咖"团队荣获最佳创意奖并获得图书馆咖啡吧的运营权。在成功举办咖啡吧运营大赛的基础上,安徽大学图书馆于 2017 年举办"磬苑杯"文化创意服务运营大赛,"安大四月影像工作室""阁阁小家""是吾乡"3 个团队从 35 个参赛团队中脱颖而出,共同获得文化创意基地的运营权。如今,4 个学生团队的创业项目均已在安徽大学图书馆落地生根,成为馆内别样的风景。此外,安徽大学图书馆还不断改善原有的活动与服务:为扩大"阅读经典"系列讲座听众覆盖面,利用 QQ 和微博发起直播;为丰富微信的功能,增设"舞文弄墨""品书·评影"等栏目,关注度持续上升;"假人挑战""图书馆寻宝""带走梦想,留下希望——募书"等创意活动,极大丰富了图书馆的服务内涵。

二、中国科技大学图书馆

中国科技大学是一所以高新科技研究为主的理工类大学,图书馆阅读推广活动主要有移动图书馆的设置,书展,如化学专业外文原版图书展、工具书年鉴学术书体验月等活动,讲座,如"英才论坛"讲座,邀请了各行业名家讲演,如易中天、姬十三等,也有一些专业型知识讲座,如介绍各类数据库使用的"每周一库,畅游文献"讲座,征文大赛,如"书香江淮"有奖阅读征文、摄影展等。中国科技大学图书馆比较有特色的阅读推广活动是图书馆建立的中科大讲座网和大型新书展厅英才书苑。

1. 建立中科大讲座网

中科大讲座网(http://lecture.lib.ustc.edu.cn)是由中科大图书馆提供支持、"学余探索"团队创建的服务型网站,主要目的是汇集中科大校园里各类讲座信息,为师生读者提供便利。

2. 建立大型新书展厅——英才书苑

英才书苑是中科大图书馆联合其他公司建立的定期更新的供读者读书交流的大型新书展厅,是国内高校中规模最大的特色书苑。英才书苑中,中文图书有 7 万多种,外文图书有 2 500 多种,其中所存储图书并不做编目,参照书店排行榜按大类粗分,对涉及通识教育、文学、艺术、科普和学术专著等领域,国内外核心出版社设有专架展示。书苑内还设有阅览座位和休闲沙发,并设有视听区域以供读者观看高清视频。英才书苑创造出一个优雅舒适的阅读环境,为全校师生以及全社会读者的阅读、思考和交流提供了一个优质的空间。

三、安徽师范大学图书馆

安徽师范大学图书馆始终坚持"以人为本,创新服务"的理念,在校园内开展了各种阅读推广活动和服务,主要总结有以下几项。

1. 创办期刊《读书人报》

《读书人报》于2006年创刊,同时有电子版在图书馆网站上线,是安徽师范大学图书馆阅读推广中的重要内容。《读书人报》主要有四个板块,第一个版块主要介绍安徽师范大学图书馆的信息活动,第二个板块"服务之家"致力于读者服务相关内容,第三个板块"书海捡贝",主要是文献、图书的推荐,第四个板块"心香絮语"主要是发布一些散文诗画作品。

2. 读者服务宣传月活动

图书馆读者服务月活动在每年的世界读书日期间开始举办,持续约一个月,读者宣传月期间会推出一系列的阅读推广活动,如在2018年第十二届图书馆读者宣传月期间推出了文化校园、诗意青春"江城书会"系列活动,"超星杯·微小说"创作大赛,"心影相随、共享经典"悦读活动,经典诵读,读者座谈会,敬文讲坛等活动,其中敬文讲坛致力于以弘扬人文精神、丰富校园文化为目的,邀请国内具有较大影响力、学术造诣高深的各领域专家学者前来演讲,从2009年设立起到2018年期间,已经成功举办了110多次精彩讲座,注重内容的学术性、理论性、创新性和实用性。[①]2014年图书馆开通了"数字敬文"视频数据库,即敬文讲坛的视频集,目前已经成为图书馆中影响力较大的一项品牌活动。

3. 创办读者协会,举办各类阅读活动

安徽师范大学在2006年创办了安徽师范大学学生读者协会。根据读者协会章程,读者协会的宗旨是为同学们提供一个信息交流的平台,营造"读,天下书;品,书文化"的读书氛围,贴近读者,以书会友,引领读书文化,促进校园文化

---

① 安徽师范大学图书馆[EB/OL].http://lib1.ahnu.edu.cn/.

创新。其主要活动有：举办专题讲座、沙龙、征文大赛、演讲比赛、读者研讨会、出版发行《读书人报》等，以帮助学生培养阅读兴趣，增长文化知识。

4. 移动图书馆和借阅机服务

安徽师范大学图书馆开通了移动图书馆服务和图书借阅机服务，读者只需在移动终端设备如手机、iPad 上下载客户端进行安装，用自己的一卡通账号登录，便可使用，图书借阅机则可以直接扫图书二维码下载电子书，并存在读者移动图书馆的网络书架中，方便读者查找和阅读。

四、安徽财经大学

安徽财经大学图书馆为师生读者创建了良好的馆舍环境，馆舍分为东校区图书馆和西校区分馆两部分，总面积 4.65 万多平方米，总阅览座位达 6 254 席，现有纸质图书约 211.73 万册，电子图书 129.69 万册，中外文数据库 55 个，年订中外文纸质报刊近 900 余种。[①] 图书馆致力于建设良好的校园文化环境和营造良好的阅读氛围，其在阅读推广上主要有如下几方面。

1. 招募义务馆员，建立图书馆学生工作委员会

义务馆员是图书馆招募热爱图书馆及图书馆工作的学生，进行培训，作为志愿者参与到图书馆日常管理、服务工作中，协助图书馆阅读推广活动。图书馆学生工作委员会在图书馆义务馆员的基础上发展成立，它是学生自主参与图书馆管理服务、资源建设的公益性组织。义务馆员和图书馆学生工作委员会与学生读者联系紧密，了解学生需求，以便组织开展更好的阅读推广活动。

2. 持续开展读者服务月活动

安徽财经大学持续开展读者服务月活动，鼓励读者多读书，激发读者的阅读热情，培育良好的校园文化。安徽财经大学图书馆主要阅读推广活动集中在读者服务活动，主要有：书展（如万品京版新书进校园活动），新书推荐活动，主题征文比赛（如"书与梦想"比赛），知识讲座，读者调查活动，读者座谈会，"图书馆杯"校园摄影大赛，图书馆徽章设计大赛等。

---

① 安徽财经大学图书馆 [EB/OL].http://www.lib.aufe.edu.cn/12796/list.htm/.

3. 创办图书馆内部杂志《安财图情信息》

安徽财经大学创办了内部杂志《安财图情信息》。该杂志的主要内容是为读者介绍图书馆内部各种活动、信息、资源，致力于在图书馆与读者之间建立沟通了解的桥梁，为广大读者服务。

4. 申请建立经典阅读室

安徽财经大学图书馆为了在阅读推广中传播优秀文化，打造高校人文软实力职能，进一步创建良好的校园文化，为读者服务，申请建立经典阅读室，主要书籍内容包括经史子集和名家名著以及注解和研究性专著的传统文化内容，各学科经典，国内外名家专著等。

五、安徽农业大学图书馆

安徽农业大学图书馆自成立以来坚持"服务第一，读者之上"的办馆理念，在师生读者中开展阅读推广及服务活动。在每年的世界读书日前后，安徽农业大学图书馆都会开展系列的大型阅读推广活动，如在2018年世界读书日前夕，图书馆推出了"最是书香能致远——倡导全民阅读，建设学习型校园"的系列主题活动，期间举办了"青禾悦读，书香安农"读书创作活动，"青禾讲坛"系列读书报告会，Emerald杯微视频、微电影大赛，党的十九大经典读物优秀读书笔记大赛，"超星杯·微小说"创作大赛等活动。[①] 除了世界读书日的活动外，图书馆在日常也不间断地开展文化沙龙活动、主题讲座活动、知识竞赛、征文比赛等活动。安徽农业大学图书馆的阅读推广活动特色主要有三个方面。

1. 营造良好的借阅环境，完善图书馆各项服务设施

安徽农业大学图书馆自2012年新馆启用后，在其二楼至五楼的中央书库中实行藏借阅一体大开放、大流通的模式，营造出"人在书中，书在人中"的良好阅览环境，并且每天14个小时不间断开放，让读者享有方便、舒适的服务体验。实行"实体空间"与"虚拟空间"相结合的服务模式：在虚拟空间逐步形成两大文化品牌——"洛洛""图图"；在实体空间逐步构建两大文化品牌——"青禾书店""青禾讲坛"。除此之外，图书馆还开设了超星移动图书馆，实现一站式检索，开通微信平台，无线上网等各种服务，尽力给读者创造良好的借阅环境和借阅

---

① 安徽农业大学图书馆 [EB/OL].http://lib.ahau.edu.cn/Default.aspx/.

服务。

2. 成立图书馆学生服务中心，紧密联系图书馆与读者

图书馆学生服务中心是图书馆创立的学生志愿者团体，主要是协助图书馆开展各项阅读推广活动以及各类活动，及时将学生读者对图书馆活动的意见和建议反馈给图书馆。实行"休闲空间"与"创业空间"相结合的服务模式：搭建了4个学生创业平台——青禾书店、一盏年华茶吧、Miao森林咖啡屋、享味坊，实现了学业与创业结合，文化与休闲结合；实行"文化空间"与"创客空间"相结合的服务模式——组建了新媒体暨培训大使运营团队、学生服务中心、微传媒、读者俱乐部等4个学生服务推广团队；每个学生团队都形成各自的服务品牌，逐步构建了面向不同用户群的信息服务与知识服务并存的多层次文献信息服务体系；构建了服务创新案例大赛、服务之星评选活动两大服务创新机制。

3. 阅读推广活动走出图书馆——开展"培训进院系"活动

相较于大多数高校图书馆在馆内开展阅读推广活动的模式，安徽农业大学图书馆"培训进院系活动"十分有特色，由图书馆信息咨询部的老师针对不同院系的专业特点，在农学院、生命科学学院、动物学院等院系为师生们用讲座的形式进行知识培训，使阅读推广活动由被动变主动，更有目标性、针对性。

六、合肥工业大学图书馆

合肥工业大学图书馆的阅读推广相关活动同样也是以一般性阅读推广活动为主，如外文原版书展、数据库知识讲座、读书见面会、知识世界读书月活动等。合肥工业大学图书馆的阅读推广活动多是图书馆联合学生社团共同组织，其中影响力较大的是春风读书会。

春风读书会创办于2005年，是合肥工业大学图书馆与化学工程学院春风社共同成立的一个重要的学生组织，其创办的宗旨是组织和发动全校学生多读书，读好书，向全校学生推荐各种图书，以提高思想文化水平和素质修养，同时与图书馆开展共建活动，为创建和谐的校园文化而努力。主要阅读推广活动包括：开办专题讲座、发布图书馆新书信息、开展文明阅读活动、开办读书会活动、进行读者问卷调查活动等。春风读书会还出版会刊《春风书语》，刊登一些散文杂谈，并在全校学生读者中邀请投稿。

第三节　安徽省高校图书馆阅读推广总结

高校图书馆的阅读推广活动是一个长期的、系统的工程，需要制订完善并且长效的计划，避免"读书日"来了就开展一些活动，"读书日"走了活动也跟着走了的情况发生。我们从安徽省高校图书馆阅读推广的角度出发，分别对好书榜与推荐书目、知识讲座、图书漂流、"一校一书"活动、图书馆微博、书评、阅读心理治疗室以及高校图书馆阅读推广联盟等适合安徽高校图书馆的阅读推广方略进行了探讨和研究。

一、安徽省高校图书馆阅读推广活动的特点

1. 阅读推广起步晚，发展快

安徽省一些高校图书馆专门的阅读推广活动虽然开始时间比较晚，但是图书馆阅读推广事业发展较快。很多图书馆在较短的时间内已经开展了各类阅读推广活动。

2. 阅读推广活动形式丰富多样

安徽省高校阅读推广在内容形式上丰富多彩，主要有书展、书目推荐、名家讲座、征文比赛、图书漂流、摄影比赛等，这些活动比较贴近大学生的阅读生活，符合大学生的阅读需求，因而受到了大学生读者的欢迎。

3. 建立阅读推广机构，重视读者参与

安徽省一些高校图书馆开始设立阅读推广机构或是学生管理机构，这些机构多为学生机构，其重要职能就是参与组织或推广阅读活动，密切与大学生读者的联系，及时了解大学生读者的阅读爱好、阅读需求，重视大学生读者对参与阅读推广活动后的反馈。

4. 新媒体设备推广，增添网络平台

安徽省内大多数的高校图书馆内都已购入移动图书馆，移动图书馆在高校图书馆内已经开始普及。且大多数高校都开始开通官方微博、微信，通过微博、微信等新媒体平台发布图书馆信息，与读者开展在线交流，既能及时了解读者需求，

又拉近了与读者之间的距离，有利于推动图书馆阅读推广服务。

5. 馆际交流合作推动

安徽省高校图书馆之间的馆际交流与合作十分频繁，这有利于图书馆与图书馆之间经验交流与推广，馆藏与读者服务的互补，推动各图书馆阅读推广活动的发展。

二、适合安徽高校图书馆的阅读推广方略

1. 好书榜与推荐书目

推荐书目也称导读书目、举要书目、选读书目、必读书目或劝学书目，是针对一定的读者对象，对某一专门问题的文献经过精心选择而编成的书目，供读者学习某门知识或了解某一事件，也包括为配合专业学习和研究而编的专业阅读书目。[1]

图书馆的导读，是指图书馆利用馆藏文献资料指导读者读什么书和怎样读书。图书馆的导读工作，是指在图书馆的文献资料流通过程中，结合图书馆自身的业务工作和服务工作，开展有目的的文献阅读指导工作。[2] "好书榜"与"推荐书目"是常见的导读方式。每年度都有多种好书榜和畅销书单，如"深圳读书月年度十大好书""《中华读书报》年度100佳图书""凤凰网年度好书及年度提名好书""年度新浪好书榜"，以及"开卷年度畅销书榜""当当网年度畅销书排行榜""京东商城年度畅销书排行榜"等，这些书目和书单无疑能够为广大读者从每年的新书书海中选择图书提供一定的指导作用。

徐雁老师认为如果能借助目录学方法，采用在新书中好中荐优的方法遴选出适量的好书加以推广，将是一种行之有效的阅读推广方法[3]，并从各种书单中遴选产生了《2014—2015阅读年度校园读物推广好书榜（36种）》（见表4-23）。在此好书榜中，韩少功的《日夜书》，苏童的《黄雀记》，贾平凹的《带灯》，金宇澄的《繁花》，都曾在期刊《长篇小说选刊》中出现，可见，这本期刊本身就具有一定的好书榜的推荐作用。

---

[1] 谷秀洁，张赞魁. 推荐书目与图书馆阅读推广 [J] 山东图书馆学刊，2011（3）：62-65.
[2] 周金林. 导读工作概论 [M]. 南京：南京大学出版社，1994.
[3] 徐雁. 最是书香能致远，从来开卷有益多——《2014—2015阅读年度校园读物推广好书榜》内涵解析 [J]. 新世纪图书馆，2014（4）：5-11.

表 4-23 2014—2015 阅读年度校园读物推广好书榜

排名	书名	作者	出版社	出版时间	书榜来源
1	《看见》	柴静	广西师范大学出版社	2013.1	2013 年度《中外书摘》十大好书
2	《追风筝的人》	（美国）卡勒德·胡赛尼	上海人民出版社	2013.6	当当网 2013 年度畅销书排行榜
3	《百年孤独》	（哥伦比亚）加西亚·马尔克斯	南海出版公司	2011.6	文轩网
4	《大数据时代》	（英国）维克托·迈尔-舍恩伯格	浙江人民出版社	2013.1	开卷 2013 年度畅销榜
5	《平如美棠：我俩的故事》	饶平如	广西师大出版社	2013.5	新京报 2013 年度好书
6	《邓小平时代》	（美国）傅高义	三联书店	2013.1	《作家文摘》2013 年度十大影响力图书
7	《莫言作品精选》	莫言	长江文艺出版社	2013.3	2013 年度"大众喜爱的 50 种图书"
8	《陈寅恪的最后 20 年》	陆键东	三联书店	2013.6	2013 年度新浪好书榜
9	《目送》	龙应台	三联书店	2009.9	开卷 2013 年度畅销榜
10	《古拉格：一部历史》	（美国）安妮·阿普尔鲍姆、勒德·胡赛尼	新星出版社	2013.3	2013 年深圳读书月年度十大好书
11	《文学回忆录》	木心讲述（陈丹青笔录）	广西师范大学出版社	2013.1	中华读书报 2013 年度 100 佳图书
12	《天才在左疯子在右：国内第一本精神病人访谈手记》	高铭	武汉大学出版社	2010.2	当当网 2013 年度畅销书排行榜

续表

排名	书名	作者	出版社	出版时间	书榜来源
13	《费正清中国回忆录》	（美国）费正清	中信出版社	2013.8	《作家文摘》2013年度十大影响力图书
14	《麦田里的守望者》	（美国）J.D.塞林格	译林出版社	2010.6	文轩网
15	《从你的全世界路过：让所有人心动的故事》	张嘉佳	湖南文艺出版社	2013.11	开卷2013年度畅销榜
16	《窗边的小豆豆》	（日本）黑柳彻子	南海出版社	2011.1	开卷2013年度畅销榜
17	《没有色彩的多崎作和他的巡礼之年》	村上春树	南海出版公司	2013.1	2013年度"大众喜爱的50种图书"
18	《博弈与社会》	张维迎	北京大学出版社	2013.1	雷颐（中国社科院近代史所研究员）
19	《观念的水位》	刘瑜	浙江大学出版社	2013.1	2013凤凰网年度好书及年度提名好书
20	《字里行间书房：一生的读书计划》	（美国）克里夫顿·费迪曼、约翰·S.梅杰	译林出版社	2013.5	当当网2013年度畅销书排行榜
21	《废都》	贾平凹	译林出版社	2013.12	当当网2013年度畅销书排行榜
22	《钱锺书生平十二讲》	钱之俊	上海社会科学院出版社	2013.11	李红岩（中国社会科学杂志社研究员）
23	《繁花》	金宇澄	上海文艺出版社	2013.1	2013年深圳读书月年度十大好书
24	《出梁庄记》	梁鸿	花城出版社	2013.3	2013凤凰网年度好书及年度提名好书

续表

排名	书名	作者	出版社	出版时间	书榜来源
25	《带灯》	贾平凹	人民文学出版社	2013.1	2013凤凰网年度好书及年度提名好书
26	《第7天》	余华	新星出版社	2013.6	开卷2013年度畅销榜
27	《谁的青春不迷茫》	刘同	中信出版社	2012.12	文轩网
28	《陈年旧事》	叶兆言	中信出版社	2013.6	何怀宏（北京大学哲学系教授）
29	《深夜食堂》	（日本）安倍夜郎	湖南文艺出版社	2013.6	2013年度新浪好书榜
30	《黄雀记》	苏童	作家出版社	2013.8	白烨（中国当代文学研究会常务副会长）
31	《重启改革议程——中国经济改革二十讲》	吴敬琏、马国川	三联书店	2013.1	雷颐（中国社科院近代史所研究员）
32	"王鼎钧回忆录四部曲"（《昨天的云》等四部）	王鼎钧	三联书店	2013.1	2013凤凰网年度好书及年度提名好书
33	《日夜书》	韩少功	上海文艺出版社	2013.3	白烨（中国当代文学研究会常务副会长）
34	《朱镕基上海讲话实录》	《朱镕基讲话实录》编辑组编	人民出版社	2013.8	开卷2013年度畅销榜
35	《艾丽丝·门罗作品集》	（加拿大）艾丽丝·门罗	译林出版社	2013.11	2013年度新浪好书榜
36	《偷影子的人》	（法国）马克·李维	湖南文艺出版社	2012.7	2013年度"大众喜爱的50种图书"

高校图书馆通过导读工作向读者推荐图书的活动，能够使读者了解图书馆馆

藏有价值的图书，进行有针对性地阅读；同时，读者将读过的好书推荐给其他读者，能够使大家共同分享好书，共同进步。①比如，中国科学技术大学图书馆邀请学校一些知名教师为科大学子推荐一些经典读物，将详细的书单公布在图书馆主页；安徽大学图书馆通过与读者互动，评选年度"好书榜"，在图书馆主页发布，向更多的读者推荐好书。

2. 知识讲座

读者关心的许多关于阅读和文化方面的问题，关于经济、科技、生活方面的知识和理论，通过书本很难自助理解和消化，这时候讲座就起到了很好的"启蒙"作用，也使读者有机会与自己所感兴趣领域内的专家学者有面对面交流的机会，获取最前沿的研究成果和信息。因此，邀请专家、学者到图书馆为读者举办讲座是图书馆日常阅读推广经常用到的一个有效方法。知识讲座涵盖的范围比较广，形式多样，包括专家讲座、专题讲座、经典讲座等。

（1）专家讲座

高校图书馆邀请著名教授学者、专家、作家及成功人士为读者进行专题讲座，请名师讲述读书与人生，读书中的快乐，快乐的人生，使读者能够分享名师潜心研究的成果，了解其学术人生的平凡与从容。通过名师讲座，繁荣校园文化，活跃学术气氛，提倡理论研究和学术创新。同时，能够使学生和名师多沟通、多交流，从名师读书的经历中汲取养分，找到更适合自己的书和读书的方式。

（2）专题讲座

高校图书馆文献资源丰富，是读者汲取知识的殿堂，举办图书馆资源利用讲座，使读者了解图书馆的资源特色，正确利用图书馆的资源，尤其是丰富的电子资源，提高读者利用图书馆文献资源的能力，更好地发挥图书馆的功能，是高校图书馆阅读推广活动中的一项重要内容。如合肥工业大学图书馆开展了"善用工具提升研究竞争力——图书馆电子资源介绍及检索入门"的讲座，旨在帮助读者综合掌握图书馆提供的电子资源与服务，主要包括：馆藏有哪些学科、哪些类型的电子资源、资源查找与获取的途径、电子资源访问中的常见问题、推荐与咨询等。

---

① 郑伟青.高校图书馆阅读推广实践现状调查与分析[J].图书馆工作与研究，2012(8)：108-112.

(3) 经典讲座

经典是各个知识领域中那些典范性、权威性的著作，有传统历史经典和现代经典，前者是经过历史检验，为世人所普遍认可的历史名著，像中国的四大名著、诸子百家作品。后者是各个学科的著名学者的著作。关于经典的讲座，可以是对传统历史经典的解读，也可以是著名学者对自己作品的阐释和说明。此类讲座可以理解为大家都愿意称为的"真人图书馆"，加强著者与读者之间的交流，让正能量得以有效传播。

安徽大学图书馆举行的文典大讲堂和阅读经典活动都是此类经典讲座（见表4-24），尤其值得指出的是两场活动：一是由馆员参与的关于经典作品的演讲比赛，二是由馆员和学生共同参与的讲故事比赛，这两场活动的效果很好，也加强了图书馆与读者之间的联系和沟通，得到了普遍的认可。其他的活动即使是请来了名家，结果也不甚理想，甚至出现了零读者到场的尴尬。究其原因，一是宣传不到位，二是活动未得到读者的认可。总的来说，是在做这些讲座的前期准备工作时，没有和读者进行事先沟通，不了解读者的实际需求。另外，也使我们明白一个道理，不是名家的名气大就可以得到读者的认可，读者的需求才是最重要的。

表 4-24 安徽大学图书馆 2013—2014 年知识讲座情况统计表[①]

序号	时间	主题	类型
1	2013.4.27	桑良至谈中外名人读书至用	专家讲座
2	2013.5.7	读文学经典，升华灵魂	经典讲座
3	2013.5.9	君子和而不同	经典讲座
4	2013.5.15	积极心理学——职场幸福感的法则	专题讲座
5	2013.5.17	漫话《西游记》	经典讲座
6	2013.5.22	从斯塔夫里阿诺斯的《全球通史》说起	专家讲座
7	2013.5.25	如何进行跨学科与跨文化研究：以气学社会学为例	专题讲座
8	2013.9.14	又见炊烟——温一轮故乡的明月下酒	经典讲座
9	2014.3.19	人口发展的若干问题	专题讲座
10	2014.4.17	《聊斋志异》的艺术魅力	专家讲座
11	2014.5.17	Presentation	专题讲座

---

① 安徽大学图书馆 [EB/OL].[2014-8-7].http://210.45.210.223/.

续表

序号	时间	主题	类型
12	2014.5.28	创业创新那些事——"口袋小安"与"磐苑小站"的创业创新	专题讲座
13	2014.6.10	国学大师钱穆的《国史大纲》与中国现代新史学的建立	经典讲座

3. 图书漂流

图书漂流活动起源于 20 世纪六七十年代的欧洲，因为该活动让书邂逅懂书的人，富有浪漫主义色彩，深受人们欢迎，从 2004 年起在中国也逐渐流行起来。图书漂流是指书友们将自己拥有却不再阅读的书籍放到公共场所，无偿地提供给他人阅读。在高校图书馆组织的图书漂流活动会受到书源的限制，学生的捐书一般为旧刊、旧教材，很难吸引其他读者。图书馆可以发动教师加入其中，捐出部分闲置的图书。另外图书馆可联系书商，筹集优秀图书，丰富漂流书架。通过漂流图书，让知识在传递中扩展，在交流中分享阅读的快乐。图书漂流活动不仅仅有书香，还体现了社会公德和相互信任，有助于提升学生的素质和修养。[①]

在高校图书馆中，图书漂流也称爱心书屋，它对阅读推广起着非常重要的作用。复旦大学图书馆和上海交通大学图书馆先后成立了图书漂流书架。[②] 随着图书漂流活动的发展，其已经成为高校图书馆开展阅读推广活动的主要形式（见表4-25）。

表 4-25 安徽省部分高校开展图书漂流情况表[③]

序号	学校	起始时间	发起者
1	合肥工业大学	2007.12	读书会
2	淮北师范大学	2009.10	图书馆
3	安徽电气工程职业技术学院	2009.3	图书馆
4	安徽中医药大学	2010.11	读书会

---

① 杜鑫. 校园阅读推广的建设策略分析 [J]. 农业图书情报学刊, 2013 (7): 116-118.
② 查宇. 上海地区高校图书馆阅读推广活动探讨 [J]. 图书馆论坛, 2014 (2): 41-50.
③ 郭芹, 罗燕. 安徽省图书漂流活动现状及发展策略探析 [J]. 大学图书情报学刊, 2011(5): 24-26, 34.

续表

序号	学校	起始时间	发起者
5	巢湖学院	2010.12	读书会
6	安徽师范大学	2010.3	图书馆
7	安徽医科大学	2010.4	读书会
8	芜湖皖南医学院	2010.4	读书会
9	安庆师范学院	2010.4	图书馆
10	安徽大学图书馆	2013.4	图书馆

高校图书馆开展图书漂流活动具有重要的意义。一是有利于营造良好的阅读氛围，促进书香校园文化建设。高校图书馆开展"图书漂流"活动，能够帮助学生更多地利用图书，养成良好的阅读习惯，形成浓厚的书香校园氛围，使校园文化建设更加丰富多彩。图书漂流，构建了一个永久流动的天然图书馆，漂流书香，漂流知识，漂流文明。二是有助于提高大学生的道德修养。图书漂流活动较少有监督，基本无约束，是一种主要靠读者自觉、自律的阅读形式。通过开展漂流活动，绝大多数学生会认识到开展图书漂流活动的意义，懂得开展图书漂流活动是对读者思想品质、社会公德的考核和检验，自觉遵循漂流规则，约束自己的行为，这势必对提高大学生思想道德水准、促进优良校风和校园文化建设产生积极影响。图书漂流着书香，以奇特的方式检验着诚信，传递着文明和诚信。[1] 三是有助于实现资源共享。图书漂流作为图书交流和分享的一种方式，必须有充足的书源来满足大学生阅读的需求。通过自愿捐赠的途径，把学校内师生不再使用并且健康向上的各类图书资料搜集起来，参与漂流，让更多的人获得阅读的机会，共享资源，最大限度地发挥图书应有的价值。图书漂流形成了一种流动的、开放的文献资源，这种资源大大丰富补充了图书馆的馆藏量，成为文献资源共享的一种新形式。[2]

高校图书馆利用自身的优势和地位开展"图书漂流"活动，一方面，通过与图书捐赠活动相结合，使图书捐赠活动长期化、制度化，使图书的价值能够得到进一步的开发和利用；另一方面，能在全校学生中营造良好的阅读氛围，提升大

---

[1] 陈玲.共享资源 创新服务——浅谈高校图书漂流活动的开展[J].高校图书情报论坛，2011（3）：27-28，36.

[2] 巩恩贵.高校图书馆开展"图书漂流"的意义及实践[J].中国人口·资源与环境，2014(3)：464-465.

学生的人文素质和综合素质，促进学生文化生活和道德风尚的建设。①

4. "一校一书"活动

"一校一书"活动形式来自"一城一书"（One city, One book）活动。"一城一书"活动起源于美国，是一类阅读活动的统称，其基本内容是选出一本书，并通过讲座、读书会等各种类型活动的举办，让在这个城市中的每个人都阅读和讨论同一本书。此外，还可以称为"一书一城"（One book, One city），通常与城市的名字相结合，如"一书一芝加哥""一书一温哥华""一书一桃园"等。"一城一书"是迄今为止影响最为广泛的图书馆阅读推广活动，在十几年里，风靡全世界。"一城一书"活动的成功使其模式受到广泛认同，常被其他阅读活动吸收，其中最经典的是与"大阅读"计划的结合。"大阅读"是由美国国家人文艺术基金会于2006年发起的阅读计划，旨在重建美国文化核心的阅读风气。2010年，"一城一书"活动的理念延伸至网络世界，有人发起了"一书一推特"（One book, One Twitter）活动，通过网络的力量凝聚世界各地的网民共组读书会。②

"一城一书"阅读活动有效地将个体阅读与公众活动相结合，从而实现信息和精神的交流乃至价值观共塑。选书是"一城一书"阅读活动的核心，活动的所有计划皆取决于书的选择。选择什么书提供给市民共读，是每个开展"一城一书"活动的城市共同面临的难题。南希·珀尔提出了几项选书的原则：首先，必须考虑作者的知名度及作品，知名度越高，作品越多样化，对活动的帮助越大；其次，必须考虑作者的配合度，为了提高读者的参与，主办单位当然希望作者能亲自出席座谈会，甚至和读者面对面讨论；最后，是作品的内容，既然活动最主要的目的是激发读者参与，因此所选作品必须包含值得探讨的议题。

"一城一书"活动与高校结合就形成了现在的"一校一书"活动。中央民族大学外国语学院"同读活动"，南京邮电大学的"一个平台三个季"都是成功的高校图书馆阅读推广实践活动，他们都选择了特定的时间来推行"一校一书"活动，让大家同读一本书。每年新生入学、老生毕业、校庆、运动会之类的都是举行同读一本书活动的良好契机。新生入学的时候我们可以推荐美国版傅雷家书《给即将上大学的孩子们的信》，图书馆专门制作的检索手册等，毕业季可以选择《毕业

---

① 孙会清.高校图书馆开展"图书漂流"活动的意义和途径 [J].图书馆学研究，2007(10)：66-68.

② 吴蜀红."一城一书"阅读推广活动的考察分析 [J].大学图书馆学报，2012（4）：18-23.

生》之类的图书，校庆运动会可以选择学校的校史来宣传。作为图书馆来说，可以联系学校的有关部门设立自己学校的读书日或者读书节，这样推广阅读就成了全年的常态。还可以根据特定的事件和时间来举行活动，像严歌苓的《陆犯焉识》和张艺谋的电影《归来》，我们可以举行一场读书和看电影的活动，同时邀请大家进行相关的讨论。"一校一书"活动在网络的形式类似于微博中的读书吧，只是这类读书吧仅仅是有个名，相关活动很少，参与情况也不理想，我们可以在图书馆网页中建立专区，互动讨论，一开始可以利用一定的激励措施，形成习惯传统之后，开展起来就会顺利了。

类似于"一校一书"，可以加强宣传，提倡学生中间进行"一班级一书""一寝室一书""一专业一书"活动，并对做得好的学生团体进行表彰，给予相应的奖励，以增强学生的积极性，让主动积极的阅读活动在整个校园里成为主流，建成"书香校园"。

5. 书友会（读书会）

（1）概念解析

书友会（读书会）是阅读推广活动的一个重要组织形式。阅读可以是很私人的活动，也可以进行集体活动，读者朋友们可以因书聚集在一起，组成一个群体，定期或不定期地进行交流，可以就同一本书发表各自不同的观点和评论，也可以各自说说自己所读的好书，推荐给大家，我们可以称之为书友会，或者读书会。阅读一方面是为获取信息知识和精神养料的个体行为，另一方面阅读是需要分享心得、共同品味、思想碰撞的群体行为。[1] 为这一目标而成立的阅读组织，其名称非常之多：书友会、读书会、读书社、读者沙龙，等等。无论名称是什么，这些组织的宗旨都是以书会友、共同品味、分享感悟、深度思考。它的阅读活动是一个团体针对事先确定的主题，以阅读、导读、欣赏、分享、讨论、辩论等方式，作持续性、有系统的团队学习。[2] 而现代意义上的读书会则起源于瑞典，依据瑞典官方的成人教育公告（Adult Education Proclamation）的解释，读书会是指一群朋

---

[1] 微博书评让阅读不再寂寞 [EB/OL]. 广州日报（2011-12-29）[2012-02-02].http://m.dayoo.com/113689/113696/113699/201112/29/113699-21242704-6.htm.

[2] 蔡红，尹恩山. 浅谈大学图书馆的阅读组织及其阅读活动的开展 [J]. 图书馆论坛，2013(1)：148-151.

友根据事先确定的题目或议题，共同进行的有方法、有组织的学习。[①] 简而言之，读书会是一群人聚在一起讨论图书，表达意见，英文名称有 book discussion club、book club、reading group、book group 等。[②]

大学图书馆的书友会（读书会）根据其组织目标分为两类：一类是一定程度上参与图书馆管理与读者服务工作的学生组织，尽管冠以书友会、读书会或是读者协会等名，其实质还是协助图书馆的工作，促进阅读可能只是其工作目标和工作内容之一；另一类是单纯的阅读组织，组建的唯一目标就是促进阅读。只有持续举办常规化的阅读活动，这个阅读组织才有存在的意义。

（2）重要性

通过创办读书会，不但读书会的学生受益，通过读书，增长知识，陶冶情操，提高文化素质修养；通过共享读书心得，其他学生也受益。关注读书会的学生所看的书，掀起热爱读书，热爱学习的高潮。把更多的图书推向读者。读书会也是架起读者与图书馆工作人员之间的一座桥梁，加强读者与工作人员之间的沟通，是联系读者和工作人员之间关系的友好纽带。通过读书会会员可以及时反馈读者的要求和建议。把读者和工作人员联系到一起，共同学习探讨，提高思想认识和文化修养。图书馆的文献资料得到更好的利用。图书馆的书是给读者阅读的，图书馆的工作不只是给每一位读者找书，也是给每一本书找适合的读者。阅读的人越多，越能提高文献资源的利用价值，发挥图书馆的宣传作用，通过读书来启迪学生的灵魂和思想。[③]

图书馆一方面可以为这些群体做的，是为大家提供一定的场所，让大家不必为场地问题困扰，而且我们的丰富馆藏也为他们提供了丰富的资源。一般来说，高校图书馆都是只为本校师生服务的，其实，校友们也不应该被忘记，可以为他们组织一个"校友读书会"，因为校友们都在不同的工作岗位、地点，实际约会的时间很少，我们可以以QQ群的形式建立这类读书会。另一方面，图书馆不能只满足于为书友会、读书会提供场所和图书，我们应该为大家提供更深层的服务，建立有效的"阅读指导教师"队伍，来作为这些群体的组织者，同时为大家进行

---

① 邱天助. 什么是读书会 [EB/OL].[2013-03-20].http://blog.sina.com.cn/s/blo_8abd00fc0100wrd6.html.
② 秦鸿. 欧美图书馆读书会经验及其借鉴 [J]. 图书情报工作，2013（12）：88-92.
③ 魏丽，闫建平. 高校图书馆如何创办读书会和开展读书会活动 [J]. 科技信息，2008（22）：624，668.

有效阅读提供指导。这个"阅读指导老师"既可以是我们的馆员,也可以是我们邀请的相关学者和教师。

合肥工业大学图书馆早在 2005 年就通过与学生社团共建的形式,建立了读书会,定期组织活动,如安排读书任务,要求会员提交读书心得,出版读书会会刊等,取得了很好的效果。通过一系列活动,吸引其他学生关注读书会的学生所看的书,掀起热爱读书的高潮,把更多的优秀图书推向广大读者。

(3)校友读书会

校友读书会是读书会的一种重要形式,当前被越来越多的高校图书馆所重视,是高校图书馆拓展阅读推广的又一重要手段。

校友是指在学校学习或工作过的人士,包括对学校作出贡献的人士(荣誉校友或学校的朋友)。[1]校友资源有丰富性、持续性、多元性和潜在性等特点,校友服务不仅是校友专栏的重点内容,也是校友关注的焦点。[2]调研发现,国内外高校图书馆向校友提供的服务主要包括借阅服务、电子资源、参考咨询、信息推送和共享服务及一些其他服务。但是安徽省高校图书馆很少涉及这一方面的阅读推广工作,大部分图书馆在毕业生离校前,一般都会注销他们的账号,不再为毕业生服务,没有发展毕业校友的服务项目。下面以清华大学图书馆为例,希望能对安徽省高校图书馆开展校友阅读推广提供借鉴。

清华大学 2011 年百年校庆期间,图书馆设计了校友调查问卷,征集校友对图书馆资源和服务的需求及建议。调查结果显示,90% 的校友希望经常获取图书馆信息;89% 的校友希望通过电子邮件获取图书馆信息;50% 以上的校友毕业后还会浏览图书馆主页;校友希望经常获取图书馆新资源介绍、学术讲座、校友活动、各种信息通报等信息;校友希望母校图书馆提供学科信息、文献传递、讲座培训等服务;79% 的校友表示,可以交纳一定费用,享受图书馆服务,特别是图书外借和电子资源校外访问服务;70% 以上的校友表示希望为图书馆提供赠书捐款等支持。[3]百年校庆期间,清华大学图书馆在主页创立了校友专栏,希望为校友提供一个利用图书馆的平台,图书馆校友专栏的设置在国内图书馆是较早的尝试,该

---

[1] 高澎,胡佩农.基于个人、高校及社会和谐发展的工作思考[J].科学经济社会,2005(4):5-7.
[2] 魏功德.高校校友会的职能与校友资源有效开发的研究[J].广西大学学报:哲学与社会科学版,2008(2):149-150.
[3] 武丽娜,庄玫.高校图书馆主页校友服务栏目调查与启示[J].现代情报,2012(10):149-152.

专栏介绍了校友可在图书馆内享受的服务,包括校友留言、校友调查、怀念图书馆、捐赠等栏目。

清华大学校友可持校友卡进入图书馆阅览;向校友提供咨询服务,清华大学校友可在图书馆主页"读者之声"和虚拟咨询服务台版提交问题,图书馆一般在1~2个工作日内即可答复校友;校友除了可以在图书馆主页了解图书馆资讯外,还可在校友专栏了解到他们关心的信息。清华大学图书馆会及时在人人网、微博、公告发布图书馆的最新信息,从多个渠道推送图书馆资源和服务,尽可能使包括校友在内的所有读者了解到图书馆的服务,使资源得到最大化利用。清华大学图书馆于2011年在图书馆主页推出全新"捐赠园地",为校友捐赠提供了便捷途径。

通过清华大学图书馆的实例,我们认为,安徽省高校图书馆可从以下几方面开展校友服务工作:(1)与校友会合作,联合管理校友资源。可以及时掌握和获取最新校友信息,通过电子邮件、手机图书馆等方式适时向校友推广服务,如将图书馆参观展览、馆庆等活动信息及时告知校友。(2)努力构建全方位的终身校友服务体系。包括借阅服务、方便获取电子资源、个性化定制服务、网络学习平台等。图书馆应充分利用图书馆服务宣传月、校庆日、校友返校等契机,进行校友调查或与校友进行座谈,通过面对面交流,了解校友对图书馆的需求,收集他们的意见和建议;结合情况普遍采用社交网络工具建立与校友的网上沟通渠道。(3)积极争取校友和社会捐赠,为图书馆开展校友服务提供资金来源。包括捐款设立基金、捐赠专著等多种形式。如清华大学1981级校友在2011年百年校庆期间向母校捐款,设立清华大学1981级图书基金。该基金作为清华大学图书馆的专项购书款,主要用于购买与清华大学教学科研密切相关的各类书籍,供学校师生借阅。①另外,清华文库也收录校友的成果和资料,吸引了大批的捐赠。

6. 图书馆微博

图书馆微博是图书馆在各大微博官方网站所注册的微博,主要用来发布图书馆公告,介绍新增信息资源,开展信息导航,与用户进行实时互动交流等,是图书馆对外宣传服务、开展信息咨询的新型工具。近年来,图书馆微博正凭借着丰富的信息、热情的服务、俏皮的网络语言、温馨的小提示悄然改变着图书馆和馆

---

① 李金芳,车慧,钟文娟.美国高校图书馆校友服务的典型案例研究及对我国的启示[J].情报资料工作,2012(4):85-89.

员在人们脑海中的刻板印象，图书馆正努力尝试通过微博这个新型窗口逐步树立亲和、高效的服务形象。据调查，目前经认证的图书馆微博主要集中于新浪、腾讯两大平台，其中以新浪为主要阵地。从2009年11月国内第一个图书馆微博开通，截至2018年全国图书馆界已开通1 000多个相关微博，包括图书馆官方认证微博、图书馆部门微博、图书馆相关组织微博、图书馆员微博等。[①]

（1）图书馆微博的角色

① 宣传者。微博能宣传图书馆形象。首先，微博能宣传和提升自身形象，以吸引广大群众。其次，微博还能宣传图书馆活动、资源和服务。图书馆微博的宣传目的就是让用户无须离开自己的工作、娱乐环境，就可以随时随地、高效、及时、准确地获取图书馆信息。最后，为了充分发挥图书馆传承文化的功能，许多公共图书馆微博还大力宣传和推广当地特色文化信息资源。

由于图书馆微博内容限于140字，它通常以简短广告的形式出现，最适宜预告活动、推送服务、介绍书籍、传递书讯等，从而成为传播图书信息的使者和宣传服务的窗口，为图书馆承担着宣传者的角色，肩负宣传任务。

② 信息咨询者。通过微博咨询的问题主要集中于三个方面：其一，关于使用图书馆方面的问题。其二，关于学科类信息检索问题。其三，关于图书馆活动公告的问题。

③ 用户调研者。图书馆微博用户的动机更着重于"获取新知和乐趣""期待互动"，图书馆微博是广大用户发表意见、提供建议的平台，图书馆可以充分利用这一平台对用户开展各种调查。

④ 公关协调者。公关协调者，就是在公关工作中起到沟通信息、消除隔阂以达成共识作用的人或机构。微博兼具大众传播与人际传播的功能，因此，它在协调各种公共关系中也能发挥重要作用。[②]在图书馆方面具体体现为：协调图书馆与用户的关系；协调图书馆与同行图书馆、图书馆学者的关系；协调图书馆与社会的关系。例如，2011年清华大学图书馆在百年校庆年开通了两个系列的微博，一个是面向校友，即"校友如何利用图书馆"；另一个是回顾清华大学及清华图书馆历史，利用网络资源提供大量清华大学及其图书馆的老照片。这两个系列的微博得到了较高频次的转发和评论，极大地提高了校友对母校及其图书馆的关注度。

---

① 徐德军. 微博在图书馆应用现状分析及建议 [J]. 图书情报论坛，2012（1）：26-29.
② 黄梅林. 图书馆微博的功能优势与角色定位 [J]. 图书馆界，2013（2）：4-7.

(2) 微博在高校图书馆阅读推广中的价值

微博作为一个高度社会化的传播平台，集中了手机短信、社交网站、博客和即时通信等沟通方式，在传播力、影响力、聚合力等方面具有独特优势，将在图书馆阅读推广中发挥越来越大的作用。

① 微博是阅读推广信息发布的快捷平台。微博作为一个跨媒体的传播工具，用户通过网络和手机等终端不仅能够在当日，而且能够仅仅在数小时，甚至是几分钟内就能将新闻事件传播出去。图书馆看到了微博的力量，纷纷将微博作为自身阅读推广活动信息发布的快捷平台。

② 微博是图书馆阅读推广服务的快速通道。微博用户只要在图书馆组织的活动现场，即可对阅读推广活动进行"直播"。他们及时跟进的报道营造了浓厚的现场感，同时，其他微博用户可以通过无线和有线渠道在第一时间获得阅读推广信息，并随时发布个人的感想或建议。

③ 微博是深度了解读者阅读情况的有效渠道。图书馆可以通过微博搜索标签或微博用户介绍的主题词，以及微博名称等方式，迅速找到有阅读爱好标签的人。同时通过数据中心的粉丝分析，了解图书馆微博粉丝的所处地域、年龄结构、性别等，这样就可以精确定位读者。此外，图书馆微博的粉丝大多在自己的微博上记录了自己的阅读爱好、阅读倾向、阅读计划、阅读感想等，这为图书馆深度了解读者阅读情况提供了可能，有助于图书馆在策划和组织阅读推广活动时有的放矢、对症下药。

④ 微博是阅读推广活动的口碑反馈平台。微博已经成为促进图书馆与读者沟通的重要平台，同时微博又在图书馆活动反馈、意见处理等方面扮演着重要角色。粉丝在微博中对图书馆开展的阅读推广活动的留言、评论、转发、私信等，使得图书馆即时获得阅读推广活动的社会反馈成为可能，能够帮助图书馆深入了解读者的意见和建议，有针对性地完善相关工作。当读者在对图书馆阅读推广服务发出请求、建议、帮助等信息时，图书馆的实时跟踪功能可以通过微博回复、私信等方式迅速解决问题，有效地提高读者的满意度。

(3) 基于微博营销的高校图书馆阅读推广策略

从整体上看，目前国内高校图书馆借助微博营销的步伐刚刚启步，微博营销方式大多简单，且有同质化问题。基于微博营销的高校图书馆阅读推广，需要注意以下几方面的策略。

① 沟通策略。强调沟通技巧是阅读推广取得良好效果的要素之一。微博的本质是社交，社交的重点在于沟通和互动。高校图书馆基于微博的阅读推广，必须确立受众目标、注重互动沟通、强调沟通技巧。为了更准确地选择受众目标，图书馆在进行阅读推广时，必须明确：向谁推广？推广什么？如何推广？为什么推广？需对粉丝的基本情况、阅读偏好、阅读需求点、对图书馆的满意度等有所了解，发现当前或潜在的受众目标。注重与粉丝互动沟通是图书馆阅读推广的基础，粉丝越多，推广的效果自然就越好。①

② 时间策略。时间策略指在发布阅读推广活动微博的时间安排方面所采用的方法和技巧。主要围绕三个方面的时间管理策略：一是时间选择，即何时发布微博，重点在于发布微博的时机选择。二是微博发布周期，即发布微博的起止时间。三是微博发布频次，即同一天发布微博的次数。

③ 管理策略。管理策略是微博营销为达到图书馆阅读推广目标而规划和实施的理念、服务构思、活动策划等。由于时间、性质、读者需求的不同，因此管理策略的任务也有所不同。

④ 创意策略。创意策略指图书馆在进行阅读推广过程中，要以独特的方式进行微博营销，要重视活动策划创意、话题设计创意与个性内容创意，最大限度地满足读者需求，吸引更多的读者群体，寻求最佳的推广效用。

微博近几年已经成为大学生这类年轻群体广泛接受的新媒体形式，每天刷微博也成为习惯。各高校图书馆纷纷认识到微博这一新媒体的宣传优势，纷纷开设微博（见表4-26）。为增强图书馆与读者之间的沟通交流，安徽大学图书馆也于2014年初开设了自己的微博，并在图书馆的各个醒目位置张贴了二维码。但是到目前为止效果并不理想，其内容信息少，很多内容都是直接从网站上转发的通知信息之类的，缺乏特色，还不足以引起大家的兴趣。

表 4-26 安徽省部分高校图书馆开设微博情况

序号	学校	是否开设微博	微博网址
1	安徽大学	是	http://weibo.com/3248617773
2	中国科学技术大学	是	http://weibo.com/ustclib

---

① 王祝康，王兆辉.微博营销策略应用于公共图书馆阅读推广的研究 [J].图书馆杂志，2013（9）：34-38.

续表

序号	学校	是否开设微博	微博网址
3	合肥工业大学	是	http://t.qq.com/hfgydxtsg
4	安徽农业大学	是	http://weibo.com/u/3848526775
5	安徽师范大学	是	http://www.weibo.com/u/2484886532
6	安徽财经大学	是	http://www.weibo.com/u/3609543157
7	安徽医科大学	否	—
8	安徽理工大学	否	—
9	安徽职业技术学院	否	—
10	安徽电气工程职业技术学院	否	—

如何更好地利用微博，需要图书馆派专人用心地管理微博，从思想上就要重视这个问题，不是跟风设置一个微博账号就可以了。我们可以将微博设置成多个板块："本馆通知公告""图书馆界动态""本馆图书信息"（包括采购书目，进入采编藏各个环节的实时信息），"书评推介"（包括馆员书评，教师专业书评，学生读者的书评），"心灵鸡汤语录""国学经典语录""谈读书"（包括名人谈读书和各类普通读者谈读书）等。板块设置之后就是内容的充实和维护，需要不断地更新内容，各个板块不一定需要每天都更新，公告、动态、图书信息最好实时更新。

7. 书评

"中国现代书评之父"萧乾曾认为理想的书评职能应该是这样："书评可以使好书更畅销，坏书受到淘汰。它应是读者的顾问，出版者的御使；是好书的宣传员，坏书的闸门。对于出版工作，它应起到筛子、镜子和轮子的作用。"[①]

（1）书评的定义

书评简言之，即是介绍书籍内容，并评论其得失之谓。根据美国《兰登字典》解释："书评是对于新出版的书加以批判（Critical description）和评价（evaluation），而发表在报纸或杂志上的。"近年来，书评凭借实时性、审美性、通报性和导读

---

① 徐雁，谭华军. 知行合一：倡导书评独立品格的萧乾[J]. 图书馆杂志，2013（11）：19-25.

性等职能已经发展成为学术创作的一种重要形式。通过书评,可以在信息爆炸的时代迅速找到有价值的图书,通过对特定学科书评的研究了解该学科的主要研究成果和研究进展,同时可以发现该学科的主要研究人员。萧乾给出书评的定义为"一种为一般读者所写的一般书籍的批评",徐雁先生提出书评是全面评价作品的内容,具体研究有关观点的问题,是对图书的内容及其形式的价值进行评估的文体。[①]

(2) 书评的形式

从评论的深度来看,目前书评有报道性简评、评论性书评和读后感三大类形式。报道性书评一般是对新出版的书进行的介绍,侧重对书的作者的介绍和对书中涉及内容大致的描述,介绍书的新颖性和创造性。评论性书评是对书的价值的一种判断,对书中作者思想及书的内容进行评价和探讨,学术性较强。读后感是一种间接评论书的方式,通过书给读者带来的影响和启迪来侧面反映书的影响力和价值。从书评的感情色彩方面来看,书评又有肯定性书评和否定性书评,但是推动史学进步的往往是否定性书评,通过质疑著书之人的思想及书的内容,书评作者能够一针见血地指出书的缺陷,如张振鹍先生批评黄文雄的著作,直接称他的著作为"拙劣的诡辩"。否定性评论使读者能够理性地判断书的价值,同时也能够使有关历史问题得到澄清。[②]书评发展到今天也有了新的形式,网络书评和微书评。微书评是新型的书评形式,短短的一百多字更能体现如今的快餐文化,更能够为微博时代年轻读者接受。高校图书馆可以利用采取各种书评形式,包括传统的书评、网络微书评,同时可以鼓励自己的馆员作评,也可以邀请读者作评。以安徽大学图书馆为例,有馆刊《导读》,每期基本都有馆员所作书评,介绍本馆新近采进的图书,缺点是《导读》每期内容太少,书评仅一篇,且影响面太小,仅局限于图书馆内部。

(3) 书评的价值

不管是传统书评,还是网络书评,或者是其他形式的书评,都对图书馆和读者具有重要的价值。从图书馆的角度来说,书评一方面有利于提高图书利用率,引导读者阅读:图书馆通过书评掌握读者阅读心态,合理整合资源,不断改进服

---

① 徐雁. 话说"五十个书评家" [J]. 中国编辑,2006 (1): 13-15.
② 李刚,杨巍. "濒危文体": 史学书评的数据分析 (2000-2012) [J]. 图书馆杂志, 2013(11): 26-29.

务方式，基于书评鼓励、推荐、引导读者正确阅读和求知；书评同样可作为馆藏信息的有益补充，刺激阅读需求，引导延伸阅读，促进藏书得到充分流通与利用，发挥更大的社会效益；方便读者查阅并持续地参与，使读者深入了解图书信息、扩大图书影响。另一方面有益于图书采选参考：出版的繁荣造成图书数量和品种的剧增，强化书评在图书馆图书采选中的作用变得日益必要，书评可以弥补采选人员因自身知识、精力的不足无法对海量书籍进行适当选择的局限性，有效减少工作中的盲目性，推进图书采选工作的顺利进行，真正实用有益地扩充馆藏。[①] 从读者的角度来说，书评有利于读者全方位了解图书，可以作为高效、快捷的选书依据，能激发潜在读者的读书热情，令其阅读心态由被动变为主动，逐步达到有感而发、读有所得的境界。大量书友因书评而结识，形成了各种阅读圈子，营造了良好的阅读氛围，变苦读为乐读。耳濡目染，饱闻书香，读者的文化素质、分析鉴赏水平必将在这种选书、读书、评书的循环中得以加速提高。

高校图书馆的读者群中有大量的老师和科研人员，他们的专业性都很高，比馆员在各科专业上来说更专业，如果能邀请各个院系的相关老师对本专业的图书作专业书评，一方面，能够更好地给予学生读者指导，另一方面，也能有效地指导图书馆的采购工作，优化馆藏结构。

8. 阅读心理治疗室

阅读疗法也叫图书疗法，是在疾病治疗中利用图书和相关资料使读者改变思维、放松心情、减缓压力，最后达到缓和心理矛盾、平衡心理的治疗方式。如即将阅读作为一种治疗心理疾病的方式，让读者在阅读过程中感受作者的思维和情感，从而激起某种崇高的理想，或者改进处世的态度，让这些读者真正拥有一个健康的心理。[②]

阅读疗法一词来源于美国。1916 年，美国人塞缪尔在《文学门诊》一文中，首次用到了 bibliotherapy 一词。[③] 该词是希腊语的 "biblion"（图书）与 "oepatteid"（治疗）的组合。就是通过阅读某种具有内容针对性的图书，以实现病态身心疗愈的一种方法。1848 年，美国人高尔特在他的关于《论精神病患者的阅读、娱乐和

---

① 李明. 网络书评的多元价值与社会文化传播功能 [J]. 图书馆杂志, 2013 (11): 30-33, 44.
② 赵晓杰. 高校图书馆开展阅读疗法的研究与实践 [J]. 科技信息, 2013 (7): 253.
③ 黄晓鹂, 王景文. 关于阅读疗法书目编制问题的思考 [J]. 大学图书情报学刊, 2012(5): 63-64.

消遣》论文中,首次提到了阅读治疗的功能。①1961年,《韦氏新国际英语词典》第3版定义阅读疗法的概念为:"指导患者阅读精选的阅读材料,作为内科学和精神病学上的一种辅助疗法,亦指通过有指导的阅读帮助解决个人问题。"1969年,美国《图书情报百科全书》定义阅读疗法的概念为:"阅读疗法就是在疾病治疗中利用图书和相关资料。它是一个与阅读有关的选择性的活动,这种阅读作为一种治疗方式是在医生指导下,有引导、有目的、有控制地治疗情感和其他方面的问题。"《图书情报学词典》对阅读疗法的解释为:"为精神有障碍或行为有偏差者选定读物,并指导其阅读的心理辅助疗法。"②

高校图书馆在开展"阅读疗法"服务方面的举措较多,其中一项主要的形式就是建立阅读心理治疗室,该阅览室是高校图书馆开展"阅读疗法"服务的主要窗口。其藏书必须要有针对性,能集中展示那些有助于解决大学生心理问题的文献。以人文社科类新报刊和心理指导类、人生哲理类专门文献为特色,确保阅览室能产生预期的功效。书架上要有相应的导读标识,如性情、养性、排忧等,以便于读者选择。为避免出现心理咨询室那样少有人问津的局面,阅览室的名称应具有创意,有时尚性,易于为学生所接受。环境格局布置也要讲究,应达到使人精神放松,情绪平和的目的。③如河北联合大学建设路校区图书馆的"阅疗之花",就是典型的阅读治疗心理咨询室,是阅读治愈作用的有效呈现,是国内高校图书馆关于"阅读治愈"的心理咨询方面的先创者,其他高校图书馆都可以学习借鉴。

阅读是一个人求取知识、造就学识、增长见识的方法。阅读可以积累知识,乃至改善人的性格,性格决定命运,那么阅读则能进一步地改变人的命运。阅读可以是很私人、私密的个人活动,它能够把人带到图书所描绘的世界中去,沉浸于书的世界中。个人可以通过图书所表达的正面思想来给自己加油鼓劲,消除自己的负面情绪,以达到治愈自己的心理问题。

现代社会电子化高度发展,尤其在高校校园中,年轻人几乎人人都拿着手机、手提电脑、平板电脑,虚拟的世界似乎对他们更有吸引力,现实中人与人之间缺乏之前的那种亲密的沟通。众所周知,虚拟世界的信息还很杂乱无序,年轻的大

---

① 王龙.阅读的健康和健康中的阅读 [M].香港:天马图书有限公司,2003:161.
② 赵萝蕤.我的读书生涯 [M].北京:北京大学出版社,1996:230.
③ 张家武.高校图书馆开展"阅读治疗"服务初探 [J].合肥学院学报(社会科学版),2004(4):12-123.

学生又缺少足够的辨别能力，不能很有效地去除其中的负面信息，很容易被其影响，出现不良的反映。加上和周围人距离的不断加大，个人没有办法解决所遇到的问题，这给阅读提供了施展的舞台。

图书馆需要做的就是为丰富馆藏和学生提供一个沟通的桥梁，心理咨询室则是提供了一个指导者，为有问题的读者指引了一个解决问题的方向。说到治疗和心理咨询，难免让人联想到医院，甚至是精神病医院，很多人对此还是很忌讳的，尤其是有些大学生读者，害怕自己的情况被别人知晓，更别说去医院了。现在图书馆出现类似的心理咨询室，情况应该会有很大的改善。一方面，大家可能觉得新奇，好奇心会促使大家进去了解。另一方面，真正有问题的也不太有什么忌讳了。这从另一侧面也能加强大家对阅读的进一步了解，增强对阅读的欲望，从而达到推广阅读的作用。

9. 高校图书馆阅读推广联盟

高校图书馆联合开展阅读推广活动，能大大提升阅读推广活动效果，而高校图书馆基于地域因素在各高校馆之间或高校馆与公共馆之间成立馆际联盟，联合开展阅读推广活动是比较理想的选择，目前联合开展阅读推广活动的案例不多，据公开资料介绍，目前有海南桂林洋大学生读书节、南京城东高校图书馆联合体读者服务月等。高校图书馆创建阅读推广馆际联盟，首先，应成立联盟阅读推广委员会作为联盟阅读推广工作的专门委员会，引导联盟成员馆科学地开展阅读推广活动；其次，要制订联盟阅读推广制度，对成员馆合作开展阅读推广活动的时间、内容、负责单位、经费分担以及场所安排等作出明确规定。

一定区域范围内的高校图书馆可依托地理位置优势，建立区域性高校图书馆资源与服务共享体系，联合开展阅读推广活动，为读者提供更多的阅读资源与服务。如南京城东高校图书馆联合体读书节与仙林高校读书节等。这些活动的成功开展，为其他高校图书馆间建立阅读推广联盟提供了值得借鉴的经验。

（1）南京城东高校联合体读书节

南京城东高校图书馆联合体（以下简称"联合体"）成立于 2005 年，由初始的南京农业大学、南京航空航天大学、南京理工大学三所高校发展成为现在包括南京林业大学和南京体育学院在内的南京城东片区五所高校。"联合体"所属院校的读者只需在自己学校图书馆就能对校外馆图书进行借阅及归还，这是一种"书动人不动"的新型馆际互借模式，这种通借通还的馆际互借大大方便了读者，是图书馆外借服务形式的拓展,也是现代图书馆发展的趋势。"联合体"馆际互借流程具体如下:第一步,通过本校图书馆主页上的"馆际借阅"中"区域联合馆藏书目全文检索"系统,可以查询五校图书馆的馆藏情况。第二步,通过"查看馆藏",可查看到其他馆图书的馆藏和可借复本情况,如需借阅,点击书名进入申请界面。首先选择图书所在学校,其次选择本人的取书地,最后点击申请。第三步,读者收到到书通知或自行在网上查询确认申请借阅图书到馆后,速到自己学校的图书馆指定柜台办理借阅取书手续,办理借阅手续后开始计算借期。图书的借期为30天,图书到期前及时到自己学校图书馆指定柜台还书。申请后10日内没有收到到书通知的需要重新申请。

"联合体"于2012年4月23日,举办了以"书香校园,悦读无限"为主题的"南京城东高校图书馆联合体2012读书节",开通了"联合体资源统一检索和服务平台"和"联合体校际图书通借通还服务",旨在实现资源共享,尽力打造"书香校园"。[①] 通过"联合体",实现了826万余册中外文纸质书刊,2100万余册电子书刊,170种专题数据库的资源共享[②],而且,这个数量还在逐年增加。

(2)仙林高校读书节

2010年12月8日,南京师范大学公共管理学院牵头,联合南京大学政府管理学院和南京财经大学公共管理学院共同承办的仙林地区首届高校"读书节"开幕。"读书节"以"读书让梦想插上翅膀"为主题,旨在让仙林校区溢满书香。[③]

在"读书节"中,以南京师范大学为核心,向仙林其他院校进行辐射。各校除了积极开展各自的活动外,还与当地社区联合,开展了"流动图书馆——与仙林新村社区共建"活动。这项活动是鼓励大学生带动仙林新村社区的读书氛围,使书香浸染社区。希望让学生在这项活动中树立社会责任意识,"用知识反哺社区,使校园清净幽香的读书氛围浸润社会"。

遗憾的是,"仙林高校读书节"并没有持续进行下去。但这两个案例给我们提供了很好的借鉴经验。

---

① 南京林业大学图书馆.书香校园,悦读无限——城东高校图书馆联合体2012读书节开幕[EB/OL].[2014-4-7].http://lib.njfu.edu.cn/benguanzixun/HTML/286.html.

② 南京城东五高校建图书馆联合体[EB/OL].[2012-4-24].http://epaper.gmw.cn/gmrb/html/2012-04/24/nw.D110000gmrb_20120424_7-07.htm?div=-1/.

③ 南京师范大学公管院.仙林溢书香 智慧亮人生——仙林高校首届"读书节"隆重开幕[EB/OL].[2014-4-7].http://sun.njnu.edu.cn/news/2010-12/135815_457792.html.

阅读推广的终极目标是培养读者的阅读兴趣和阅读能力，阅读常常是以个人需求为出发点的，为满足专业学习、休闲或精神的追求等，除了兴趣的支撑外（兴趣也依赖于日常的阅读训练和坚持），在阅读过程中也非常需要启发引导、支持鼓励和控制共勉等措施，所以图书馆推动开展小规模的、高频率的、持续性的、低成本的、日常化的阅读活动是非常必要的，这也是图书馆为促进阅读而开展服务的一个重要领域。

综上所述，高校图书馆就阅读推广可以做的有很多，形式多样，可以不拘一格，采取适合自己特点、最有效开展的活动样式，因为也有很多需要考虑的因素，比如说经费问题，人员力量和素质实力问题。同样，也不能要求所有馆的活动都能够收到很好的效果，我们现阶段最重要的是要参与到推广实践中去，然后不断地提高。我们能做的就是播下"读书的种子"，让这颗种子在读者中渐渐地生根发芽，不断成长，虽然这需要很长时间，但相信只要我们不断努力，校园这片读书最好的地方终将"书香满校"，进而促成"书香社会"的建成。

结 语

阅读是人类汲取知识的主要手段和认识世界的重要途径,对我们了解自己的历史,了解世界经典文明,提高自身的道德素养,以及共同的道德标准与价值观的形成等都有十分重要的意义。阅读推广有利于具有阅读能力的人都加入到阅读中来,让阅读成为人们日常生活中不可或缺的一部分,同时有利于培养人们图书馆意识,以促进全民综合素质的提高。高校图书馆推广阅读实践活动,有益于维护读者的阅读权益,消除人与图书之间的数字鸿沟,体现人文精神。高校图书馆应该创建良好的人文阅读环境,推行人文服务理念,坚持以人为本,倡导人文关怀,实行人本管理,提供人性化服务,不断创新高校图书馆的各项业务工作,不断使高校图书馆事业发展充满生机和活力,以提升高校图书馆的知名度与影响力。

高校图书馆的阅读推广工作还有两点需要重视。

(1)高校图书馆应及时了解大学生的阅读状况

从前文提到的全国国民阅读调查报告、中国青年网校园通讯社"大学生阅读情况"问卷调查以及安徽省高校大学生的阅读情况来看,大学生的阅读内容、阅读手段与阅读习惯等都在不停的发生变化。对此,高校图书馆应该及时了解大学生的阅读状况,具体问题具体分析,做好阅读推广实践活动。

第一,高校图书馆可以通过问卷调查、访问调查等方法,对本科生与研究生、理科生与文科生、男生与女生等不同类型的大学生的阅读习惯、阅读方式及阅读内容等进行调查,及时了解大学生的阅读状况。只有充分了解大学生的阅读状况,才能有的放矢,开展有针对性的阅读推广活动。可以说,调查是开展阅读推广实践活动的基础。

第二,运用科学的方法对调查数据进行统计分析,形成具有指导意义的调查报告。高校图书馆依据调查报告，策划阅读实践活动的内容，如确立阅读活动的主旨、阅读活动的定位、阅读活动的主题、阅读活动的亮点、阅读活动的举办资源和举办规模以及阅读活动的宣传形式等。

（2）高校图书馆应坚持阅读推广工作的长期性、系统性

高校图书馆的阅读推广活动是一个长期的、系统性的工程，需要制订完善且长效的计划，避免"读书日"来了就开展一些活动，"读书日"走了，活动也跟着走了的情况发生。高校图书馆资源丰富，是学校的文献信息资源中心，是大学生进行阅读和学习的重要场所，担负着教育与宣传的重要职能。"为人找书，为书找人"是图书馆功能的重要体现。图书馆的重要功能不仅仅在于服务读者，更在于引导读者，帮助读者形成良好的阅读习惯。一是要让读者认识到阅读的重要性；二是要倡导读者参与阅读；三是要培养阅读习惯，让读者把阅读当成一种爱好、一种习惯，渗透在生活的各个方面，成为一个人一生都应该坚持做的事情。因此，高校图书馆应该立足自身的资源优势，从读者的需求出发，深入对本馆资源进行系统的收集、整理、加工和分析，长期的、有系统性的开展阅读推广活动，使阅读成为大学生生活的重要部分，并融入到以后的工作、学习与生活当中。

由于研究的时间和获取的资料有限，本次研究存在诸多不足之处。关于阅读推广的许多问题没有进行深入的研究，如关于高校图书馆阅读推广工作的立法问题；关于如何保障阅读推广工作的系统性和有效性问题；关于高校之间阅读推广合作模式的建立与实施问题；关于培养专业化阅读推广人的问题等。这些问题都值得深入挖掘。

参考文献

[1]（苏）丘巴良. 普通图书馆学 [M]. 北京：书目文献出版社，1983.

[2]（印）阮冈纳赞. 图书馆学五定律 [M]. 北京：书目文献出版社，1988.

[3]"阅读点亮初心，书香浸润校园"——浙江师范大学第十届读书节隆重开幕 [EB/OL].[2018-04-25].http://lic.zjnu.edu.cn/2018/0425/c2197a241090/page.htm/.

[4]2016 年 792 所高校图书馆馆舍面积统计表 [EB/OL].http://www.scal.edu.cn/sites/default/files/attachment/tjpg/201802.pdf.

[5]2018"新安读书月"拉开序幕 [EB/OL].[2018-06-25].http://www.ah.xinhuanet.com/2018-06/25/c_1123030403.htm.

[6]2018"金秋读书节"活动火热进行中 [EB/OL].[2018-11-7].http://lib.cpu.edu.cn/8f/d8/c1162a102360/page.htm/.

[7]2018 第十三届苏州阅读节拉开帷幕 [EB/OL].[2018-04-23].http://www.suzhou.gov.cn/zwfw/whjy_13172/wtly/whgg/201804/t20180423_975966.shtml.

[8]2018 东莞第十四届读书节亮点纷呈，为市民带来丰富多彩的阅读文化大餐 [EB/OL].[2018-08-11].http://news.sun0769.com/dg/headnews/201808/t20180811_7908020.shtml.

[9]2018 年春季校园读书月圆满落幕 [EB/OL].[2018-4-13].http://lib.njmu.edu.cn/bencandy.php?fid=28&id=1032/.

[10]2018 图书馆年度报告 [EB/OL].[2019-01-06].https://dwz.cn/i9ZS1Xb3

[11]2019 年台北国际图书展览会 [EB/OL].[2018-07-17].http://www.expoeye.net/taipei-international-book-exhibition.html.

[12]Cambridge University Library[EB/OL].[2012-09-25].http://www.lib.cam.ac.uk/.

[13]Chinwe Nwogo Ezeani Ph.D,Uzoamaka Igwesi Utilizing Social Media for Dynamic Library Services Delivery: The Nigeria Experience[J].Journal of Library&Infomation Science,2012(2): 195-207.

[14]http://ah.people.com.cn/n/2013/0827/c227159-19405058.html.

[15]http://news.china.com.cn/live/2013-04/18/content_19580548.htm.

[16]http://news.subaonet.com/2012/1104/1028381.shtml.

[17]http://reading.dglib.cn/2008-2/2008228170905.htm.

[18]http://www.chinaxwcb.com/xwcbpaper/html/2009-05/22/content_52105.htm.

[19]http://www.gx211.com/gxmd/gx-ah.html.

[20]http://www.jyb.cn/book/rdss/201004/t20100424_355626.html.

[21]http://www.ntu.edu.sg/library/Pages/default.aspx.

[22]http://www.szsky.com/portal.php?mod=topic&quickforward=1&topicid=57.

[23]Illinois Wesleyan University. Becoming Nicole Guided Reading&Discussion Questions[EB/OL].[2018-07-17].https://www.iwu.edu/summer-reading/nicole.questions.pdf.

[24]Ishiyama,Mitsuaki.Development of Reading Movement in Soka University[J].Journal of College and University Libraries,2008(84): 36-46.

[25]Library membership[EB/OL].[2017-09-01].https://www.nlb.gov.sg/Portals/0/Docs/AboutUs/NLB_s%20Key%20Trends%202014-2016.pdf.

[26]Library Xpress.2016(2): 6[EB/OL].[2012-11-25].https://issuu.com/ntulibraries/docs/libraryexpress_1601_v7_issu.

[27]Management Circle[EB/OL].[2012-11-25].http://blogs.ntu.edu.sg/lib-business/immersive/managementcircle/.

[28]North Carolina State University.$2.00A Day? Group Discussion Guide[EB/OL].[2018-09-06].https://www.two-dollarsaday.com/group-discussion-guide/.

[29]The University of Mississippi.Common Reading Experience[EB/OL].[2018-07-17].http://umreads.olemiss.edu/edhe-105/.

[30]The University of Mississippi. Common Reading Experience[EB/OL].[2018-07-17].http://umreads.olemiss.edu/e-vents/.

[31]Year At A Glance2016/2017[EB/OL].[2012-11-25].http://www.ntu.edu.sg/Library/Documents/Annual%20Reports/07082017_yeararaglance_FinaLR.PDF.

[32]Year in Review2015/2016[EB/OL].[2012-11-25].http://www.ntu.edu.sg/Library/Documents/Annual%20Reports/YearInReview1516_Final.pdf.

[33] 安徽财经大学图书馆 [EB/OL].http://www.lib.aufe.edu.cn/12796/list.htm/.

[34] 安徽大学图书馆：阅读经典活动 [EB/OL].[2018-12-21].http://www.lib.ahu.edu.cn/.

[35] 安徽大学图书馆 [EB/OL].[2014-8-7].http://210.45.210.223/.

[36] 安徽大学图书馆图书漂流活动 .[EB/OL].[2013-4-23].http://210.45.210.223/do/bencandy.php?fid=35&id=441.

[37] 安徽农业大学图书馆 [EB/OL].http://lib.ahau.edu.cn/Default.aspx/.

[38] 安徽省统计局 .《安徽统计年鉴—2013》[M].北京：中国统计出版社，2013.

[39] 安徽师范大学图书馆 [EB/OL].http://lib1.ahnu.edu.cn/.

[40] 北京师范大学图书馆——阅读推广活动 [EB/OL].[2018-12-20].http://www.lib.bnu.edu.cn/bnusites/2018ydtg-hb/index.html/.

[41] 北京师范大学图书馆——专家讲座 [EB/OL].[2018-12-20].http://www.lib.bnu.edu.cn/content/zhuan-jia-jiang-zuo/.

[42] 贲鸥 . 阅读推广实现模式研究 [J]. 图书馆学研究，2012（22）：25-27，37.

[43] 蔡红，尹恩山 . 浅谈大学图书馆的阅读组织及其阅读活动的开展 [J]. 图书馆论坛，2013（1）：148-151.

[44] 曹巍等 . 阅读的力量 [J]. 大学出版，2008（2）：4-18.

[45] 查宇 . 上海地区高校图书馆阅读推广活动探讨 [J]. 图书馆论坛，2014（2）：41-50.

[46] 陈焕 . 全民阅读大调查：大学生阅读时间短方式多 [EB/OL].http://roll.sohu.com/20110601/n309059886.shtml.[2011–06-07].

[47] 陈玲 . 共享资源 创新服务——浅谈高校图书漂流活动的开展 [J]. 高校图书情报论坛，2011（3）：27-28，36.

[48] 陈颖仪 . 美国阅读推广活动的实践经验分析及启示 [J]. 图书馆理论与实践，2009（5）：97-99.

[49] 陈永娴 . 英国"阅读起跑线"（Bookstart）计划及意义 [J]. 深图通讯，2006（4）：65-66.

[50] 程文艳等. 国外高校图书馆推广阅读文化的实例及启示 [J]. 图书馆建设，2012（5）：47-50.

[51] 春天里的书旅人：南京师范大学第八届读书节 [EB/OL].[2018-4-23].http://www.njnu.edu.cn/scientific/2018-4/104628_648856.html/.

[52] 淳姣等. 图书馆阅读推广评估引入 CBBE 模型研究 [J]. 图书馆论坛，2015（1）：48-53.

[53] 打造"爱阅之城"——第八届书香中国·北京阅读季正式启动 [EB/OL].[2018-04-23].http://baijiahao.baidu.com/s?id=1598533472927785419&wfr=spider&for=pc.

[54] 大学生阅读调查：超 5 成每天不足 1 小时，多用手机看 [EB/OL].[2018-04-23].http://baijiahao.baidu.com/s?id=1598525441312369999&wfr=spider&for=pc/.

[55] 第 19 届深圳读书月今日启幕 769 项活动推动全民阅读 [EB/OL].[2018-11-03].http://www.sznews.com/news/content/2018-11/03/content_21189447.htm.

[56] 第十二届香港文学节开幕，主题为"笔语人生" [EB/OL].[2018-06-28].http://baijiahao.baidu.com/s?id=1604527431992494190&wfr=spider&for=pc.

[57] 第十六届北京国际图书节正式启动 [EB/OL].[2018-08-22].http://culture.people.com.cn/n1/2018/0822/c1013-30244707.html.

[58] 第十四次全国国民阅读调查报告出炉：2016 年人均阅读 7.86 [EB/OL].http://book.sina.com.cn/news/whxw/2017-04-18/doc-ifyeimqy2574493.shtml.

[59] 第十五次全国国民阅读调查报告发布 [EB/OL].http://book.sina.com.cn/news/whxw/2018-04-18/doc-ifzihnep4386289.shtml.

[60] 东南荐读 [EB/OL]. http://www.lib.seu.edu.cn/do/descipt.php?fid=366/.

[61] 窦瑞洋. 浅议国外图书阅读推广 [J]. 科技创新导报，2012（18）：207-208.

[62] 杜鑫. 校园阅读推广的建设策略分析 [J]. 农业图书情报学刊，2013（7）：116-118.

[63] 段梅等. 南京理工大学图书馆的阅读推广创新 [J]. 大学图书馆学报，2011（4）：86-89，115.

[64] 鄂丽君等. 高校图书馆基于区域图书馆联盟开展阅读推广的探讨 [J]. 图书馆建设，2012（6）：55-59.

[65] 方俊琦. 阅读文化传播：高校图书馆阅读推介创意探究 [J]. 图书馆杂志，2012（3）：110-113.

[66] 冯玲等. 东莞地区图书馆与社会阅读调查报告 [J]. 高校图书馆工作，2013（1）：28-36.

[67] 高灵溪. 基于社会化媒体的图书馆阅读推广研究 [D]. 长春：东北师范大学，2013.

[68] 高澎，胡佩农. 基于个人、高校及社会和谐发展的工作思考 [J]. 科学经济社会，2005（4）：5-7.

[69] 巩恩贵. 高校图书馆开展"图书漂流"的意义及实践 [J]. 中国人口·资源与环境，2014（3）：464-465.

[70] 谷秀洁，张赞魁. 推荐书目与图书馆阅读推广 [J]. 山东图书馆学刊，2011（3）：62-65.

[71] 广州地区高校图书馆联盟 [EB/OL].[2010-7-12].http://www.th.superlib.net/.

[72] 郭海明. 高校图书馆阅读推广服务机制构建 [J]. 图书馆建设，2012（5）：51-54.

[73] 郭芹，罗燕. 安徽省图书漂流活动现状及发展策略探析 [J]. 大学图书情报学刊，2011（5）：24-26，34.

[74] 郭文玲. 高校图书馆阅读推广策略分析与研究 [J]. 图书馆论坛，2012（11）：53-56.

[75] 郭骧，章回波. 立体阅读——图书馆服务的新形式 [J]. 图书馆杂志，2010（4）：38-39，67.

[76] 哈佛大学图书馆 [EB/OL].[2011-12-01].http://hul.harvard.edu/.

[77] 韩国江原大学 [EB/OL].[2011-12-01].http://www.kangwon.ac.kr/.

[78] 郝振省，陈威. 全民阅读蓝皮书（第二卷）[M]. 北京：中国书籍出版社，2011.

[79] 河海大学 2018 年"读书月"活动隆重开幕暨"壹学书坊"开放 [EB/OL].[2018-11-5].http://lib.hhu.edu.cn/news/show-850.html/.

[80] 胡继武. 现代阅读学 [M]. 广州：中山大学出版社，1991.

[81] 胡庆连. 公共图书馆致力"社会阅读"推广的逻辑起点 [J]. 河南图书馆学刊，2009（2）：83-84.

[82] 黄健. 高校阅读推广活动的影响因素及其评价 [J]. 大学图书馆学报，2013（2）：93-96.

[83] 黄俊贵. 提升阅读理论. 构建阅读社会 [J]. 图书馆论，2005（6）：38.

[84] 黄俊贵. 完善理念，提升效益——关于全民阅读问题的思考 [J]. 图书馆，2016（10）：26-33.

[85] 黄梅林. 图书馆微博的功能优势与角色定位 [J]. 图书馆界，2013（2）：4-7.

[86] 黄晓鹂，王景文. 关于阅读疗法书目编制问题的思考 [J]. 大学图书情报学刊，2012（5）：63-64.

[87] 教育观察：高校真人图书馆里体验"多元" [EB/OL].[2012-09-25].http://edu.enorth.com.cn/system/2012/09/19/010023896.shtml.

[88] 开题报告的研究方法 [EB/OL]. http://wenku.baidu.c[2012-10-01].

[89] 柯丹倩，杨栎，张蓓蕾. 基于志愿服务的高校图书馆阅读推广模式探索与实践——以安徽大学图书馆为例 [J]. 农业图书情报学刊，2018（8）：130-134.

[90] 寇爽，杜坤. 面向大学新生阅读推广策略研究——基于美国"新生共同阅读计划"的分析 [J]. 图书馆工作与研究，2019（1）：100-105.

[91] 兰晶. 图书馆时尚阅读推广的探索——以北京大学"密室逃生"阅读推广为例 [J]. 四川图书馆学报，2017（5）：36-66.

[92] 李德成. 阅读辞典 [M]. 四川：四川辞书出版社，1988.

[93] 李刚，杨巍."濒危文体"：史学书评的数据分析（2000-2012）[J]. 图书馆杂志，2013（11）：26-29.

[94] 李宏巧. 借鉴德国经验推广青少年阅读活动 [J]. 山东图书馆学刊，2012（6）：54-56.

[95] 李金芳，车慧，钟文娟. 美国高校图书馆校友服务的典型案例研究及对我国的启示 [J]. 情报资料工作，2012（4）：85-89.

[96] 李晶才. 大学生网络成瘾的预防及救助对策研究 [D]. 沈阳：东北林业大学，2011.

[97] 李明. 网络书评的多元价值与社会文化传播功能 [J]. 图书馆杂志，2013（11）：30-33，44.

[98] 梁培之. 穗港公共图书馆阅读推广活动调查分析 [J]. 中山大学研究生学刊（社会科学版），2007（2）：103-114.

[99] 廖元兴. 香港、台湾地区阅读推广活动研究及启示 [J]. 河北科技图苑，2016（6）：79-82.

[100] 刘开琼. 高校图书馆阅读推广模式研究 [J]. 图书馆研究，2013（2）：64-67.

[101] 刘亮. 联合国教科文组织的阅读推广活动与图书馆 [J]. 图书与情报，2011（5）：36-39.

[102] 吕学才. 图书馆阅读推广活动研究 [D]. 长春：吉林大学，2011.

[103] 南京城东五高校建图书馆联合体.[EB/OL].[2012-4-24].http://epaper.gmw.cn/gmrb/html/2012-04/24/nw.D110000gmrb_20120424_7-07.htm?div=-1/.

[104] 南京大学图书馆. 读书节专栏简介 [EB/OL].[2018-10-23].http://lib.nju.edu.cn/html/article.htm?id=109/.

[105] 南京航空航天大学图书馆. 读者服务节 [EB/OL].[2017-4-24].http://lib.nuaa.edu.cn/do/list.php?fid=330/.

[106] 南京林业大学图书馆. 书香校园，悦读无限——城东高校图书馆联合体2012读书节开幕 [EB/OL].[2014-4-7].http://lib.njfu.edu.cn/benguanzixun/HTML/286.html.

[107] 南京农业大学图书馆. 南京农业大学第十届读书月 [EB/OL].[2018-4-13].http://read.njau.edu.cn/info/1003/1159.htm/.

[108] 南京师范大学公管院. 仙林溢书香 智慧亮人生——仙林高校首届"读书节"隆重开幕 [EB/OL].[2014-4-7].http://sun.njnu.edu.cn/news/2010-12/135815_457792.html.

[109] 潘秋玉. 台湾地区高校图书馆阅读推广实践及经验 [J]. 图书馆，2016（4）：92-96.

[110] 彭政清. 日本国民阅读计划及其对我国的启示 [J]. 图书馆工作与研究，2016（7）：96-99.

[111] 秦鸿. 欧美图书馆读书会经验及其借鉴 [J]. 图书情报工作，2013（12）：88-92.

[112] 邱天助. 什么是读书会 [EB/OL].[2013-03-20].http://blog.sina.com.cn/s/blo_8abd00fc0100wrd6.html.

[113] 秋禾话书.2011"华夏阅读论坛"第二场——"校园阅读与学习型图书馆研讨会"在中原工学院图书馆举行 [EB/OL].http://hi.baidu.com/nj_xuyan/blog/item/71b38d54e869b54fd109 06ab.html.[2011-07-01].

[114] 全民阅读系列（一）：国家战略，政府行动——德国促进阅读基金会 [EB/

OL〕（2015-04-20）.[2015-06-24].http://www.biz-beijing.org/news.php?year=2015&id=413.

[115] 让读书成为一种习惯，并伴随终身——图书馆举行东南大学第十届读书节开幕式[EB/OL].[2018-4-23].http://www.lib.seu.edu.cn/do/bencandy.php?fid=373&id=6704

[116] 任文香.贫者因书而富，富者因书而贵——《阅读致富》与《思考致富》新读[J].图书馆论坛，2011（7）：105-108.

[117] 沈小丁，郑辉.论阅读[J].图书馆，2007（6）：53-55.

[118] 圣彼得堡是俄罗斯的"阅读之城"[EB/OL].[2018-05-20].https://ru.hujiang.com/new/p1240518/.

[119] 世界读书日，看港澳台如何推广阅读文化[EB/OL].[2018-04-23].http://www.xinhuanet.com//tw/2018-04/23/c_129856884.htm.

[120] 水延凯.社会调查教程[M].北京：中国人民大学出版社，2007.

[121] 宋志强.吉林省社会阅读现状调查研究[D].长春：东北师范大学，2009.

[122] 苏海燕.大学图书馆阅读推广模式研究[J].山东图书馆学刊，2012（2）：52-55.

[123] 孙会清.高校图书馆开展"图书漂流"活动的意义和途径[J].图书馆学研究，2007（10）：66-68.

[124] 孙霖琳.德国高校图书馆特色简析[J].科技视界，2015（4）：57.

[125] 万行明.阅读推广：助推图书馆腾飞的另一支翅膀[J].当代图书馆，2011（1）：8-11.

[126] 王波.对促进图书馆阅读推广活动的十大建议[J].公共图书馆，2015（4）：4-11.

[127] 王波.阅读推广、图书馆阅读推广的定义——兼论如何认识和学习图书馆时尚阅读推广案例[J].图书馆论坛，2015（10）：1-7.

[128] 王翠萍等.国外阅读活动现在及启示[J].图书馆学研究，2009（9）：77-80.

[129] 王凤荣.发挥图书馆作用创建阅读型社会[J].沧桑，2008（4）：159-160.

[130] 王卉莲.俄罗斯阅读中心探析[J].出版发行研究，2011（11）：75-76.

[131] 王卉莲.俄罗斯国民阅读推广概览[J].出版发行研究，2015（10）：73-76.

[132] 王慧秋，陈明华，孙志梅.大学生毕业资格读书认证制度及其运营——一种颇有创意的大学生阅读教育促进机制[J].图书馆杂志，2008（11）：43-45.

[133] 王慧秋，刘香兰，骆冬燕.韩国江原大学图书馆办馆特色[J].图书馆论

坛，2008（5）：174-176.

[134] 王龙.阅读的健康和健康中的阅读[M].香港：天马图书有限公司，2003.

[135] 王萍.国外阅读推广活动经验剖析[J].图书馆工作研究，2013（10）：107-109.

[136] 王笑寒.安徽省高校图书馆阅读推广研究[D].合肥：安徽大学，2015.

[137] 王辛培.阅读推广活动机制创新研究[J].图书馆界，2013（1）：80-82.

[138] 王余光，李雅.图书馆与社会阅读研究述略[J].山东图书馆季刊，2008（2）：4-12.

[139] 王余光，汪琴.关于阅读文化研究的几个问题[J].图书情报知识，2004（5）：3-7.

[140] 王余光，徐雁.中国读书大辞典[M].南京：南京大学出版社，1999.

[141] 王余光.阅读的个性、文化性与社会性[J].高校图书馆工作，2009（1）：1-2.

[142] 王余光.读书随记[M].南京：东南大学出版社，2002.

[143] 王余光.1995—2004世纪之交读者阅读习惯的变化[N].中国图书商报，2005-01-21（4）.

[144] 王祝康，王兆辉.微博营销策略应用于公共图书馆阅读推广的研究[J].图书馆杂志，2013（9）：34-38.

[145] 微博[EB/OL].[2012-10-15].http://baike.baidu.com/view/1567099.htm.

[146] 微博书评让阅读不再寂寞[EB/OL].广州日报（2011-12-29）[2012-02-02].http://m.dayoo.com/113689/113696/113699/201112/29/113699-21242704-6.htm.

[147] 魏功德.高校校友会的职能与校友资源有效开发的研究[J].广西大学学报：哲学与社会科学版，2008（2）：149-150.

[148] 魏丽，闫建平.高校图书馆如何创办读书会和开展读书会活动[J].科技信息，2008（22）：624，668.

[149] 闻德峰."国家图书馆文津图书奖"宣传推广活动在黑龙江省图书馆举行[J].图书馆建设，2010（11）：114.

[150] 我校举行"书香溢满校园 阅读放飞梦想"第十届读书节开幕式[EB/OL].[2018-4-23].http://www.njust.edu.cn/99/96/c3624a170390/page.htm/.

[151] 吴高，韦楠华.我国高校图书馆阅读推广所存在的问题与对策研究[J].图

书情报工作，2013（3）：47-51.

[152] 吴蜀红."一城一书"阅读推广活动的考察分析 [J]. 大学图书馆学报，2012（4）：18-23.

[153] 武丽娜，庄玫. 高校图书馆主页校友服务栏目调查与启示 [J]. 现代情报，2012（10）：149-152.

[154] 谢蓉，张丽. 阅读2.0：新一代的图书馆阅读推广 [J]. 大学图书馆学报，2009（6）：16-20.

[155] 谢蓉. 数字时代图书馆阅读推广模式研究 [J]. 图书馆论坛，2012（3）：23-27.

[156] 胥迅，姚敏. 公共图书馆阅读推广活动评估初探 [J]. 大学图书情报学刊，2013（1）：45-47.

[157] 徐德军. 微博在图书馆应用现状分析及建议 [J]. 图书情报论坛，2012（1）：26-29.

[158] 徐菊. 阅读类型分层理论 [J]. 图书与情报，2011（1）：37-40.

[159] 徐琼. 建立高校图书馆全方位阅读推广模式的探索 [J]. 新世纪图书馆，2013（2）：62-65.

[160] 徐雁，谭华军. 知行合一：倡导书评独立品格的萧乾 [J]. 图书馆杂志，2013（11）：19-25.

[161] 徐雁. 读者的"阅读情商"和读物的"可读性"问题——以"全民阅读"推广活动中的两份"选读书目"为例 [J]. 新世纪图书馆，2009（3）：7-9.

[162] 徐雁. 话说"五十个书评家" [J]. 中国编辑，2006（1）：13-15.

[163] 徐雁. 全民阅读推广手册 [M]. 深圳：海天出版社，2011.

[164] 徐雁. 信息时代阅读的多元化取向 [J]. 图书与情报，2006（1）：61-65.

[165] 徐雁. 纸老，书未黄 [M]. 深圳：海天出版社，2013.

[166] 徐雁."耕读传家"：一种经典观念的民间传统 [J]. 江海学刊 2003（2）：154-161.

[167] 徐雁."开编喜自得，一读疗沉疴"——基于全民阅读推广活动的"文学疗愈"理念 [J]. 图书馆杂志，2010（10）：16-24.

[168] 徐雁. 最是书香能致远，从来开卷有益多——《2014—2015阅读年度校园读物推广好书榜》内涵解析 [J]. 新世纪图书馆，2014（4）：5-11.

[169] 许琳瑶. 从"振兴中华"读书活动到全民阅读推广工作：1982-2012[D]. 南京：南京大学，2013.

[170] 许琳瑶. 积极推广全民阅读，夯实"学习型社会"基础——2011年全民阅读推广活动综述 [J]. 图书情报知识，2012（5）：17-21.

[171] 杨梅. 广州地区高校图书馆阅读推广调查研究 [J]. 四成图书馆学报，2011（6）：74-78.

[172] 叶翠等. 中美全民阅读比较研究 [J]. 高校图书馆工作，2013（3）：35-41.

[173] 于群，李国新. 公共图书馆业务培训指导纲要 [M]. 北京：北京师范大学出版社，2012.

[174] 岳修志. 高校图书馆阅读推广问卷调查分析 [J]. 图书馆理论与实践，2012（12）：88-90.

[175] 阅读起跑线官方网站 [EB/OL].[2011-02-21].http://www.bookstart.org.uk/about-us/history/.

[176] 展卷闻书香，灵启鸿鹄志——我校2018年读书节开幕 [EB/OL].[2018-4-20].http://news.njfu.edu.cn/newsshow.php?cid=1&id=7842/.

[177] 张超. 基于创新推广理论的青少年阅读网络资源建设 [D]. 济南：山东师范大学，2012：11-12.

[178] 张怀涛. 阅读推广的概念与实施 [J]. 河南图书馆学刊，2015（1）：2-5.

[179] 张家武. 高校图书馆开展"阅读治疗"服务初探 [J]. 合肥学院学报（社会科学版），2004（4）：12-123.

[180] 张玲. 新加坡南洋理工大学图书馆的空间、服务及其启示 [J]. 图书馆杂志，2018（10）：53-60.

[181] 张婷. 基于《阅读推广：理念·方法·案例》的全民阅读推广"全景图"[J]. 图书馆杂志，2013（11）：110-112.

[182] 张文彦. 新加坡阅读嘉年华（上）——"Read！Singapore"的发起与简介 [J]. 出版参考，2008（10）：30.

[183] 赵萝蕤. 我的读书生涯 [M]. 北京：北京大学出版社，1996.

[184] 赵明河. 人生唯有读书好——访中国阅读学研究会会长徐雁教授 [J]. 人民教育，2011（14）：51-54.

[185] 赵晓杰. 高校图书馆开展阅读疗法的研究与实践 [J]. 科技信息，2013（7）：

253.

[186] 浙江师范大学图书馆——图文资讯 [EB/OL]. http://lib.zjnu.edu.cn/263/list.htm/.

[187] 郑伟青. 高校图书馆阅读推广实践现状调查与分析 [J]. 图书馆工作与研究，2012（8）：108-112.

[188] 郑章飞. 图书馆阅读推广理论与实践研究述略 [J]. 图书馆论坛，2010（6）：46-51.

[189] 中国图书馆学会阅读推广委员会成立大会隆重召开 [EB/OL].[2010-3-29]. http://www.lsc.org.cn/CN/News/2009-09/EnableSite-ReadNews10142387 41253980800.Html.

[190] 中华人民共和国公共图书馆法.http://www.npc.gov.cn/npc/xinwen/2017-11/04/content_2031427.htm.

[191] 周金林. 导读工作概论 [M]. 南京：南京大学出版社，1994.

[192] 朱小玲. 校园文化品牌活动构建和阅读推广 [J]. 大学图书馆学报，2011（2）：31-37.

[193] 朱永新. 应该把全民阅读作为国家战略 [N]. 光明日报，2009-06-27（4）.

[194] 陈斌华. 基于问卷调查的高校图书馆阅读推广活动分析 [J]. 图书馆论坛，2012（3）：140-143.

附件 安徽省高校大学生阅读情况调查表

提示：感谢您填写此调查问卷，请您认真、如实填写。请您在认为恰当选项上打"√"（可多选）；"其他"选项可依个人情况填写。

1. 您在读的学校属于：
   A. 本科　　　　　　B. 专科　　　　　　C. 其他 _____
2. 您所在年级是：
   A. 大一　　　　　　B. 大二　　　　　　C. 大三
   D. 大四　　　　　　E. 研一　　　　　　F. 研二
   G. 研三　　　　　　H. 其他 _____
3. 您的专业背景是：
   A. 哲学　　　　　　B. 经济学　　　　　C. 法学
   D. 教育学　　　　　E. 文学　　　　　　F. 历史学
   G. 理学　　　　　　H. 工学　　　　　　I. 农学
   J. 医学　　　　　　K. 军事学　　　　　L. 管理学
   M. 其他 _____
4. 您课余时间的利用方式？
   A. 阅读　　　　　　B. 上网　　　　　　C. 锻炼身体
   D. 游玩　　　　　　E. 其他 _____
5. 您选择阅读的地点？
   A. 本校图书馆　　　B. 教室　　　　　　C. 宿舍
   D. 其他 _____

6. 您选择阅读的时间？

 A. 任何有空的时间   B. 课余时间   C. 考试前

 D. 其他 _____

7. 您喜欢阅读哪种类型的图书？

 A. 财经类   B. 励志类   C. 文学类

 D. 生活休闲类   E. 外语类   F. 历史类

 G. 理工类   H. 其他 _____

8. 您每天阅读的时间是多长？

 A. 2 小时以上   B. 2 小时以内   C. 1 小时以内

 D. 不阅读   E. 其他 _____

9. 您主要通过哪种方式阅读？

 A. 自己购书   B. 图书馆借阅   C. 网络阅读

 D. 移动阅读   E. 其他 _____

10. 您是否选择数字阅读方式（含网络与移动阅读）？

 A. 经常   B. 偶尔   C. 不会

 D. 其他 _____

11. 您一般选择什么形式的数字媒介阅读？

 A. 网络在线阅读   B. 手机阅读   C. 手持阅读器

 D. 电子词典   E. 其他 _____

12. 您上网的目的是：

 A. 看新闻   B. 收发邮件   C. 管理微博、博客

 D. 网购、玩游戏等   E. 查专业资料   F. 阅读电子书

 G. 其他 _____

13. 您喜欢哪种阅读方法？

 A. 深阅读   B. 浅阅读   C. 二者兼有

 D. 其他 _____

14. 您大概多长时间进一次图书馆阅读？

 A. 每天   B. 每周   C. 每个月

 D. 偶尔   E. 从不   F. 其他 _____

附件　安徽省高校大学生阅读情况调查表

15. 您选择图书馆的原因？

　　A. 环境好　　　　　　B. 藏书多，可选性强　　C. 读书节、讲座等活动

　　D. 其他 _____

16. 如果您不去图书馆，原因是：

　　A. 找不到想要的书　　B. 开放时间不便　　　　C. 环境不好

　　D. 图书馆工作人员态度不好　　　　　　　　　　E. 其他 _____

17. 如果您不经常阅读，原因是：

　　A. 功课太忙没时间　　B. 社团活动太多　　　　C. 因玩没时间

　　D. 没习惯阅读　　　　E. 不喜欢阅读　　　　　F. 不知道该读什么

　　G. 找不到感兴趣的书　H. 其他 _____

18. 您阅读的目的是：

　　A. 做作业，撰写毕业论文

　　B. 获取新知识，开阔视野，增强个人修养

　　C. 应付考试

　　D. 为就业做准备

　　E. 娱乐消遣

　　G. 其他 _____

19. 学校图书馆的电子资源您一般阅读？

　　A. 电子期刊　　　　　B. 电子报纸　　　　　　C. 电子图书

　　D. 其他 _____

20. 如果您从不利用或者说是不喜欢利用图书馆的电子资源，原因是？

　　A. 不知道有　　　　　B. 不知道如何使用　　　C. 没有合适的资源

　　D. 上网不方便　　　　E. 有其他资源可以替代　F. 其他 _____

21. 您获得图书信息的途径？

　　A. 出版社征订书目　　B. 出版社等的相关广告　C. 书评

　　D. 周围人的推荐　　　E. 图书馆的推荐目录　　F. 自己逛书店、书摊、书市

　　G. 其他 _____

22. 您知道世界读书日（4月23日）吗？

　　A. 知道　　　　　　　B. 不知道　　　　　　　C. 其他 _____

23. 您所在学校每年世界读书日（4月23日）有举行相关活动吗？

　　A. 知道，且参与过　　B. 知道，但从不参与　　C. 不知道

　　D. 其他 _____

24. 您所在的学校举办阅读活动吗？

　　A. 每年都有　　B. 有，不定期　　C. 没有

　　D. 其他 _____

25. 您所在的学校进行阅读活动的宣传方式有哪些？

　　A. 传单　　B. 宣传海报　　C. 网络媒体

　　D. 其他 _____

26. 您所在的学校在阅读活动中采用的方式有哪些？

　　A. 读书征文比赛　　B. 图书推介　　C. 名家讲座

　　D. 图书捐赠　　E. 图书漂流　　F. 名著影视欣赏

　　G. 名著名篇朗诵　　H. 评选优秀读者　　I. 其他 _____

27. 您所在的学校有没有进行过阅读行为研究？

　　A. 有　　B. 没有　　C. 其他 _____

28. 您希望图书馆采用何种方式来辅助您的阅读？

　　A. 推荐书目　　B. 新书书目　　C. 馆员书评

　　D. 互动活动，如座谈会、邮件交流等　　E. 其他 _____

29. 在今后的阅读活动中，您认为图书馆应该在哪些方面还需加强？

　　A. 资源建设　　B. 活动宣传　　C. 活动组织形式

　　D. 其他 _____

30. 您对所在图书馆在阅读活动推广方面有何建议？

_____

_____

_____